意見・考え重視の視点からの英語授業改革

大下邦幸 監修

東京書籍

はしがき

　筆者等は長年にわたってコミュニケーション能力を養成するにはどうしたらよいかを研究してきた。そしてその研究の中で，コミュニケーション能力の養成には，学習者の意見や考えを重視する視点が欠かせないこと，また学習者の意見や考えを重視することで学習者のコミュニケーション意欲が活性化し，その結果授業の質が大きく向上することが明らかになってきた。

　このことを証明するひとつのエピソードは，あるSELHi指定校の研究実践である。その学校では，ライティングの力をいかにして生徒たちにつけるかを研究テーマとし，そのための指導方法として，教科書本文の再構成を熱心に行っていた。

　ライティングの力をつけるために，教科書本文の再構成をするのだと聞いて，私は少なからず驚いた。確かに教科書本文を暗記し，それを書けるようになれば，ライティングの力の一部にはなるかもしれない。しかしそれは本来のライティングからは距離がある活動である。ライティングとは，基本的には自分の持っている情報や思いを書き表すことだと思われるが，再構成ではその点が完全に抜け落ちている。なぜ再構成にこだわるのか理由を尋ねると，その答えは「教科書をしっかりと学習させなければならないので，本文の再構成をすることが一番よいと思う。」とのことであった。教科書をしっかり教えなければならないという呪縛に囚われ，ライティングの本質には思いが至らない様子であった。

　教科書の指導とライティング指導，この2つをうまく両立させる工夫はないか。議論を重ねて得られた結論は，教科書本文を扱った後，その内容についてどう思うのか，生徒に意見や考えを求め，それを書かせてはどうかということであった。意見・考えを求めれば，生徒たちは教科書本文をしっかり読まなければならない。さらに意見・考えを書くときには，教科書本文に使

1

われている語彙や表現を参考にしたり使うようになり，教科書の丁寧な指導につながる。そして同時に，生徒自身に意見・考えを書かせることでライティングの本質にも近づくことができる。

実際この高校は，教科書本文を読んだ後に必ず生徒の意見・考えを求め，英語で口頭発表をさせたり、書かせるという実践を2年間継続した。そしてその結果はと言えば，生徒の英語学習に対する態度が劇的に変わったのである。再構成を行わせていたときには，つまらなさそうな顔をしていた生徒たちが，意欲的にライティングに取り組むようになった。

一般に意見・考えの授受活動は，やりとりが divergent になりがちで言語習得には適さないという主張や，認知的に負荷が高く外国語学習の初級者には難しいという指摘があるが，実際には意見や考えの授受活動を行ってみると，前述のエピソードが物語るように，学習者のコミュニケーション意欲が向上する。また，欠点であるはずの divergence が逆に幸いして，コミュニケーション活動に広がりが生まれる。さらに高等学校の学習指導要領では，「英語の授業は英語で行うことを基本とする」と定められているが，生徒の意見や考えを求める活動を行うことで，授業の大部分を英語で行うことが可能になるなど，学習者の意見や考えを重視し，意見・考え授受の活動を実践することで，授業が大きく変わるのである。

本書はタイトルを『意見・考え重視の視点からの英語授業改革』とした。これは，我々が研究会を組織し，コミュニケーション能力の養成について研究実践を重ねる中で，学習者の意見や考えを重視することで，授業の質が劇的に変わることを実感したからである。

本書の目的は，我々が得たこの実感を形にし，英語授業の改善を志す人達とそれを共有することにある。今振り返ってみると，勇ましいタイトルにした割には中身が必ずしも十分ではないことが反省させられる。それは我々の研究会のメンバーにはベテランもいれば新人もおり，教師としての経験や理解度に差があり，それが実践にも反映しているからである。質の低いものは公表すべきではないという考え方もあるかと思うが，教師としての試行錯誤の過程を具現しているという意味で，不十分な実践や研究報告も，多少の参

考になるのではないかと思い，敢えて公表することにした。

　本書の構成は，理論編と実践編の2部構成になっている。理論編ではコミュニケーション能力の養成には意見・考えを重視することが必要なこと，意見・考えを重視することでどのようなメリットが得られるのか，意見・考えを重視する授業を実現するために必要な留意点や工夫について解説し，実践編では，意見・考えを重視した授業を実践し，その中で行われた工夫や得られた知見を，中学校，高等学校，大学別に分けて紹介している。新学習指導要領では，「意見」「考え」「気持ち」という言葉が重要なキーワードとして示されている。英語授業において意見・考えを重視すべきだと主張する本書は，これからの英語教育を考える上で，多少の参考になるのではないかと考えている。

　最後に本書を出版するに当たり，いろいろとお骨折り頂いた東京書籍取締役内田宏壽氏と同北陸支社課長小林直樹氏に心より感謝申し上げる。

2014年1月

監修者　大下 邦幸

□目次

● 理論編 ●

第1章　コミュニケーション能力の養成をめぐって
　1− はじめに …………………………………………………… *10*
　2− コミュニケーション能力養成と言語使用 ………………… *11*
　3− コミュニケーション能力養成と意見・考え重視のアプローチ ………… *12*

第2章　なぜ意見・考え重視の授業が大事なのか
　1− 実生活でのコミュニケーションの実態 …………………… *17*
　2− 意見・考え重視の授業の利点 ……………………………… *21*
　3− 意見・考え授受の活動が敬遠される理由 ………………… *34*

第3章　意見・考えの定義と構成要素
　1− 意見・考えの定義 …………………………………………… *39*
　2− Waters の思考の分類から得られる示唆 ………………… *41*

第4章　意見・考えを重視する授業の工夫
　1− 意見・考えを引き出すための工夫 ………………………… *47*
　2− 意見・考えのやりとりの場を確保する …………………… *52*
　3− 意見・考え授受の活動を支援する ………………………… *60*
　4− 授業各段階毎の支援と動機付け …………………………… *67*

● 実践編 ●

第1章　中学校での指導の工夫と実践例

1 – 意見・考え重視の授業を実現するために大切にしたいこと ………… *72*

2 – 教科書の題材に基づいた意見・考え重視の表現活動
　　　―ALTとの対話活動を通しての活性化― ……………………… *80*

3 – 生徒の意見・考えを引き出す授業
　　　―中学校教科書本文を用いて ………………………………… *88*

4 – 読みを深める意見・考え重視の授業 ……………………………… *97*

5 – 教科書内容から生徒の意見・考えを引き出す工夫 ……………… *103*

6 – 読解指導における生徒の思考を促す発問づくり ………………… *108*

7 – 真剣なコミュニケーションを実現する意見・考え重視の授業
　　　―二者択一による対立軸の明確化 …………………………… *116*

8 – 中学1年で意見・考え重視の活動をスムーズに行うための工夫
　　　―グループ活動で行う英作文と発表 ………………………… *123*

9 – Which is better, Fukui or Tokyo?
　　　―中学1年生でディベートを行うことの利点と実践例 ………… *132*

10 – 生徒の考えを引き出すためのマインドマップの活用 …………… *141*

11 – 意見・考え授受の活動が動機づけに及ぼす効果 ………………… *146*

12 – 意見・考えを求める活動で
　　　学習者が感じる負荷を軽減するための工夫と支援 …………… *152*

5

第2章　高等学校での指導の工夫と実践例

1– 授業の様々な場面で生徒の意見・考えを引き出す工夫 *158*

2– 意見・考えに焦点を当てたリーディング指導
　　―4技能統合の可能性― *169*

3– 大学進学を目指す生徒を対象に行う
　　意見・考えを問う活動を取り入れた授業実践
　　―教科書付属の質問・課末課題の活用― *176*

4– より豊かな自己表現を引き出す工夫
　　―生徒の意見・考えに注目して― *186*

5– 高校教科書における意見・考えを重視した発問・活動
　　―コミュニケーション英語Ⅰの分析調査― *195*

6– 短編読み物を用いて意見・考えを発展させる授業の指導プロセス
　　―「考える」前に「感じて」いるか？― *203*

7– 意見・考え授受活動におけるグループワークの効果 *220*

8– 英語での成功体験が少ない生徒たちを対象にした
　　「意見・考え重視のプロジェクト学習」とその実践 *233*

9– 意見や考えを表現するために必要な援助とそのあり方
　　―ワークシートの活用― *248*

10– 意見・考えを問う活動を中心にした授業実践
　　―アクション・リサーチから見た学習者と教師の変化― *260*

第3章　大学での指導の工夫と実践例

1–E-learning を利用した意見交換活動の勧め ………………… *280*
2–Integrating Idea and Opinion Exchange
　　 into Project Work at College ……………………………… *285*
3– 意見・考えを問う発問が読み手の心理に与える影響
　　 ―英語力との関係について― ……………………………… *305*
4– 意見・考えを重視した指導と言語形式の学習 ………………… *315*
5– 意見・考えの表出を促す指導の工夫とその効果 ……………… *330*

参考文献 ………………………………………………………………… *342*
索引 ……………………………………………………………………… *348*

理論編

【第1章】
コミュニケーション能力の養成をめぐって

1- はじめに

　コミュニケーション能力の養成は，日本の英語教育にとって積年の課題である。1989年の学習指導要領の改訂で，「外国語を理解し，外国語で表現する基礎的な能力を養い，外国語で積極的にコミュニケーションを図ろうとする態度を育てると共に，言語や文化に対する関心を深め，国際理解の基礎を培う。」と目標が掲げられ，初めてコミュニケーションという言葉が使われるようになった。爾来，1998年（高校は1999年），2008年（高校は2009年）の学習指導要領の改訂においても，コミュニケーション能力の養成は一貫して外国語の目標となっている。

　コミュニケーション能力の養成において特に注目されるのは，2008年（高校は2009年）の学習指導要領の改訂である。この改訂では，小学校において外国語活動が必修となり，「積極的にコミュニケーションを図ろうとする態度の育成」，「コミュニケーション能力の素地を養う」が目標として掲げられた。そして中学校・高校においては「積極的にコミュニケーションを図ろ

うとする態度の育成」，「コミュニケーション能力の養成」が目標として挙げられており，小・中・高が連携してコミュニケーション能力の養成に取り組む必要が示されている。またこの改訂で特に注目されるのは高校である。高校では，外国語の科目構成が大幅に変わり，「コミュニケーション英語」，「英語表現」というコミュニケーション能力の養成を強く意識した授業科目が新設された。そしてさらに英語の授業は英語で行うことを基本にすることが明記され，これまで以上にコミュニケーション能力の養成が強く意図されている。

2 – コミュニケーション能力養成と言語使用

　コミュニケーション能力の養成はどのようにしたら可能になるのだろうか。この問に対する答えは，外国語教授法の変遷の中で徐々に明らかになってきている。外国語教授法の歴史は振り子の揺れ（pendulum syndrome）に喩えられ，時には言語知識の学習を重視する方向に大きく振れたかと思うと，今度はその揺り戻しとしてコミュニケーション重視の方向へとまた大きく振れる。これを何度も繰り返してきたが，その揺れの中から，コミュニケーション能力の養成には言語知識の学習だけでは不十分で，学習した言語知識をコミュニケーションを目的として実際に使用することが不可欠であることが分かってきた。

　とりわけコミュニケーション能力を養成する上で言語使用が不可欠であることを明らかにしたのは，1970年代に提案されたコミュニカティブ・ランゲージ・ティーチング（Communicative Language Teaching：以下 CLT）である。CLT は，European Community の言語政策や社会言語学の影響を受けて生まれた教授法で，それまでの外国語教授法がコミュニケーション能力を養成することに成功しなかった理由を言語使用の不十分さであるとし，言語使用を学習の中心に据える。CLT を代表する教授法であるタスク中心教授法（Task-Based Language Teaching：以下 TBLT）を例に取ると，学習者のニーズに基づいてタスク（task）を選定し，そのタスクに取り組ま

せることにより，言語使用を促す。この教授法で言うタスクとは，「言語形式ではなくもっぱら意味に注意を向けさせながら，学習者に目標言語で理解したり，表現したり，相互交渉を行わせる教室活動の一つ」(Nunan, 1989)，あるいは「コミュニケーションを目的として，ある結果を出すために学習者が行う活動」(Willis, 1996) と定義されるが，学習者は与えられたタスクに取り組む中で，言語使用を迫られることになる。

こうした言語使用を優先した CLT や TBLT は，コミュニケーション能力の養成には，言語知識の学習だけでは不十分であること，学習した言語知識をコミュニケーションを目的として使用する経験が不可欠であることを明らかにしている。

3 コミュニケーション能力養成と意見・考え重視のアプローチ

コミュニケーション能力の養成には，言語使用を保証する必要があることは，今や多くの人が認めるところであろう。実際，日本の英語教育においてもこの認識は定着してきているように思われる。中学校の教科書には様々なコミュニケーション活動が盛り込まれているし，授業でも積極的にコミュニケーション活動が取り上げられるようになっている。また，高等学校の新学習指導要領によれば，高校の英語の授業は英語で行うことを基本にすることが明記され，それが本当に実現すれば英語使用の場が大幅に増えることになるであろう。

このように英語使用の場が増えること自体は結構なことである。しかしながら英語使用の場が増えたからと言って，それが本当にコミュニケーション能力の養成に結びつくのかどうかはさらに検討が必要である。以下に示すものは，Brown (1991) が，教室で見られる活動を大きく三つに分類したものである。この分類をもとに，コミュニケーション能力養成の問題点を考えてみよう。

①操作的活動（manipulative activity）

模倣反復やパタン・プラクティスのような機械的操作の活動。メッセージに対してはほとんど注意が向けられない。
②情報処理的活動（procedural activity）
　正確に情報を引き出したり，表出したりする情報授受の活動
③解釈的活動（interpretive activity）
　得た情報に対して自分なりに解釈を加えたり，その解釈（意見や考え）を交換する活動

　①の活動は模倣反復やパタン・プラクティスに代表される活動で，言語形式の機械的な操作が主となる活動である。この種の活動は，主に文法の学習で多く見られ，口慣らしや生徒に自信をつけさせることを目的として行われることが多い。次に②の活動はいわゆる情報授受の活動である。場面を正確に描写したり，事実を述べたり書いたりする。また相手の言うことを正確に聞き取ったり，書いてある内容を正確に読み取るなど，情報をできるだけ正確に得たり，発したりする活動である。また③の活動は，単に情報の正確なやりとりに留まるのではなく，得た情報に自分なりの解釈を加えたりそうした解釈を表現しようとする活動，例えば生徒に自分の意見や考えを表明させたり，交換させたりする活動がそれに当たる。この種の活動は言語知識のレパートリーの広さを要求し，認知的にも高度な活動なので，初級者には難しいとして敬遠されがちな活動である。
　さて，授業活動をこのように三つのタイプに分類してみると，まず明らかになるのはコミュニケーション能力を養成する上での①操作的活動の限界である。この活動では意味にほとんど注意が向けられないため，英語が使用されたとしても，コミュニカティブな活動とは言えない。Audio-Lingual Approach がコミュニケーション能力の養成に不首尾であった事実からも明らかなように，この種の活動を数多く行ったとしてもコミュニケーション能力の獲得には直接結びつかない。
　次に②と③の活動はどうであろうか。どちらの活動も意味を意識しなければ成立しないのでコミュニケーション活動と言えるが，質的に違いがある。

②はすでに説明したように正確な情報のやりとりや表出を求める情報授受の活動であり，一方③は意見・考えのやりとりや表出を求める意見・考え授受の活動である。授業でのコミュニケーション活動をこのように情報授受の活動と意見・考え授受の活動の二つに分けて見ると，コミュニケーション能力の養成を考える上での問題点が浮かび上がってくる。それは授業で見られるコミュニケーション活動の偏りである。

一般にコミュニケーション能力の養成を目指すと銘打った授業では，コミュニケーション活動としてインフォメーション・ギャップ活動がよく見られる。インフォメーション・ギャップ活動とは，情報差に注目した活動で，例えば二人の生徒にペアを組ませ，ペアの一方にのみに情報を与え，もう一方には情報を与えないことによって情報差を作り出し，その情報差を埋めるために学習者にコミュニケーションを行わせる。この活動は何よりも情報を正確に授受することがポイントになるので，典型的な情報授受の活動である。

また，情報の正確なやりとりを要求する情報授受の活動は，教科書本文を扱う活動の中でも頻繁に見られる。例えば教科書本文の理解を確かめるためにQuestion & Answer, True/False Questionが行われるが，実はこれらの活動も学習者に情報を正確に捉えることを要求するので情報授受の活動に分類される。

インフォメーション・ギャップ活動に加えてQuestion & Answer, True/False Questionも情報授受の活動である。改めてこのような認識に立つとき，我々が日常行っている英語授業では情報授受の活動が大きな割合を占めていることが浮き彫りになる。

大下（2009b）は，大学1年生258名を対象に，高校で受けてきた英語授業（英語Ⅰ，英語Ⅱ）において行われている活動の実態を明らかにするため，17項目の活動に対して，①全く行わなかった，②たまに行った，③時々行った，④割合頻繁に行った，⑤頻繁に行った，の5段階で評価させた。その結果，17項目の内，英語知識の学習に属する活動である7項目は省き，残りの活動を②の情報授受の活動と③の意見・考え授受の活動に振り分け，それぞれの活動についての学生の評価を得点化すると以下のようになった。

情報授受の活動に属するもの
・教科書本文の英語を聞く（4.0）
・教科書本文の和訳（4.3）
・英作文（3.0）
・教科書の内容についての英問英答や True/False（3.4）

意見・考え授受の活動に属するもの
・教科書の内容について自分の意見や考えを日本語で述べる（1.7）
・教科書の内容について自分の意見や考えを英語で述べる（1.6）
・教科書の内容について日本語でディスカッションを行う（1.3）
・教科書の内容について英語でディスカッションを行う（1.3）
・トピックを決め，英語でディスカッションを行う（1.3）
・トピックを決め，英語でエッセイを書く（1.6）

　それぞれの活動の後の括弧内の数字が学生の評価の平均値で，1に近い程，活動が全く行われなかったことを示し，5に近い程頻繁に行われたことを示している。活動の中には，学習者が英語ではなく日本語を使用しているものもあるが，そうした活動も含めて評価点を見ると，情報授受の活動に属するものは，「割合頻繁に行った」，あるいは「時々行った」と評価されているのに対し，意見・考え授受の活動は全てが2以下の評価になっている。この結果から，少なくともこの調査の行われた2009年の時点では，高校の授業では情報授受の活動は頻繁に行われているが，意見・考え授受の活動がほとんど行われていないことが分かる。

　さらに大下（2009b）は，平成18年度版の中学校の4種類の教科書，平成19年度版の高校の英語Ⅰの教科書6種類と，同じく高校のリーディングの教科書6種類を取り上げ，教科書に意見・考えを求める活動がどれくらい取り入れられているのかを調査分析している。その結果，中学校の教科書，高校の教科書共に，意見・考えを求める活動の数は極めて少ないことを報告しており，このことも授業で行われているコミュニケーション活動には偏りがあることを裏付けている。

また，畑（本書）は，平成21年に告示された新学習指導要領に基づいて作成された高等学校英語教科書コミュニケーション英語Iの中から7冊を選び，教科書本文の読解設問，教科書本文の読後設問，教科書で取り上げられているコミュニケーション活動を対象に分析を行っている。その結果，読解設問では7冊平均で82%，読後設問は94%が依然として事実・情報を求める発問であることを報告している。ただ，コミュニケーション活動は，教科書によってバラツキがあるものの，平均して事実・情報を求める活動は約50%，意見・考えを求める活動は48%見られることを報告しており，新しい教科書では意見・考え授受の活動が重視されるようになってきたようにも見える。

　教科書に意見・考え授受のコミュニケーション活動が増えつつあることは喜ばしい傾向である。しかしながら全体的に見れば，多くの授業は未だに情報授受の活動に偏っているのではないかと考えられる。もちろんコミュニケーション能力を養成する上で，正確な情報授受は大切であることは言うまでもない。しかしながら我々の日常のコミュニケーション活動では，情報授受も大事ではあるがそれ以上に意見や考えのやりとりや表出が頻繁に行われている。もしそうだとすれば，コミュニケーション能力の養成を目指す授業においては，情報授受の活動だけでなく意見・考え授受の活動もしっかりと行う必要があろう。

【第2章】

なぜ
意見・考え重視の授業が
大事なのか

1-実生活でのコミュニケーションの実態

　コミュニケーション能力の養成を考える上で，意見・考え授受の活動をもっと重視しなければならないことは，我々の日常生活でのコミュニケーションの実態を見ると明らかである。以下の実例からも分かるように，我々が行うコミュニケーションにおいては，意見や考えのやりとりや表出が実に頻繁に行われている。

(1) 日常会話

　まず，日常会話から検討する。例1は会話のデータベースから引用した男子大学生二人の会話であり，例2は小説中の会話である。例1の会話では，2人の男子大学生が，昼ご飯をどこで食べるかについて話し合っているが，この会話のほとんどすべては意見・考えのやりとりである。また，例2は夏目漱石の『門』からの抜粋で，夫婦の会話である。これも会話の部分はほぼ意見・考えの陳述ややりとりになっている。また，例3は，英語の教科書の

中から抜粋した対話である。Kennedy のスピーチの部分は事実情報であるが，例えば Kennedy was a man of courage and peace living during very difficult times. の部分は，事実の陳述と取れないこともないが，意見・考えとも取れ，その他の部分もほぼ意見・考えの交換である。

例1：友人同士の会話（ロールプレイ会話データベース：http://hougen.sakura. ne.jp/hidaka/kaiwa/sasoi/sasoi.html から引用）
1A： 今日これから昼ごはんいっしょに食べに行かない？
2B： あ，いいね，どこ，どこ行くんだい？
3A： 食堂で食べよ？
4B： おー，食堂か，うん
5A： あの麺コーナーの
6B： うん
7A： 列の一番はじっこの席で
8B： うん
9A： 待ち合わせしない？
10B： うーん。食堂混んでるからさ，んっと大学会館の前しない？
11A： あ，いいね，わかりやすいし
12B： うん，じゃそうしようか
13A： じゃまた後で
14B： はい，じゃね〜
15A： はい

例2：小説中の会話（夏目漱石『門』）
　「本当に好い御天気だわね」と半ば独り言の様に云ひながら，障子を開けた儘又裁縫を始めた。すると宗助は肱で挟んだ頭を少し擡げて，
　「何うも字と云ふものは不思議だよ」と始めて細君の顔を見た。
　「何故」
　「何故つて，幾何容易い字でも，こりや変だと思つて疑ぐり出すと分らな

くなる。此間も今日の今の字で大変迷つた。紙の上へちやんと書いて見て，ぢつと眺めていると，何だか違つた様な気がする。仕舞には見れば見る程今らしくなくなつてくる。――御前そんな事を経験した事はないかい」

(『漱石全集』第九巻，岩波書店)

例3：英会話（Fuller, D. *Airwaves Advanced*. Macmillan Languagehouse）

Frank: Who's one of your favorite U.S. presidents, Jean?
Jean: I've always liked Kennedy.
Frank: Why is that?
Jean: His speeches were always inspiring. I still remember, "And so my fellow Americans, ask not what your country can do for you; ask what you can do for your country."
Frank: Yeah, but he also said, "A young man who does not have what it takes to perform military service is not likely to have what it takes to make a living." Frankly, that quote bothers me a bit.
Jean: Kennedy was a man of courage and peace living during very difficult times.
Frank: Yes. He said, "Mankind must put an end to war before war puts an end to mankind," but he was also the president that got us into Vietnam. What a mess that was!
Jean: I know.

(2) 新聞記事

　次の例は，2013年7月13日付けの朝日新聞の記事である。新聞記事と言えば，すべてが事実を正確に記述したものと考えられがちであるが，実際に検討してみると，かなりの部分が意見・考えの陳述であることが分かる。例えば，例4の社説や例5の『声』の欄は，事実情報に基づいてはいるが，ことの性質上最終的には意見・考えの主張である。また，例6の新聞小説の中に見られる会話も，すでに示した日常会話の例と同じように，ほぼ意見・考

えのやりとりに終始している。また，例7の広告は，究極の意見・考えの主張だと言うことができる。実際，純粋に事実情報だけからなる記事というのは，スポーツ欄の試合結果やテレビやラジオの番組欄くらいしかないのではないかと思われる。

例4：社説
　不正に効能がうたわれた薬を飲むのは納得がいかない。
　京都府立医大が手がけた高血圧治療薬の臨床研究で，効能のデータが改ざんされていたことが明らかになった。
　だれが，どう操作し，なぜ見逃されたのか。この研究にたずさわった製薬大手ノバルティスの社員の関与が疑われているが，大学の調査では確信が謎のままだ。不正の全容を解明しなければならない。

例5：『声』若い世代：未成年にも選挙活動認めて
　今回の参院選からネットでの選挙活動が解禁されたが，未成年者はその対象外だ。意見表明だけでなく，候補者や政党のリツイートもできず，違反すると罰則が科されることもある。私はこの意味がわからない。

例6：新聞小説『私はテレビに出たかった』171回
　「な，なんだよ，ボスキャラって……」
　「本当に頭がよくて強い大人は，自分は傷つかない場所から遠隔操作で相手を政治的にボコる方法を知っているんだよ。あんたの家族もろともね。政治的なボコりは肉体的なボコりよりもダメージが深いんだよ。あんたの未来なんか簡単に潰せるんだよ」
　エリカが凄むようにいうので，皆川は不安げに宮崎を見る。「心配すんなよ」と宮崎は笑った。「集中できる場所でマリオカートやるだけだよ，なあ，イチマカセ」

例7：広告：見出し（AC JAPAN）

「みんなで考えてみませんか。これからも。」

(3) 学術書

例8の文章は、学術書の一節である。事実を論理的に積み上げていく学術書でさえ、「しかし、これは果たして本当でしょうか。」という表現に見られるように、全体のトーンは筆者の意見あるいは考えの表出である。

例8：私たちは毎日ことばを使用しています。そして、ことばが使用できることをごく当たり前のように感じています。ですから、「ことばとは何であるのか」「どうして使用できるようになるのか」などと不思議に思ったり、真剣に考えたり、あまりしないのが普通です。「ことばは親の真似をして覚えていくのだろう」と大多数の人は思っていることでしょう。しかし、これは果たして本当でしょうか。(白畑他『英語習得の「常識」「非常識」-第2言語習得研究からの検証』)

以上、八つの例を挙げた。これらの例は、日常のコミュニケーションにおいて、いかに意見・考えの陳述ややりとりが頻繁に行われているかを如実に示している。もし我々がこの事実を改めて認識するならば、コミュニケーション能力の養成において、意見・考え授受の活動をもっと積極的に取り入れる必要がある。

2 – 意見・考え重視の授業の利点

実生活でのコミュニケーションにおいて、意見・考え授受の活動が頻繁であることに加えて、英語授業において意見・考えを重視すべき理由は他にもある。例えば、何がコミュニケーション意欲の原動力になるのかを考えるとき、意見・考え授受の活動の意義は大きい。コミュニケーションの原動力になるのは、自己表出の願望であり、自己実現である。もちろん情報授受のためにコミュニケーションを行うことも多いが、より本質的には、我々は自分

の意見や考えを表出したり，他の人と意見や考えをやりとりするためにコミュニケーションを行うのだと言える。

　コミュニケーション能力の養成において，意見・考えを重視することがどのような意義を持つのかについての研究は必ずしも多いとは言えない。しかしながら意見・考えを重視することで，次のような利点が得られることが明らかになってきている。

(1) 英語でのコミュニケーションの機会が増える

　まず第1の利点は，意見・考え授受の活動を授業で積極的に行うことによって，英語でのコミュニケーションの機会が増えることである。授業で行われるコミュニケーション活動は情報授受の活動に偏っているのではないかと指摘した。そのような授業ではコミュニケーションの機会はきわめて限定的になるが，意見・考え授受の活動に注目し，それらを積極的に授業に取り入れることにより，コミュニケーションの機会を大幅に増やすことができる。

　授業で行われるコミュニケーション活動に関して，Prabhu（1987）は，バンガロー・プロジェクト（Bangalore Project）において，次の3種類のコミュニケーション活動を用いている。

・情報格差活動（information-gap activity）：学習者の持っている情報の差に注目した活動
・推論格差活動（reasoning-gap activity）：学習者の推論や考え方の違いに注目した活動
・意見格差活動（opinion-gap activity）：学習者の意見の違いに注目した活動

　このうちの情報格差活動が，事実情報授受の活動に当たり，推論格差活動や意見格差活動が意見・考え授受の活動に当たるが，授業でのコミュニケーション活動を情報格差活動だけに限定せず，推論格差活動や意見格差活動を取り入れることにより，授業でのコミュニケーション活動にバラエティーが生まれ，同時にコミュニケーションの機会を大幅に増やすことが可能になる。

　また，教科書本文の読解についても同じことが言える。教科書本文を読

んだ後，よく行われるのは内容についての Question & Answer や True or False である。これらは教科書本文の内容を学習者が正確に把握しているかどうかを確かめるために行われる活動で，典型的な情報授受の活動である。多くの授業では，教科書本文の読解活動として，こうした内容確認のための活動だけに終始することが多いが，こうした活動では答えが一つに限定されるのでやりとりの発展性に乏しく，コミュニケーションの機会はきわめて限られたものになる。

　一方，教科書本文の読解に際して，意見・考えを問う発問はどうであろうか。この実践例は後に紹介するが，例えば教科書本文のトピックや本文中の記述を取り上げ，学習者の意見・考えを求めるとき，答えがただ一つということは考えにくい。学習者の持つ背景知識や生活経験，それらを基に培われた判断力や価値観は一様ではない。こうした学習者の意見・考えの多様性に注目することで，コミュニケーションの機会が増える。またさらに意見・考え授受の活動では，一つの応答に対してさらに次々と質問が生まれたり，やりとりが続く可能性が高い。この拡散性（divergence）もコミュニケーションの機会を大幅に増やすことに貢献する。

(2) コミュニケーション意欲の活性化や動機付けにつながる

　意見・考え授受の活動は，学習者のコミュニケーション意欲の活性化や動機付けにつながること（大下，2002：山田，2009）が指摘されている。例えば大下（2002）は，大学生を対象に実験を行い，英文の事実情報を捉えさせる課題と英文の内容に関して意見・考えを問う課題についての学習者の印象度を比較した。その結果，事実情報を捉えさせる課題は，負担が軽いが単純な作業であるという印象を与え，一方意見・考えを問う課題は，負担感はあるが充実感を学習者に与えたことを報告している。また山田（2009）は，高校生を対象にした実験で，情報を交換するタスクと意見・考えを求めるタスクの両方を経験させ，意見・考えを求める活動が動機付けにどのような影響を与えるのか，言語パフォーマンスにどのような影響を与えるのかを八つの仮説を立てて調査した。その結果，意見・考えを問う活動は，学習者のコミュ

ニケーション意欲を高めること，学習者の活動への取り組みを活性化すること，学習者の満足度が高いこと，深い学習を促進すること，学習者のコミュニケーションへの自信を深めさせること，コミュニケーション・パターンが豊かになること，発話量が多いことが明らかになった。

意見・考えを求める活動がなぜコミュニケーション意欲の活性化や動機付けに繋がるのかについては，関連性（relevance）という概念が密接に関わっているのではないかと考えられる。関連性とは，学習者がある事柄に対して感じる自分にとっての重要性のことを指し，この関連性が高ければ高いほど学習者は学習に対して意欲的になる（Keller, 1984）ことがよく知られている。

意見・考え授受の活動ではこの関連性が高いため，結果として学習者のコミュニケーション意欲が活性化される可能性が高くなる。もちろん意見・考え授受の活動も，教師の発問や指示によって行われる。その意味では，情報授受の活動の場合と同じように，学習者はやれと言われるから活動を行うことになるが，異なるのは，たとえ活動のきっかけが教師からの発問や指示であったとしても，意見や考えを求められることで，それらの発問や指示を学習者自身が自らの問題として受け止めたり，あるいは自分との関わりで捉え，その結果として，学習者の心の中にコミュニケーション衝動が起きる可能性が高くなることである。たとえきっかけは外発的なものであったとしても，意見・考えを求められることによって，図1のように学習者の内発的なコミュニケーション意欲が活性化されるのだと考えられる。

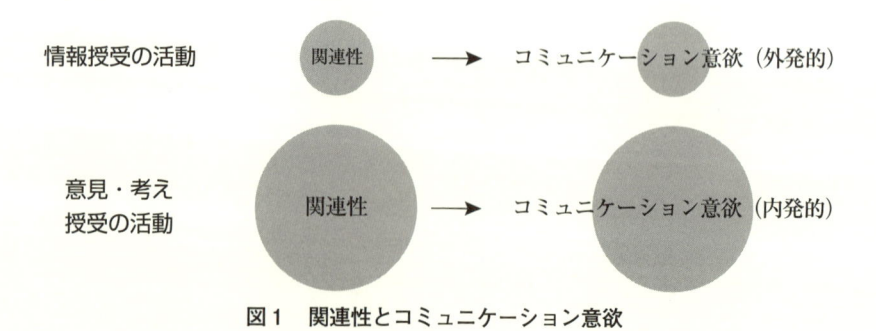

図1　関連性とコミュニケーション意欲

またDörnyei（2001）は，意見・考えを求めることで個人化（personalization）が促され，その結果として学習者のコミュニケーションへの没頭（involvement）が促されるとも指摘している。この点でも，意見・考えを重視した活動は学習への動機を高める可能性がある。

（3）言語的に豊かなコミュニケーションが成立する

　意見・考えを重視することが言語的に豊かなコミュニケーションを提供する可能性があることはNakahama, Tyler & Van Lier（2001）が示している。第2言語習得研究では，意見・考え授受の活動はいわゆる議論拡散型タスク（divergent task）と呼ばれ，議論が拡散しがちで，インタラクションやネゴシエーションが起きることは少なく，第2言語習得にとって効果の薄い活動であると考えられていた。しかしながらNakahama等は，インフォメーション・ギャップ活動を行ったグループと対話活動の中で意見・考えの交換を行ったグループを比較し，インフォメーション・ギャップ活動を行ったグループでは，発話が短く，単語や相づちの繰り返しが目立ったが，意見・考えの交換を行ったグループでは，学習者がより長く複雑な発話を行ったこと，パラフレーズなどのコミュニケーション・ストラテジーを多用したこと，よりプラグマティックな言語使用が見られたこと，さらに活動に対してより積極性を示したことを報告し，意見・考えの交換は，色々な点でより豊かな言語学習の場を提供する可能性が高いと結論している。

　Nakahama等の影響を受けて，藤田・河合（2009）は，中学生を対象に実験を行い，意見・考えのやりとりを中心としたインタラクションと事実情報のやりとりを中心としたインタラクションとを比較し，意見・考えのやりとりを中心としたインタラクションにはどのような特徴があるかを明らかにしようとした。その結果，意見・考えのやりとりを中心としたインタラクションでは，学習者の発話量が増し，統語的により複雑な発話が見られたこと，教師が学習者のメッセージ表出を助けるためのパターン（scaffolding）が多く見られたこと，事実情報のやりとりでは教師の発問に学習者が応答し，その応答に教師がフィードバックを与えるIRF（Initiation-Response-Feedback）型のインタラクションが大半であったのに対して，意見・考えのやりとりでは，言語形式についての学習者からの質問が見られたり，学習者のメッセージが発展していくなど，より多様なインタラクションが見られたこと，そして何よりも意見・考えを中心としたインタラクションでは，学習者が何とかして英語でメッセージを伝えようとする積極的姿勢が見られたことを報告している。

　さらに意見・考えを求める活動が多様な語彙使用を促すという報告もある。紺渡（2009）は，大学生に英文の読み物を読ませ，その内容に関して意見・考えを問う発問と事実情報を問う発問を行い，その応答に含まれる語彙を分析した。その結果，事実情報を問われた場合は，その応答に含まれる語彙のほとんどが読み物中に出てきたものに限られるのに対し，意見・考えを問う発問に対する応答では，読み物の中に含まれている語彙に加えて，学習者自身がすでに習得済みの語彙も使うため，より多様な語彙使用が見られたことを報告している。このことも，意見・考え授受の活動の方が言語的に豊かなコミュニケーションの実現へと結びつきやすいことを示している。

(4) 情意面で豊かなコミュニケーションが実現する

　Thornbury（1996）は，典型的な情報授受の活動であるインフォメーション・ギャップ活動は，学習者にとって"real incentive to communicate"がなく，最も低いレベルでの情報のやり取りに過ぎないと看破し，Gatbonton & Segalowits（2005）も，インフォメーション・ギャップ活動では，学習者はそうしろと言われるから活動を行うだけで，情報授受の必然性が低いと指摘している。つまり情報授受の活動は，意見・考え授受の活動に比べて学習者の感情に訴えるところが弱く，つまらないという印象を与えることが多いのである。

　例えば，以下の例を見てみよう。［例1］～［例3］は，どれも the most important という言語材料を扱った活動である。［例1］は情報授受の活動であり，［例2］，［例3］は意見・考え授受の活動である。

　この中で学習者につまらないという印象を与えるのは，［例1］の情報授

受の活動であろう。一方，［例２］，［例３］の意見・考えを求める活動は学習者の感情を揺すり，学習者のコミュニケーション意欲を掻き立てる。とりわけ［例３］は［例２］と類似の活動ではあるが，学習者の目からすれば多分に軽蔑に値するであろう「お金が何より大事」という価値観を，教師が意図的に学習者にぶつけ，反駁を誘っている。

［例１］情報授受の活動
Directions: Listen and answer the questions.
　This is Mr. Smith. He got married five years ago and is a father of two sons. He loves his family very much. He thinks his family is the most important thing of all.
　Q1: How many years ago did Mr. Smith get married?
　Q2: How many sons does he have?
　Q3: What is the most important thing to Mr. Smith?

［例２］意見・考え授受の活動
Directions: From the list below, choose which is the most important thing to you and explain the reason why.

> family, good friends, good health, money

［例３］意見・考え授受の活動（人間的活動）
Directions: From the list below, choose which is the most important thing to you and explain the reason why. To me, money is the most important thing, because I can buy anything if I have a lot of money. I can even buy friends with money. You must agree with me.

> family, good friends, good health, money

　［例3］に見られるように学習者の感動や同情，時には強い反発など，学習者の情意面を強く刺激する活動を，大下（2001, 2009a）はRinovolucri（1999）の言葉を借りて，人間的活動と呼んでいるが，［例2］，［例3］で明らかなように，意見・考え授受の活動では，情報授受の活動に比べはるかに情動（emotion）が入り込みやすく，心情面・情意面での豊かさがコミュニケーション活動に加わる。

　Stevick（1980）は，言語学習教材の構成に当たって，知性（intellect）だけでなく学習者の情動（emotion）と関連づけるべきだと主張し，Savignon（2002）は，成功している外国語学習プログラムは認知面だけでなく情意面をも考慮に入れていると指摘する。知性と感情はしばしば対立的に捉えられがちだが，意見・考え重視の活動では，図2のように知性の部分と学習者の情意や感情の部分が重なり合う。

知性（intellect）　　　　情意（affect / emotion）

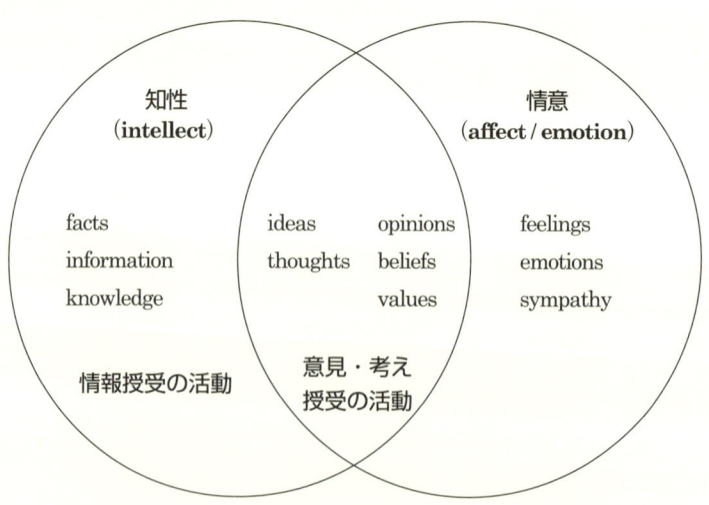

facts　　　　ideas　　opinions　　feelings
information　thoughts　beliefs　　emotions
knowledge　　　　　　values　　　sympathy

情報授受の活動　　意見・考え授受の活動

図2　意見・考え授受活動と知性・情意との関連図

すなわち事実（fact），情報（information），知識（knowledge）を知性に属するものと捉え，感情（feeling），情動（emotion），同情（sympathy）等を情意に属するものと捉えるとすると，学習者の考え（idea/thoughts），意見（opinion），信念（belief），価値観（value）等が反映する意見・考え授受の活動は，学習者の知性と情意がうまく融合した活動のように見える。

Arnold（1999）は，感情をうまく利用することで英語学習が促進されることを示し，Dewaele（2005）は感情が入り込まないコミュニケーションや教科書はつまらないと指摘する。このように指摘されてみると，情報授受の活動は intellect が強く働く活動で，感情面・情意面の要素が入り込む余地が少なく，その分情意面や内容面の豊かさに欠け，これが学習者につまらないという印象を与えたり，薄っぺらいという印象を与えるのではないかと考えられる。一方，意見・考え授受の活動の方は，知性の面に加えて情意面が反映する。その結果として，コミュニケーション内容に厚みが出，活動自体も豊かに感じられるのではないかと考えられる。

コミュニケーションとは，事実情報を伝えることだけが目的ではない。コミュニケーションは我々自身の投影に他ならず，我々自身の感情，信念，価値観などが意識するしないに拘わらずにじみ出る。教室におけるコミュニケーション活動においても，こうしたコミュニケーションの持つ豊かさ，複雑さに今一度目を向ける必要があろう。

(5) 学習者の発達段階に見合ったコミュニケーションが実現する

Waters（2006）は，思考を刺激する要素を取り入れることによって，コミュニケーションの機会を増やすとともに，学習者の知的レベルにあったコミュニケーション活動が実現すると述べている。特に外国語学習の初級者の場合，言語知識が不十分なために自己表現が制限され，その結果学習者が心理的に幼稚な活動を余儀なくされることが多い。こうした発達段階と乖離した活動は，学習者のフラストレーションを高める原因となる。

この問題を解決するために，Waters は活動に思考という要素を取り入れることを提案している。Waters は，折り紙のボート作りを例に取りあげ，

思考という要素を取り入れることによって，学習者の発達段階に見合った心理的に健全な活動を実現することが可能なことを示しているが，その例は分かりにくいので，もう少し分かりやすい例として，次のふたつの活動を比べてみる。

　例えば，目標言語材料 There is (are) ... を教えた後の応用活動として，次のふたつの活動を行うとする。
(a) 黒板に貼った部屋の絵を見て，部屋に何があるか説明しなさい。
(b) あなたにとって理想の部屋を考えて絵に描きなさい。その後，あなたの部屋について説明しなさい。

　両方とも，活動で学習者が使用する言語材料は There is (are) ... であり，また両方とも部屋の記述である。しかしながら異なる点は，(b) の活動の場合，「理想の部屋」を考えるという思考の要素が加わっていることである。多分 (a) の活動は，学習者の目には随分幼稚な活動と映るのではないかと考えられるが，(b) の活動では，思考という要素が加わることで，学習者はそれ相応のやりがいを感じる。また，活動に取り組もうという意欲も高まるように思われる。このように，考えるという要素を活動にプラスすることにより，学習者の発達段階に見合ったコミュニケーション活動を実現することが可能になる。

(6) 学習者重視の授業が展開される

　1970年代後半に生まれた学習者中心主義の言語教育の影響を受け，英語の授業においても教師中心 (teacher-centered) の授業から学習者重視 (learner-centered) の授業へと関心が移ってきている。学習者重視の授業の基本概念は，「言語学習の中心的役割を果たすのは学習者であるべき」という主張にあり (橋内，1995)，学習者重視の教授法では，教師が主導権を持つのではなく，学習者が中心になって学習に取り組み，教師はその支援にまわることになる。

　もちろん学習者重視の授業がすべての点で優れているわけではない。教師主導の授業にもメリットはあり，授業は両方の利点を生かしながらバランス

を取って行われるべきであろう。しかしながら学習者重視の教授法は，学習をするのは学習者であり，その意味で教室の主役は学習者でなければならないという教育の原点を，改めて認識させてくれるという点で意義があると言わねばならない。

　意見・考えを重視する授業は，その意味ではまさに学習者中心の授業である。意見・考え授受の活動では，学習者は自分の意見や考えを自立的に形成しなければならない。そして学習者が自身の意見や考えを，これまでに培ってきた interlanguage を基に言語化し，言語化した意見や考えを積極的にやりとりすることが期待される。そして教師はといえば，学習者の意見や考えを尊重し，意見や考えが表出しやすいような雰囲気作りに心掛け，学習者のチャレンジを促し，意見・考えの言語化を支援する。意見・考え重視の授業は学習者を大事にしなければ成立しない授業なのである。

　また，意見・考えを求める活動自体，学習者自身の反映なくしては成立しない。学習者の経験や背景知識，それに基づき培われた判断や価値観等が反映しなければ成立せず，まさに学習者が中心にならなければ成立しない活動と言えよう。例えば Krashen & Terrell（1983）で紹介されている次のような活動例を見てみよう。

You are a young girl who is sixteen years old. You went out with a friend at eight o'clock. You are aware of the fact that your parents require you to be at home at 11:00 at the latest. But you return at 12:30 and your father is very angry.

　Your father: Well, I'm waiting for an explanation. Why did you return so late?

　You: ＿＿＿＿＿＿＿＿＿＿＿＿＿＿＿＿＿＿＿＿＿＿＿＿＿＿＿＿

　この活動は同じ年頃の学習者にとってはとりわけ共感を呼ぶ活動である。門限を守らなかった言い訳を父親から求められるわけだが，同じ年頃であれば，類似の経験が少なからずあるはずで，言い訳には自分自身の生活経験や

背景知識が反映する。「16歳の女の子が夜遅くまで外に出ていることについての世間の常識」,「年頃の娘を持つ親の気持ち」,「父親を納得させるために都合がよい口実とは何か？」等，学習者は自分自身の生活経験や背景知識をもとに言い訳を考えることになる。このように意見・考えのやりとりや表出は，学習者自身の生活経験や背景知識などいわゆる personal element (Dörnyei, 2001) が色濃く反映し，その意味でも学習者重視の視点なしには成立しない活動である。

またすでに触れたように，学習者の生活経験や背景知識に注目することで，学習やコミュニケーション活動への意欲が活性化されることもよく知られている。例えば Generative Learning Theory では，学習者の生活経験や背景知識を学習活動に結びつけることで，学習者の当事者意識が高まり，学習への取り組みが積極的になると考えられている。学習者の生活経験や背景知識が色濃く反映する意見・考え重視の活動は，この意味においても学習者をコミュニケーション活動へと巻き込む効果が期待される。

(7) 記憶に定着しやすい

我々は無意味なことを憶えようと努力してもなかなか憶えることができない。記憶保持を高めるには，既存の知識と関連づけて精緻化を進めたり，自分自身との関連づけ，いわゆる自己準拠を行うことが効果的だ (Rogers 他, 1977) と言われている。意見・考え授受の活動では，この精緻化や自己準拠が起こりやすいのではないかと考えられる。

処理水準モデル (Craik & Lockhart, 1972) によれば，人間の情報処理過程には，形態的処理のような浅い水準の処理から意味処理のような深い水準の処理に至るまでの水準があり，図3に示すように，処理水準が深くなれば記憶痕跡が強固になり，忘却も生じにくくなる

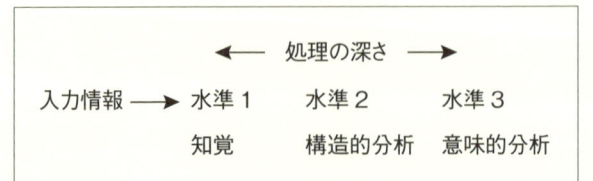

図3　情報処理水準と記憶

と考えられている（森・井上・松井, 1995）。

　学習者に意見・考えを求める意見・考え授受の活動では，情報処理の深さは水準3にまで達し，学習者に意見・考えを求めることは究極の自己準拠を促すことに他ならない。このように考えると，意見・考え授受の活動には，学習者の記憶保持を促進する可能性があるのではないかと思われる。

(8) 英語による英語の授業が実現する

　高校の新学習指導要領によれば，「英語の授業は英語で行うことを基本とする」ことになっている。意見・考え授受の活動は英語による英語の授業の実現にも一役買うことが期待される。まずその理由のひとつはすでに触れたことであるが，意見・考え授受の活動ではやりとりの発展性が期待でき，コミュニケーションのスコープが広がるからである。事実情報のやりとりに加えて意見・考えの授受を英語で行うことになれば，授業では自ずと英語使用が増えていく。

　ふたつめの理由は，教科書本文の扱い方が変わることである。これまでの授業では，教科書本文を扱う際，ともすれば訳読かせいぜい英語によるQuestion & AnswerやTrue or Falseで本文を正確に読み取ったかどうかを確認し，お茶を濁すことが多かったように思われる。しかしながら事実情報をただ正確に読み取らせるだけの情報授受の活動は，Gatbonton & Segalowits（2005）の言葉を借りるならば，「学習者はそうしろと言われるから活動を行う」だけで，テストを受けているというふうに感じる学習者も多い。また，英語でのQuestion & Answerでは，いわゆる内容確認のためのdisplay questionが多く，この種の質問は，教師が質問し，その質問に対して学習者が答え，その答えに対して教師がフィードバックを与えるというIRFパターンを生じさせがちで，やりとりに多様性や広がりが生まれない。一方，教科書本文の内容に関して学習者の意見・考えを求める場合には，後の実践例でも示すようにコミュニケーションがどんどん発展する可能性がある。教科書本文をもとに意見・考えを問う活動は，その発展性という特徴の故に，英語による英語の授業が比較的容易に実現するのではないかと考えら

れる。

　また，教科書本文に関連して意見・考えを求める活動は4技能の統合をも実現し易い。まず教科書の内容に関して学習者に意見・考えを問う。次に意見・考えを口頭で述べさせたり，書かせたりする。そしてさらに書いた意見や考えを学習者同士で読ませたり，クラスで共有するなどの活動を行うことで4技能の統合が可能になる。

　意見・考え授受の活動の以上のような利点は，これまで余り注目されなかったように思えるが，これからの英語授業においては益々重要となろう。

3 – 意見・考え授受の活動が敬遠される理由

　前節で意見・考え重視の授業の利点を挙げた。しかしこのように多くの利点がありながら，なぜ意見・考え授受の活動は敬遠されがちだったのであろうか。その理由についても考えてみる。

(1) 認知・心理面での負荷が高い

　一般に意見・考え授受の活動は情報授受の活動に比べて認知的負担が重い (Ellis, 2003) と考えられている。情報授受の活動を行う際も，意見・考え授受の活動を行う際も，共に英語の理解や表出のための言語処理作業が必要だが，意見・考え授受の活動の場合は，その作業に加えて，生徒自身が意見や考えをまとめたり構成するという作業が加わる。意見や考えの構成はより高度な認知処理能力を必要とし，その分学習者にとって負荷が高く，難しいと考えられがちである。また，認知面での負荷に加えて，意見・考え授受の活動は英語知識のレパートリーの広さも要求する。とりわけ英語知識が不十分な学習者や英語学習の初期の者にとっては，この点は大きな問題で，意見・考え授受の活動は難しいとして，敬遠されがちになる。

　さらに意見・考え授受の活動は，不安やリスクが伴い心理面での負荷が高い活動だと考えられている。自分の意見や考えを述べるには相応の勇気が必要で，特に感受性に富む思春期の生徒にとっては，他人の思惑を気にするあ

まり，自分の意見や考えの表明には消極的になる傾向が強い。意見・考え授受の活動では，ある意味，学習者は自分をさらけ出すことになり，それが学習者の不安感をさらに高めることになる。

(2) 英語知識の学習から抜け出せない

　認知・心理面での負荷の高さや学習者が感じる不安は，確かに意見・考え授受の活動を敬遠する理由になる。しかしながらもっと根源的な理由は，英語の授業では英語知識を教えなければならないという呪縛から，教師も生徒もなかなか抜け出せないことにあるように思われる。

　もちろん英語知識を教えることは英語授業では重要である。しかしながら英語知識をしっかりと教えなければならないという思いが強すぎると，授業での様々な活動がどうしてもその思いに引きずられがちになる。

　表1は，授業で行われる種々の活動を英語知識の学習に属するものから意見・考え授受の活動に当たるものまでを，その質によって分類したものである。この分類では情報授受の活動は，情報授受の正確さが重視されるため，必然的に教師も学習者も英語知識を強く意識しがちで，英語知識の学習により近い活動かあるいは延長線上にある活動として位置づけられる。

　Been (1979) は，授業で見られる読みの諸活動を，「言語学習のための読み」(reading for language) と「意味理解のための読み」(reading for meaning) の二つに区別している。このうちの「言語学習のための読み」とは，読みの活動ではあるが，そのねらいは必ずしもメッセージを読み取ることにあるのではない。読解過程を通して言語知識の確認や定着を図ろうとする読みで，文法知識をいちいち確認しながら行う訳読はこの種の読みの典型である。一方「意味理解のための読み」とはメッセージを得ることをもっぱら目的とする読みである。

　Been のこの区分を参考に，改めて情報授受の活動の目的について考えてみると，情報授受の活動は，コミュニケーション活動とは言っても，言語知識の学習を強く意識するので「言語学習のためのコミュニケーション活動」(communication activity for language) であると考えられる。活動を行う

ことで学習者の文法の学習状況を判断したり，学習者の文法意識を高めたり定着させることをねらっているため，コミュニケーション活動ではあるが，英語知識の学習により近い活動かあるいは延長線上にある活動だと考えられる。こうした活動は，コミュニケーション活動の重要性は認識しているものの，同時に英語知識の学習も大事だと考えている教師にとっては便利で安心できる活動である。そのため授業で多用されがちで，コミュニケーション活

表1　授業活動の質的分類

| 英語知識の学習↓↓情報授受の活動↓↓意見・考え授受の活動 | ・新出文法事項の提示・練習
・新出単語・表現の提示・練習
・教科書本文やキーセンテンスの暗唱
・教科書本文の書き取り
・ロール・プレイ
・オープンダイアローグ
・音読

・教科書本文の和訳
・英文和訳
・教科書本文の聞き取り
・教科書本文についてのQ&A
・教科書本文についてのTrue or False
・教科書本文の要約や再構成
・オーラルイントロダクション
・インフォメーション・ギャップ活動に代表されるタスク活動
・Show & Tell
・インタビュー

・教科書の内容について意見を述べる
・教科書の内容について感想を述べる
・自由英作文（エッセイライティング）
・スピーチ
・ディスカッション
・ディベート |

動と言えば情報授受の活動と思い込みがちな教師が多いように思われる。
　また，試験のあり方も英語の授業でのコミュニケーション活動に影響を与えている。入学試験を初めとする多くの英語の試験では，英文の意味を正確に捉えることを要求する出題が多く見られる。そのような状況下においては当然の波及効果として，授業では事実情報を正確に読み取る指導に力点が置かれ，意見・考え授受の活動は軽視されがちになる。

(3) 教師側の負担が大きい
　意見・考え授受の活動は生徒のみならず教師にとっても負担が大きい活動かも知れない。意見・考え授受の活動では，活動の展開の予測が難しく，様々な場面を臨機応変に切り抜けるだけの英語コミュニケーション能力が教師に要求される。英語教師であれば，それくらいの能力は当然身につけていなければならないが，英語を母語としない教師にとっては，やはり高いハードルである。また，Medgyes (1986) は，コミュニケーション能力の養成を目指す授業では，教師は高いコミュニケーション能力の他にも次のようなことが要求されると述べている。
・様々なトピックについての知識
・インタラクションを促進できる力
・人間味あふれる接し方
・学習者の手助けを意図した一歩退いた態度
　このような要求度の高さは意見・考え授受の活動を行う場合には特に顕著で，経験の浅い教師には負担になりがちである。

(4) 第2言語習得研究の影響
　直接的な理由ではないかも知れないが，これまでの第2言語習得研究の手法が意見・考え授受の活動の敬遠に繋がっている可能性もある。とりわけ科学的研究と銘打った第2言語習得研究では，実験や調査に当たって変数をできるだけ絞って定量的な研究を行おうとする。Savignon (2002) は，こうした科学を強く指向する傾向が，実際の授業を研究対象にすることの妨げとな

っていると指摘するが，こうした第2言語習得研究の手法が教授法にも影響を与えている可能性がある。すなわち，変数も少なく，実験をコントロールしやすい情報授受の活動は研究対象となり易いが，学習者の背景知識や情意面の変数が入り込み，いかにも変数が多すぎる意見・考え授受の活動には関心が向けられない。こうした第2言語習得研究の傾向が強く影響し，意見・考え授受の活動が敬遠されている可能性も否定できない。

　以上，英語授業において意見・考え授受の活動が敬遠されがちな理由を挙げた。それぞれの理由はもっともな点もあるが，もし授業の実態として，コミュニケーション活動が情報授受の活動に偏りがちで，意見・考え授受の活動にあまり目が向けられてこなかったのだとすれば，これまでの授業はコミュニケーションというものを非常に狭く捉えていたか，コミュニケーションの本質についての認識が随分浅かったことになる。また，本章で強調したように意見・考えを重視することで得られる利点は多い。こうした利点に改めて注目するとき，意見・考え授受の活動は難しいからと諦めるのではなく，どのようにしたら意見・考え授受の活動を英語授業に取り入れることができるかを工夫することが，これからの授業が目指すべき方向ではないかと考えられる。

【第3章】
意見・考えの定義と構成要素

1 – 意見・考えの定義

　これまで「意見・考え」というふうに，意見と考えをひとくくりにして用い，意見とは何か，考えとは何かについて定義せずに使ってきた。そこで本節では，意見とは何か，考えとは何かを改めて考えてみる。

　意見と考えは，ほぼ同義に使われることもある。例えば，以下のa，bの様な使われ方をするときには，ほぼ同義であるように思える。

　a. この問題に対するあなたの意見は？
　b. この問題に対するあなたの考えは？
　ただ，次のc，dのような文では，どうもニュアンスが異なる。
　c. それはよい意見ですね。
　d. それはよい考えですね。

　そこで，意見と考えの違いを探るため，辞書の定義を見ると，英英辞書 *COBUILD* では，意見（opinion）と考え（idea）はそれぞれ以下のように

39

定義されている。

> **opinion**
> 1 Your **opinion** about something is what you think or believe about it.
> 2 Your **opinion** of someone is your judgement of their character or ability.
> 3 You can refer to the beliefs or views that people have as **opinion**.
> 4 An **opinion** from an expert is the advice or judgement that they give you in the subject that they know a lot about.
>
> **idea**
> 1 An **idea** is a plan, suggestion, or possible course of action.
> 2 An **idea** is an opinion or belief about what something is like or should be like.
> 3 If someone gives you an **idea** of something, they give you information about it without being very exact or giving a lot of detail.
> 4 If you have an **idea** of something, you know about it to some extent.

　この定義によれば，意見は「ある物についてあなたが考えていること，信じていること」（定義1）とあり，また，考えには「ある物がどのようであるか，どのようであるべきかについての意見や信念」（定義2）とある。このことから，意見と考えはほぼ同義に使われる場合があることが分かる。ただ，他の定義を見ると，意見には「判断」「信念」「ものの見方」「アドバイス」という意味があり，定義中の"your opinion"という表現からも分かるように，個人の価値判断という含意が強く表れている。一方，考えの方はどうかと言えば，意見と同様な意味で使われる場合もあるが，例えば「それはよい考えですね。」という使われ方をするときには，「計画」あるいは「提案」の意味で使われており，意見とはニュアンスが異なる。考えは，意見と同義に用い

られることも多いが，必ずしも個人の価値判断を含まず，「提案」「物事についての情報」「物事についての知識」というニュートラルな意味で使われる。

このように，意見と考えは厳密にはニュアンスが異なる。意見がどちらかといえばパーソナルで情緒的なニュアンスを持つのに対し，考えの方は論理的な思考，判断を含意しているように思える。

また，大辞林では意見，考えは以下のように定義されている。

> 意見：ある問題に対する主張・考え。
> 考え：考えること。また，考えて得た結論・判断・決意など。

この定義でも，意見と考えは意味が重なっている。ただ意見には「ある問題」，「主張・考え」とあるように，特定性，主張という含意がある。一方，考えには，得た情報に対して何らかの思考処理を経て得られた結論・判断・決意を意味し，特定性，主張という意味までは含意していないように思われる。

以上見てきたように，意見と考えは同義で用いられる場合もあるが，違ったニュアンスで用いられることもある。本書で意見・考えとひとくくりにして言うとき，意見と考えをほぼ同義で用いている場合もあるが，大辞林の定義にもあるように，意見というときには，個人の考えの主張という意味を持たせて使っている。

2 - Watersの思考の分類から得られる示唆

意見・考えについて定義したが，それでもまだ抽象的で具体性に欠ける。意見とは何か，考えとは何かを具体的にする上で参考になるのはWaters (2006) による思考の分類である。すでに触れたように，Waters (2006) はコミュニケーション活動を行う上で，思考 (thinking) という要素に注目する。そしてBloom (1956) やSanders (1966) を参考に，認知処理の単純なものから複雑なものまで，思考のレベルを次の7種類に分類している。

① Memory: the recall or recognition of information. (記憶：情報を思い出したり，認知すること)

41

② Translation: changing information into a different symbolic form or language.（情報変換：情報を別の記号や言語に変えること）
③ Interpretation: the discovery of relationships among facts, generalizations, definitions, values, and skills.（解釈：事実，概念，定義，価値，技能間の関係性を見つけること）
④ Application: solving a lifelike problem that requires the identification of the issues and the selection and use of appropriate generalizations and skills.（応用：問題を特定し，適切な一般概念やスキルを選んだり使用したりして，実際に近い問題解決を行うこと）
⑤ Analysis: solving a problem in the light of conscious knowledge of the parts and forms of thinking.（分析：いろいろな考えや考え方を意識的に知ろうとすることで，問題を解決すること）
⑥ Synthesis: solving a problem that requires original, creative thinking.（総合：独創的で創造的な思考を必要とする問題を解決すること）
⑦ Evaluation: making a judgement of good or bad, right or wrong, according to standards designated by the student.（評価：学習者自身の判断基準に従い，善し悪し，正誤を判断すること）

　Watersはこの7種類の思考を，質的な違いによって図4のように二つのグループに分類している。一つは情報内思考（staying within the information given）あるいは低レベルの思考（lower-level thinking）と呼ばれるもので，もう一つのグループは情報を超えた思考（going beyond the information given），または高レベルの思考（higher-level thinking）と呼ばれるものである。
　情報内思考とは，①記憶，②情報変換がこれに当たり，与えられた情報をそのまま記憶したり，別の言語に変換するという認知処理を必要とする。与えられた情報内での思考であり，比較的簡単な認知処理で済む思考であると考えられる。一方情報を超えた思考とは，③④⑤⑥⑦がそれに当たり，与えられた情報に対して学習者が分析や解釈を加えるので，情報を越えた思考と

呼ばれ，③から⑦へと上がるにつれて認知処理の度合いがより高度になると考えられる。

このWatersの分類からは，いくつかの興味深い示唆が得られる。ひとつめの示唆は，情報授受の活動と意見・考え授受の活動の質的な違いである。

情報内思考 （低レベル思考）	①記憶 ②情報変換
情報を超えた思考 （高レベル思考）	③解釈 ④応用 ⑤分析 ⑥総合・創造 ⑦評価

図4　Watersによる思考の分類

情報授受の活動では，事実情報の正確なやりとりが求められるが，これは情報内思考（低レベル思考）だけで事足り，Watersの分類に従えば，認知処理のレベルが低い活動ということになる。一方意見・考え授受の活動の方は，情報を超えた思考（高レベル思考）を必要とする活動であり，情報授受の活動とは思考レベルが異なる。学習者が情報授受の活動に比べて意見・考え授受の活動を難しく感じがちなのは，この認知処理のレベルの違いが原因となっていることが分かる。

また二つめの示唆は，意見と考えの違いも，Watersの思考レベルの分類から説明が可能なことである。3章1節では，意見と考えの定義を行い，考えは得た情報に対して何らかの思考処理を経て得られた結論・判断・決意を意味し，一方意見はパーソナルで情緒的なニュアンスを持ち，個人の価値判断が含意されていると述べた。この定義に従うならば，考えは③④⑤レベルの思考に相当し，意見は，⑥⑦等のより高レベルの思考に属することが分かる。すなわち考えを構成する思考とは，③解釈，④応用，⑤分析であり，意見を構成する思考は⑥総合・創造，⑦評価であることが分かる。これをまとめると図5のようになる。

三つめの示唆は，意見・考えのそれぞれの構成要素が明らかになれば，意見・考えを引き出すための具体的な方法が見え易くなることである。例えば思考レベル③の解釈を例に取ると，まず解釈を促すにはどうしたらよいかを具体

思考レベル	具体的思考	活動の種類
情報内思考 (低レベル思考)	①記憶 ②情報変換	情報授受の活動
情報を超えた思考 (高レベル思考)	③解釈 ④応用 ⑤分析	考えの交換活動
	⑥総合・創造 ⑦評価	意見の交換活動

図5　各活動に必要な思考と思考レベル

的に考える。もし「意味を明確にさせる」「まとめさせる」等が解釈を促すための方法であるとすれば，さらにより具体的に「どういうことだろう。」「他の言い方で言うと」というふうに平たい言葉に置き換える。このように思考のレベルごとに具体的な問いかけや言い換えを行うことにより，意見・考えを引き出すことが容易になる。意見・考えを引き出すには，「どう思いますか。」「どう考えますか。」というような漠然とした問いかけを行うだけでなく，意見・考えを構成する思考レベルに注目することにより，意見・考えを引き出すための手立てが得られるのである。

　試みに，③〜⑦の思考を促すために効果的だと考えられる具体的な問いかけをまとめると表2のようになる。意見・考え授受の活動を工夫する上で参考になろう。

表2 意見・考えを引き出す工夫

認知処理レベル	思考を促す方法	→	具体的な問いかけ
③	・意味を明確にさせる。	→	「どういうことだろう。」「他の言い方で言うと」
③	・まとめさせる	→	「一言で言うとどうなりますか。」
③④	・関連性を見つけさせる。	→	「どんな関係がありますか。」「どこが同じでしょう。」
③④	・類型化させる。	→	「グループにまとめてみましょう。」
③④	・比較させる。	→	「どちらが…ですか。」「どこが違いますか。」
④⑤	・計画を立てさせる。	→	「どうしたらよいだろう。」
④⑤	・予想(予測)させる。	→	「何が書いてあると思いますか。」「どれくらいの人が…だと思いますか。」
⑤	・分析させる。	→	「どこが間違っているでしょう。」「どこをどのように直したらいいかな。」
⑤	・理由を見つけさせる。	→	「なぜだろう。」「どうしてそうなるのですか。」
⑥	・自分と関連づけさせる。	→	「あなたなら、どうしますか。」
⑥	・想像させる。	→	「こんな時はどうしますか。」
⑥	・提案させる。	→	「あなたの意見を言ってください。」
⑦	・判断させる。	→	「それは正しいと思いますか。」
⑦	・葛藤させる。	→	「どちらに賛成ですか。」
⑦	・評価させる	→	「どう感じますか。」「あなたの感想はどうですか。」
⑦	・印象や感想を言わせる。	→	「どのように感じますか。」「どのように感じましたか。」

【第4章】
意見・考えを重視する授業の工夫

　意見・考えを重視する授業と言うと，「英語力のない生徒にそんな難しいことができるわけがない。」と否定的に考える向きが多い。確かに意見・考えを求めると聞いて，英語でのディスカッションやディベートをイメージすると，それは難しく聞こえるのかも知れない。しかしながらよく考えてみると，学習者が自分自身のことを語るとき，その多くは意見・考えの表出になっている。例えば"I like music."や"It is difficult for me to speak English."あるいは"I must finish my homework right now."という文は，いずれも意見・考えの表出である。また"Mr. Yamada is a teacher."は事実情報の表出と考えられるが，"Mr. Yamada is a kind teacher."のように判断を表す形容詞 kind が入った途端，それは結局は"I think that Mr. Yamada is a kind teacher."を意味し，これも意見・考えの表出と言える。このように考えると，すでに繰り返し述べているように，我々の発する言葉のかなり多くは意見・考えの表出に他ならない。意見・考えを求めたり，表出することはそんなに難しいことではないのである。
　それでは意見・考えを重視する授業を実現するにはどうしたらよいのであ

ろうか。そのポイントについて考えてみる。

1- 意見・考えを引き出すための工夫

(1) 生徒自身に照らして考えさせる

　生徒の意見・考えを引き出すには，まず生徒自身に照らして物事を考えさせることである。例えば It is difficult for ～ to ～ . という新出言語材料を教える場合でも，例文は It is difficult for Mike to study math. It is difficult for Mary to play tennis. であってはならない。教師は "It is difficult for me to ＿＿＿＿＿＿." と黒板に書き，教師自身が "It is difficult for me to study math." とモデルを示し，その後すぐに生徒自身のことを言わせるのである。下線部を生徒自身に照らして補わせることで，新出言語材料の練習の中でも，生徒の意見・考えを引き出すことができる。

　また，教科書本文を読み進める中でも，生徒自身に照らして考えさせる。例えば外国人力士の日本語学習での試行錯誤を扱っているレッスン (*New Horizon English Course 3*, Unit 4 Learn by Losing) では，本文内容に関連して "The sumo wrestlers weren't afraid of making mistakes when they learned Japanese. How about you? When you learn English, are you afraid of making mistakes?" というように，「あなたならどう思う。」と生徒自身に引きつけて質問を行う。「あなたならどう思う。」「あなたならどうする。」「あなたなら～しますか。」というふうに生徒自身に照らして物事を考えさせることにより，生徒の意見・考えを引き出すことが容易になる。

　すなわち，生徒自身に照らして考えさせるとは，生徒が感じる関連度 (relevance) を高めることである。関連度とは，すでに触れたように我々がある事柄に対して感じる自分との関わりの度合いのことであるが，この関連度が高まれば，我々はより意欲的に，より積極的に活動に取り組むようになる (Dörnyei, 2001)。

　また，生徒自身に照らして考えさせることは here-and-now translation を行うことでもある。Here-and-now translation とはテクストの内容やト

ピックを具体化したり学習者の経験に関連づけることにより，抽象度のレベルを下げること（Prabhu, 1987; Skehan, 1998）を言うが，意見・考え授受の活動では，学習者は自分自身との関連で物事やトピックを考えなければならず，その意味では一種の here-and-now translation を行っているのだとも言える。Duran & Ramaut（2006）は，外国語学習の初級者向けのタスクを工夫する際に，難易度を下げるためにこの here-and-now translation を用いることを提案しているが，学習者の背景知識や経験に注目することでhere-and-now translation が起きるのだとすれば，意見・考え授受の活動は一般に考えられているほど難しい活動ではないのかも知れない。

(2) 思考を刺激する

　意見・考えを引き出すには，ただ漠然と「考えなさい」と言うだけでなく，生徒の思考を具体的に刺激する必要がある。そのためには，3章2節で述べたように，予想（予測）させる，比較させる，分析させる，想像させる，類型化させる，関連性を見つけさせる，理由を見つけさせる，判断させる，葛藤させる，評価させる，自分と関連づけさせる，印象や感想を言わせる，提案させる，まとめさせる等，思考を誘発する。またその際，抽象的な言葉で問いかけるのではなく，「どれくらい…だと思いますか？」，「どんな関係がありますか？」，「違いはどこですか？」のように平たい言葉に置き換えるのがよい工夫である。以下に例をいくつか示す。

①予想（予測）させる

　例えば，目標文を用いてのコミュニケーション活動では，コミュニケーション活動に入る前に予測をさせる。すなわち中学校1年生に，"What time do you get up?""I get up at ..."を用いてインタビュー活動をさせるとする。その場合，いきなりインタビューを行わせるのではなく，インタビューの前に，教師は"Please guess how many students get up at six."と述べ，生徒たちに予測を促す。この予測がきっかけとなり，生徒たちは考えをめぐらすことになる。また，予測を促すことで，インタビューを行うことの必然性も高まる。生徒は自分の予測が正しいかどうかを確かめるためにインタビュー

を行うことになり，インタビュー自体に目的性が生ずるというメリットも得られる。

②比較させる

　比較も意見・考えを引き出すのに有効な手段である。比較を用いたコミュニケーション活動としてよく行われるのはミニ・ディベートである。例えば，"Dogs vs. Cats. Which do you think are cleverer?"，"Breakfast : Rice or Bread? Which do you like better?" というようなトピックを与え，生徒同士で意見・考えの交換を行わせる。また，比較は，読みの動機付けにも役に立つ。*New Horizon English Course 2* の Summer Vacation in Thailand というタイトルの読み物教材では，タイの夏休みの様子が書かれている。この読み物教材を扱う際，"Are there any differences in summer vacation between Thailand and Japan?" のように問いかけ，タイの夏休みと日本の夏休みとの比較を促す。比較を促すことで，学習者の問題意識が刺激され，教科書本文の読みに積極的に取り組むようになる。

③葛藤させる

　2章2節（4）では，生徒の心情を揺する人間的活動の例を紹介した。その例が示すように，生徒の目には理不尽に映るであろう "Which do you think is more important, money or friends?" というような質問をぶつけ，そして更に "To me, money is more important than friends, because I can buy anything if I have a lot of money. I can even buy friends with money. You must agree with me." と畳みかけることで，生徒に心理的な葛藤を促す。葛藤させることで生徒は深く考えるようになり，また心情も激しく揺すられ，それが意見・考えの主張へのエネルギーになる。

④理由を突き詰める

　意見・考えを引き出すのにとりわけ効果的なのは，"Why?" "Why not?" と理由を突き詰めることである。"Why?" "Why not?" と突き詰められると，生徒は思考モードに入らざるを得なくなり，自分の言いたいことを何とかして言語化せざるを得ない場面に追い込まれることになる。追い込まれると言うと negative な響きを持つかも知れないが，コミュニケーション能力の獲

得には，この追い込まれるという経験が必要不可欠である。持っている言語知識やスキル，さらにはジェスチャーなどの非言語的コミュニケーション手段を総動員して，追い込まれた状況を何とか打開するという経験がコミュニケーション能力の獲得につながる。

ただ，生徒によっては"Why?"と聞かれて答えに詰まる者もいる。その場合は，以下のようにスカフォールディング（scaffolding: 足場掛け）の手法を用いて，適宜教師が手助けをしてやることが必要である。このような教師の手助けは，生徒の立ち往生の回避に役立つばかりか，コミュニケーションができたという達成感にもつながる。意見・考えを重視した授業では，積極的に用いたい手法である。

T: Do you have any hobbies?
S: Yes. I like music.
T: What music do you like?
S: I like rock music.
T: Why do you like rock music?
S: ... Because exciting ... I am exciting...
T: Oh, you feel excited when you listen to rock music.

(3) 考える時間を与える

生徒の意見・考えを求める時，性急であってはならない。授業では，教師が矢継ぎ早に質問して生徒が答えるという光景がよく見られるが，生徒が即座に答えることのできる質問とは，模倣反復やパターン・プラクティスのような操作的活動か簡単な事実情報の表出である。

一般に外国語の授業では，生徒に考える時間を与えることが少ないように思われる。これまでの外国語の授業のうち，教師が生徒に一方的に知識を詰め込もうとするいわゆるバンキング的授業（Freire, 1970）では，授業は教師主導になりがちで，生徒に考える時間を与えるというような発想は生まれなかった。

しかしながら意見・考えを重視する授業では，生徒が意見や考えをまとめ

るための時間を取ることが必要である。「どのような意見・考えを述べようか」,「どのように述べたらよいだろうか」と考える時間が必要で，即座の応答を期待することは難しい。意見・考えを求める活動では，生徒に十分時間を与え，じっくりと待つことが教師に求められる。

(4) ペアやグループで考えさせる

　意見・考えが出にくいときには，個々に考えさせるのではなく，ペアやグループで考えさせる。三人寄れば文殊の知恵という言葉もあるように，相談することで意見・考えの糸口を見つけ易くなる。意見・考えはペアやグループで相談してまとめさせてもよいし，考えの糸口が見つかれば，後は生徒個々人でまとめさせてもよい。

(5) 教師が積極的に関わる

　研究授業や公開授業を参観すると，意見・考え授受の活動を生徒同士で行っているのをよく見かける。もちろん最終的な目標としては生徒同士での活発な意見・考えのやりとりが実現するのに越したことはないが，現実には生徒側の英語知識不足もあり，意見・考え授受の活動は必ずしもスムーズに進むわけではない。そのような場合，教師が積極的に関与することで，以下のようなメリットが得られる。

①学習者の英語知識の限界を補い，展開を助けることができる。

　英語が出てこなかったり，発話に詰まったりすると，多くの学習者は発話を放棄しがちである。しかしながら教師が対話の相手をし，学習者の英語知識不足を補ってやることで，学習者は諦めずに対話を続けることができる。また，学習者が混乱したときには，スカフォールディングの手法等を用いて，学習者の言いたいことをまとめたり方向付けをし，学習者の発話の展開を助けることができる。

②やりとりの中で学習者にフィードバックを与えることができる。

　生徒同士での英語のやりとりの場合，間違った英語が修正されることはまず期待できない。生徒同士のやりとりでは，生徒自身の英語力の低さから，

誤りを認識できなかったり，誤りを見過ごしたりしがちである。またたとえ誤りに気づいたとしても，相手に対する気遣いから誤りを指摘することを避けがちである。一方，教師が対話の相手をすれば，誤りが見過ごされることはない。そして必要な場合には，生徒の誤りに対して効果的にフィードバックを与えることができる。

③学習者のチャレンジを呼び起こすことができる。

　教師が対話の相手をすることで学習者のチャレンジを喚起することができる。例えば次のように，ディベートを生徒同士ではなく，教師 vs. 生徒全員という形で行う。

T: Would you like to live in a big city? I do not want to live in a big city, so I am on the "No" side, and all of you are on the "Yes" side. Let's have a debate on this matter.

　このように教師に挑まれた生徒たちはチャレンジ精神を刺激され，教師をやり込めようと懸命になる。コミュニケーション活動に教師が加わると，コミュニケーション活動の価値を損なうかのような見方もあるが，特に意見・考え授受の活動では，教師が積極的に関わることにより活動を発展させることができる。

2 – 意見・考えのやりとりの場を確保する

　「意見・考えのやりとりは難しい」，「生徒には意見・考えのやりとりなどできない」という思い込みから，意見・考えのやりとりを行うことに消極的になりがちである。しかしながら意見・考えのやりとりの機会は，次に示すように本来授業のどこにでも見つけることができる。

(1) 授業のウォームアップで意見・考えを求める

　授業を始める前のウォームアップで意見・考えのやりとりを行うことができる。例えば次の例のように，授業の冒頭，教師がほんの小さな話題を取り上げ，生徒とのやりとりを行う中で，生徒の意見・考えを引き出すことがで

きる。
T: I have a grandmother. She will be 70 on September 7th. I am wondering what present I will give her. Do you have any good ideas?
S1: What hobbies does she have?
T: She likes cooking.
S1: What about an apron? I think she likes it.
T: Oh, that's a good idea. Thank you.

　また，毎時間授業の冒頭で"Do you like summer? Yes or No.", "Bread for breakfast. Yes or No"あるいは"Video games are bad for young children. Yes or No."という具合に，ほんの小さな話題を取り上げて，ミニ・ディベートを行ってもよい。その他にも1～2名の生徒にミニ・スピーチをさせるなど，授業を始める前の5分ほどを割いて，意見・考えを述べさせる活動に充てる。このような活動は単発的に行うのではなく，できれば毎時間継続して行う方が効果的である。継続することにより，意見・考えを述べることへの心理的抵抗感は徐々に薄らいでいく。

(2) 新出言語材料に即して，意見・考えを取り上げる

　新出言語材料を教える際にも，意見・考えのやりとりがを行うことができる。すなわち意見・考えを述べるのに役立つ言語材料が出てきたとき，その機会をうまく捉え，生徒の意見・考えを引き出すことができる。

　例えば"It is difficult for me to ..."という構文が新出言語材料として出てきたとする。その場合，"It is difficult for me to study English."のように自己表現をさせる。この自己表現自体も意見・考えの表出であると考えられるが，さらに教師が生徒に次のように問いかけ，会話を発展させるなかで，生徒の意見・考えをさらに引き出すことができる。

S: It is difficult for me to study English.
T: Is it difficult for you to study English? Why? I think it is fun to study English.
S: No, no. It is not fun. It is difficult because I must remember many

words.

　形容詞の他にも意見・考えを述べるのに役立つ言語材料は思いの外多い。例えば中学校の教科書 *New Horizon English Course Book 1, 2, 3* から拾っただけでも，以下のような意見・考えを表すのに有用な言語材料を見つけることができる。

①感情，気持ち，考え，判断などを表す動詞
　　agree, believe, feel, hate, hope, know, look like, like, love, mean, need, seem, thank, think, want, wish, worry
②判断，感情を表す形容詞（形容詞は多かれ少なかれ判断を含意する。ここに挙げてあるものはそのうちの使用頻度が高いものである。）
　　bad, beautiful, difficult, easy, excited, exciting, favorite, glad, good, great, happy, hard, important, interesting, kind, lucky, nice, pretty, sad, true, wonderful, wrong
③判断を表す副詞（副詞も多かれ少なかれ判断を含意する。ここに挙げてあるものはそのうちの使用頻度が高いものである。）
　　almost, always, hard, just, maybe, much, often, usually
④判断を含意する助動詞
　　can, may, must, must not, should, will
⑤理由を表す接続詞
　　because
⑥理由を表す不定詞
　　I study English to ...
⑦意見・考えを述べるための定型表現・慣用表現
　　・I think (believe, be afraid (of), be sure, hope, wish) that ...
　　・Why...? Because ...
　　・How about (you) ...?
　　・Why don't you ...?
　　・Would you like to ...?

・How ...!
・I am against (for) ...
・in my opinion
・be impressed with .../ be interested in .../ be proud of .../ be surprised at ...
・I am sorry.
・It is interesting for me to ...
・I am going to ...
・I see.
・look forward to
・That's right.
・What do you think?

　こうした言語材料はどれも意見・考えを述べるのに有用であるが，特に"I (don't) think that ..."，"I am sure ..."，"I am afraid that...."等は意見・考えを述べる表現として直接的に役立ち，できれば英語学習の早い時期に指導しておくべき表現である。これらの指導に当たっては，文法構造をとやかく説明するのではなく，いわゆる決り文句（formula）として憶えさせる。決り文句として一度憶えてしまえば，生徒にとって意見・考えを述べるための強力な手段になる。

(3) 教科書本文に入る前のPre-reading活動で意見・考えをやりとりする

　教科書本文に入る前に，読みの手助けや動機付けをねらってPre-reading活動を行うことが多い。Pre-reading活動では，題材内容に関して生徒のスキーマ（schema）を活性化したり，題材内容に関連した語彙や表現を教えることがよく行われるが，特にスキーマの活性化を行う中で，生徒の意見・考えを引き出すことができる。

　例えば *CROWN English Communication I* では，本文を読む前にTake a Moment to Think というPre-reading活動を設け，その中で，次のよう

な質問をすることにより生徒の意見・考えを引き出すと同時に，読みの動機付けもねらっている。

・Would you like to go into space? Why? Why not?（Lesson 1）
・Do you think that learning a foreign language is fun?（Lesson 3）
・Do you think that Japan is a rich country?（Lesson 5）
・If you have a chance to go to Africa to study wild animals, do you want to go?（Lesson 6）

また，*POLESTAR English Communication I*では，レッスンの冒頭にLet's talk! というPre-reading 活動を設けている。本文を読む前に題材内容に関連して次のような設問をし，生徒に推測や予測をさせる中で，生徒の思考を刺激し，意見・考えのやりとりに結びつけている。

・How do you explain KARAOKE in English?（Lesson 1）
・What are the good points of visiting foreign countries?（Lesson 3）
・What kind of effect can music have on people?（Lesson 5）
・Why do you think people are fascinated by daimonds?（Lesson 6）

こうしたPre-reading 活動での意見・考えのやりとりは中学校でも行うことができるが，高校では生徒の英語知識も増え，教科書の題材内容も豊かになるので，より積極的に行うことが可能になる。Pre-reading 活動をうまく利用することにより，意見・考えのやりとりの場は随分増える。

(4) 教科書本文の内容について意見・考えを求める

本来，教科書本文は意見・考えのやりとりを行うのに好適な教材である。とりわけ最近の中学校や高校の教科書には，生徒の知的好奇心や問題意識を刺激するトピック，感動的な内容を盛り込んだ本文が増えてきている。これらを利用すれば生徒の意見・考えを引き出すことはそう難しいことではない。

教科書本文の内容について意見・考えを求める場合，その場面としては以下の三つが考えられる。それぞれの場面と具体例を以下に示す。

①教科書本文を読ませる前に大きな質問をする。

New Horizon English Course 3 のUnit 5のReading for Communicationでは，教師の「電子辞書ではなく紙の辞書を使うべきだ。」とのアドバイスを取り上げ，そのアドバイスに対するインターネット掲示板での反響を話題にしている。教科書本文にはインターネットの掲示板に寄せられた意見が六つ書かれており，本文の内容を正確に読ませることを重視する授業では，書かれている意見をまず読ませ，それぞれの内容を正確に把握させる。しかし意見・考えを重視する授業ではそうしたアプローチは取らない。教科書本文を読ませる前に，まず"Do you think junior high school students shouldn't use an electronic dictionary?"と大上段に問いかける。そして次に生徒に自分の意見・考えをまとめさせ，それを発表させたり交換させたりする。いきなり教科書本文を読ませるのではなく，まず生徒の意見・考えを問うのである。

　こうしたアプローチは，本文内容の確認を丁寧に行うボトムアップ的なアプローチに比べると，いささか乱暴に映るかも知れない。しかし実際には，生徒の読解への取り組みには大きな差が出てくる。生徒の意見・考えをまず問いかけることで，生徒の問題意識が高まり，同時に教科書本文を読む理由も生まれることになる。ある生徒は自分の意見・考えの裏付けを得ようとし，またある生徒は自分の意見・考えを表現するのに適切な英語表現を得ようとして，意欲的に教科書本文を読もうとする。

②教科書本文を読み進める中で意見・考えを問う。

　教科書本文を読んでいる途中で，生徒の意見・考えを求めることもできる。例えば，*New Horizon English Course 3* のUnit 3 では，Fair Trade を取りあげており，Reading for Communication の一部に以下のような文章が書かれている。

　Many children in Ghana work at farms to help their families. Some of them have never been to school. Fair trade can solve these problems. If you buy fair trade chocolate, more money goes to the farm workers. Your choice will help them.

　この時，教科書本文に即して"Many children in Ghana have never been to school. Do you think they are happy?"と尋ねたり，"If you have to work for your family and cannot go to school, what feeling do you have? Are you happy?"と尋ねたりする。あまり頻繁にこの種の質問をすると，読みから注意がそれるので注意しなければならないが，本文内容に即して生徒の意見・考えを問うことで，教科書本文と生徒との心理的距離を一挙に縮めるという効果が得られる。

　また，教科書本文を読み進める中で，国語の授業でよく見られるように，本文の一部を取りあげ筆者の意図を推測させたり，それがどのような意味かを問うことにより，生徒の意見・考えを引き出すこともできる。これも *New Horizon English Course 3* からの例であるが，The Fall of Freddie the Leaf というタイトルの読み物教材の中に，次のような文章が出てくる。

　　"Will we return in spring?" Freddie asked.
　　"I don't know, but Life will. Life lasts forever and we're part of it," answered Daniel.

　この文章を読み進める中で，教師は "What does the writer mean with the underlined part?" と生徒に問いかける。このように問いかけることで，生徒に筆者の伝えたいメッセージについて意見・考えを述べさせたり，交換させたりできるが，もう一つの効果として生徒をより深い読みへと導くことが可能になる。

③教科書本文を読んだ後で，その内容について意見・考えを問う。

　教科書本文を読んだ後で，その内容について意見・考えを求めることもできる。これは中学校の教科書でも高校の教科書でも比較的多く見られる。次はその例である。

・「この力士はなんと言うべきだったのでしょうか。」(*New Horizon English Course 3*, Unit 4 Reading for Communicaiton)
・「本文を読んで，あなたの思ったことをこの「木」に伝える手紙を，[例] に習って英語で書きましょう。(*New Horizon English Course 3*, Let's Read 1 A Mother's Lullaby)
・「あなたはジャッキー・ロビンソンの生涯について，文章にまとめます。＿＿＿＿を完成し，発表しましょう。⑧にはあなたの感想を書きましょう。」

（*New Horizon English Course 3,* Unit 6, Review）
- Do you think Chirori lived a happy life? (*Prominence Communication English I*, Lesson 2)
- As an "eco-smart" person, what should you do to protect the environment? (*Prominence Communication English I*, Lesson 3)
- How do you think 20,000 liters of water is used to produce a kilogram of beef? (*Prominence Communication English I*, Lesson 4)

(5) レッスンで扱われている話題について意見・考えを求める

　教科書本文を読ませた後、教科書本文の内容ではなく、扱われているトピックそのものについて意見・考えを問う活動である。例えば Therapy dog をトピックとして扱った教科書本文を読ませた場合、事後の活動として次のような課題が与えられている。

- Discuss some similarities and differences between service dogs and therapy dogs. (*Prominence Communication English I*, Lesson 2, Communication Activity)

　また、水の大切さを扱ったレッスンでは、次のような課題が与えられている。

- B: Here are some suggestions for changing our lifestyles to save water. What do you think about them?　C: Now explain your ideas in English to your classmates/ You should give reasons for them. (*Prominence Communication English I*, Lesson 4, Communication Activity)

　本来この種の課題は、教科書本文の読みを深めるためにも、また意見・考えを引き出すにも大変有効であると考えられるが、これまでの授業では、英語知識を教えることや教科書本文を正確に読み取ることに手一杯で、こうした課題は余分なものとして切り捨てられがちであった。しかしながら新学習指導要領に沿った平成25年度版の高校教科書では、例えば *Prominence English Communication I* では Communication Activity, *Crown English Communication I* では Option, *Genius English Communication I* では Discussion, *Mainstream English Communication I* では Another Step,

Element English Communication I では Pair Work 及び Let's Try! という名前で，レッスンで扱われている話題に関して学習者の意見・考えを求める活動が取り入れられている。英語教育において意見・考えを求めることの意義を認めるならば，こうした傾向は歓迎すべきであろう。

(6) 投げ込み的に意見・考えを求める

テーマを決めて本格的なスピーチ，ディスカッション，ディベートを行わせたり，エッセイを書かせることにより，生徒の意見・考えを表出させることができる。

本来こうした活動は，コミュニケーション能力の養成を本気で目指そうとするならば，もっと積極的に行われるべきである。事実，ディスカッション，ディベート，スピーチがオーラルコミュニケーション能力の養成に大きな効果があることは，SELHi事業によって明らかになってきている。松本 (2008) は，SELHi事業の貢献を二つ挙げ，ひとつは，プレゼンテーション，ディベート，模擬国連等の活動の普及，ふたつめは教師側の集団研修の促進とその成果であるとし，「SELHi校では，普段の授業においても，プレゼンテーションやディベートを行うことが珍しくなくなった。それだけでなく，3年生の前期に 20 〜 30 分間程度のディベートができるようになるように，段階的にスピーチやディベートの学習を取り入れるようなカリキュラムを構築することに成功した学校も珍しくない。」と述べている。SELHi事業によって，ようやくディスカッション，ディベート，スピーチ等の価値が認識され始めたと言える。

3 – 意見・考え授受の活動を支援する

意見・考え重視の授業はいろいろな意味でチャレンジングな授業である。英語知識重視の授業に慣れきった生徒にとっては，随分勝手の違う授業だと映るであろうし，意見・考えのやりとりに慣れていない生徒にとっては，とても難しいという印象を与えるかも知れない。こうした生徒たちをどのよう

に支援するかが,意見・考えを重視する授業では重要なポイントとなる。実のところこの辺のノウハウは十分積み上がっているとは言えないが,次のような支援や工夫を行うことが効果的であろう。

(1) 心理面での支援

すでに何度も触れているように,意見・考えを述べたりやりとりすることは,認知的に負荷がかかる活動である。また,思春期にある中学生や高校生にとっては心理的に抵抗を感ずる活動でもある。こうした問題を乗り越えるためには,次のような心理面でのケアや意見・考えを述べやすいような雰囲気作りをする必要がある。

①年度当初のガイダンス

意見・考えを述べることへの抵抗感を和らげるための工夫の一つは十分なガイダンスを行うことである。年度当初に,意見・考えを述べることがコミュニケーション能力の養成にとっていかに重要であるか,またいかに充実感ややりがいを感じる活動であるかを,十分に説明することが必要である。生徒が説明に納得すれば,教室の雰囲気は随分変わってくる。

②個人の意見・考えを尊重する雰囲気作り

個人によって色々な意見や考えがあること,それを尊重する必要があることを,生徒に納得させることが必要である。そのためには例えば「100万円が手に入ったとすれば,あなたはどうしますか。」というような質問を生徒にぶつけてみる。生徒からは色々な答えが返ってくるであろうし,またたとえ何名かの生徒が「旅行に行く。」と答えた場合でも,更に教師が「どこへ行きたいのですか。」と問うと,生徒によって行き先は異なるであろう。このように個人差を具体的に示すことにより,意見・考えの尊重を促すことができる。

③いきなり口頭で言わせず,メモを取らせる

意見・考えを述べることに慣れていない生徒には,意見・考えをまずメモさせ,その後で発表させるようにする。メモを取ることで,意見・考えをまとめる時間が確保でき,生徒は心理的に随分楽になる。発表する際はメモに

頼らず発表できることが望ましいが，最初の内はメモを見ることもやむを得ない。
④ペアやグループでまず発表させる
　意見・考えをいきなりクラスの前で発表させると，生徒の多くは不安を感じる。不安を軽減するには，いきなりクラスの前で発表させるのではなく，まずペアで，そして次にグループ内で発表させることにより，徐々に抵抗を減らしていくことが大切である。
⑤意見・考えが出やすいように弾みを付ける
　"Do you think English is an important language? Why? Why not?" といきなり理由を尋ねても，生徒はなかなか答えを述べることはできない。その場合，"Do you think English is an important language? Yes or No." と聞き，"Yes." か "No." か，まず立場をはっきりするよう生徒に迫る。立場が明確になるとそれが弾みとなって，意見・考えが出やすくなる。また，三者択一の選択肢を与え，その内の一つを選ばせることも意見・考えへの弾みになる。
⑥気軽に相談に乗る
　意見・考えを求める活動においては，生徒からの質問に対して気軽に答えるという姿勢が特に大事である。語彙や表現についての質問には，ともすると「辞書を引きなさい。」などと突き放した言い方をしがちであるが，そのような態度は生徒に緊張感を強い，せっかくの生徒の意欲を減退させてしまう。質問に対しては気軽に応じ，オープンな態度を取ることが，生徒の意欲面のサポートにつながる。
⑦ポジティブなコメントを与える
　意見・考えには，特にこれという正答はない。生徒の意見・考えに対しては，相づちを打つか，肯定的なコメントを心掛け，否定的なコメントはできるだけ避ける。否定的なコメントを与えると，生徒は口を開きたがらなくなる。また，生徒が書いた作文に対してフィードバックを与える場合も，誤りのチェックだけでなく，共感的なコメントを添えてやるとよい。特にALTのコメントは，生徒の書く意欲を高めるのに大きな効果がある。

(2) 言語面での支援

　意見・考えを重視した授業を行う場合，問題となるのは生徒が言いたいことと言えることとのギャップである。特に英語学習の初級や中級レベルの学習者にとっては，英語知識の積み上げが十分とは言えないので，意見・考えを求めたとしても，なかなかうまく表現することができない。そのような場合，次のような支援をすることで，生徒の意見・考えを引き出したり，発展させることが可能になる。

①必要な語彙や表現を支援する

　生徒が自分の意見・考えを表出しようとするとき，語彙や表現の不足がネックになることが多い。そこで意見・考え，あるいは理由を述べる際に必要な語彙や表現を予め教えておくとよい。高校のライティングの教科書では，この種の指導のための教材が見られるが，中学校においても適宜教えるとよい。

　意見・考えを述べる際に有用な言語材料についてはすでに触れたが，特に指導しておきたいのは以下のような表現である。

　　・I think（believe, be afraid, be sure, hope, wish）that ...
　　・I support ～．I am in favor of ～．
　　・I am against ～．I have a negative opinion about ～．
　　・That's because ～．
　　・First（Firstly, In the first place）, Second（Secondly）

　また，生徒が意見・考えを述べようとする場合，語彙や表現が思いつかなくて立ち往生することが多い。その場合，教師は出し惜しみをせずに教えてやればよい。教師が気軽に教えることで，生徒が感じるプレッシャーは随分軽くなる。

　さらに教えた語彙や表現を定着させるには，生徒が意見・考えを述べた後，振り返りとして，意見・考えをノートにまとめさせるという作業を行わせるとよい。意見・考えを述べている間は精神的な余裕がないので，せっかく教えて貰った語彙や表現に十分注意を向けることはできない。しかし意見・考えを述べた後，振り返りをすることで，教えて貰った語彙や表現は，自分の

ものとして生徒の英語知識の体系に組み込まれる可能性が高くなる。
②モデルを示す
　生徒に意見・考えを持たせるためのきっかけ作りとして，教師がモデルを示すことも効果的である。活動に先立ち，教師自身が，自分の意見・考えを述べたり，プリントにして生徒に渡す。生徒はそのモデルを手本にして，意見・考えのヒントを得たり，表現に必要な語彙や表現を学んだり，論理構成についても学んだりできる。

　また，教師がモデルを示すほかに，前年度の生徒が書いたものの中からよさそうなものを選び，それをモデルとして示してもよい。教師のモデルよりも親近感を感ずるであろうし，また自分と同じ生徒が書いたものということで，手が届く範囲と感じるのでチャレンジしようという気持ちも生まれてくる。

③積極的に手助けする
　意見・考えを述べようとして生徒が立ち往生したときには，積極的な手助けが必要である。もちろん生徒が，自分自身の考えを言語化するために悩んだり試行錯誤することは，コミュニケーション能力を獲得する上で重要なプロセスである。しかしながら悩み悩んでその挙げ句，生徒が意見・考えの表出を諦めてしまっては元も子もなくなってしまう。立ち往生した場合には，混乱を長引かせずに，助け船を出してやることが必要である。

　手助けのためのテクニックとしては，スカフォールディングが有効である。スカフォールディングとは，すでに述べたように会話のやりとりに生徒が参加し易いように援助し，その中で生徒の能力や知識をより高いレベルへと伸ばすことをねらうもので，意見・考えを重視する授業では，生徒がやりとりの中で言葉に詰まったり，混乱したりしたときには，この手法を用いることが効果的である。教師は，生徒の発言をまず受け止め，その上で生徒の言いたかったことをうまくまとめて投げ返すことにより，やりとりの継続を促すと共に生徒の意見・考えを深めることができる。生徒は，たとえ教師の助けを借りたとしても，自分の意見・考えを言えればそれなりの達成感を味わうことができる。

④言語依存型アプローチ＋場面状況依存型アプローチ

　意見・考えを述べる際，言葉だけに頼ろうとすると大変難しいことがある。例えば，「あなたはどんな部屋が理想ですか。あなたの考える理想の部屋を，英語で説明しなさい。」と言われた場合，結構英語の力がある人でも説明することは難しい。しかしながら言葉だけに頼らずに，絵を併用すると，割合簡単に説明することができる。すなわち英語で説明させる前に，まず生徒に自分の理想の部屋をカラフルな絵に描かせる。絵が描き終わったら，その絵を指し示しながら，英語で説明させるのである。

　言葉だけに頼るコミュニケーションの方法を言語依存型アプローチ，この例のように言葉だけでなく絵や実物や状況を利用して行うコミュニケーションを場面状況依存型アプローチと呼ぶことにすると，意見・考えを求める場合，特に初級者の場合は，場面状況依存型アプローチを積極的に用いることで，生徒の感じる負担は大幅に軽減される。

⑤コード・スイッチングを許す

　特に初級者の場合，意見・考えを述べさせる際，日本語を交えてもよいことにする。但し安易に流れすぎると，英語を十分に使わない恐れもあるので，単語レベルでのみ日本語の使用を許す。「単語だけなら日本語を使ってもよい。」と言うと，英語力に自信のない生徒は随分気持ちが楽になる。また，同じこの言葉は別の生徒にとっては，全く違って解釈される可能性もある。英語に自信がある生徒にとっては，この言葉はチャレンジングに響き，「ようしそれなら日本語は絶対に使わないでおこう。」と考えるかも知れない。

(3) 内容面での支援

　一般に外国語教育においては，言語知識を教えることが優先され，内容面には十分注意が向けられないことが多い。しかしながらコミュニケーション能力の養成にとっては，言語知識の獲得同様，内容面も注目すべき大きな柱である。

　とりわけ意見・考えを重視する授業では，内容面は重要である。生徒の持っている豊かな背景知識，それぞれに固有のパーソナリティー，価値観や判

断力の違いに注目し，それらをどのように引き出し内容を構成させるかがポイントになる。

①生徒観を再確認する

すでに本章冒頭で述べたように，学習者の英語力の不十分さに常々接していると，教師はついつい「この英語力ではとても意見・考えなど述べることはできない。」と意見・考えを求めることに消極的になりがちになる。しかしながら我々が教えている生徒たちは，英語力は不十分であるかも知れないが，内容面ではすでに十分に豊かであることを忘れてはならない。

すなわち我々が教えている生徒たちは認知的には十分に成熟しており，それまでの生活経験に加え，学校で学んだ知識，テレビや雑誌などのメディアから得た情報，趣味や特技についての知識など，実に豊富な背景知識を持っている。またそうした生活経験や背景知識をもとに，生徒個々人は固有の価値観や判断力を発達させており，生徒は内容面では十分豊かなのである。意見・考えを重視する授業においては，生徒は内容面で豊かであるという点をまず確認しなければならない。そうした確認をすることで初めて新たな展望が開けることになる。

②内容面を引き出す工夫

いきなりトピックを示し，「さあ意見・考えを述べよ。」と生徒に迫っても，生徒は戸惑うばかりである。そのような場合，マインドマッピングやブレーンストーミングという手法を用いることにより，内容面の整理を促すことが効果的である。

マインドマッピングとは，あるトピックに関連して思いついたことを次々と書き上げ，関連性のあるもの同士を線で結び，思考のネットを作り上げることによって，意見・考えを構成するための手法である。また，ブレーンストーミングも思いつくことを次々と出し，その中から新しいアイディアを生み出す方法で，こうした手法は意見・考えを引き出したり，内容面での整理をするのに便利で，生徒たちに是非とも教えておきたい方法である。

ただ，マインドマッピングにしてもブレーンストーミングにしても慣れないうちは難しい。最初のうちはよいモデルを示してやったり，教師が生徒と

共にマインドマップを作ったり，ブレーンストーミングをしたりする必要がある。また，マインドマッピングやブレーンストーミングを行うとき，原則として出てきた意見や考えについては，コメントを控える。肯定的なコメントであれ否定的なコメントであれ，コメントをすると自由な発想が妨げられがちになる。

③資料，補助教材を与える

　生徒の意見・考えを深めたいときには，教科書以外に資料や補助教材を与えるとよい。資料や補助教材を与えることにより以下のようなメリットが得られる。

　・意見・考えのヒントを与える
　・問題意識を刺激し，意見・考えの表出を動機づける
　・必要な情報を与える
　・必要な語彙や表現を与える

　資料や補助教材としては，絵，ビデオ，新聞や雑誌の記事，インターネットからの情報，他社の教科書が考えられるが，最近ではインターネットが便利で，様々な情報が容易に手に入る。また同じようなトピックを扱った他社の教科書も補助教材として使いやすい。補助教材，特に新聞や雑誌記事，インターネットからの情報などオーセンティックな教材を使う際の問題点は英語のレベルが高すぎることであるが，他社の教科書であれば言語レベルはほぼ同じなので生徒にとって抵抗が少ない。また，資料や補助教材は必ずしも英語で書かれたものでなくてもよい。日本語で書かれた資料や補助教材は，英語の語彙や表現を補うには役立たないが，意見・考えのヒントを与えたり，問題意識を刺激するのには十分役立つ。

4− 授業各段階毎の支援と動機付け

　Dörnyei (2001) は，動機付けに関して a process-oriented approach を提案し，学習者の動機は時間の経過に連れて変化すると指摘する。すなわち学習者の動機は常に一定というわけではなく，授業や活動の進行に連れて変化

する。そこで動機付けは，授業や活動の初めに行えばそれで万全というわけではなく，授業や活動の各段階で学習者の動機の変化に対応して行わなければならない。Dörnyei のこの提案に従えば，4章3節で述べた心理面，言語面，内容面での支援についても，授業や活動の各段階で適宜行うことが望ましい。授業や活動を始める前，授業や活動中，授業や活動後のそれぞれの段階で，以下のような支援をすることが望ましい。

(1) 心理面での支援
①授業や活動前の心理的支援
　・目標，方法，意義の明示
　・雰囲気作り
　・考える時間の確保
②授業や活動中の支援
　・励まし，チャレンジに繋がるストラテジーの使用
　・ペア，グループ活動の活用
③授業や活動後の支援
　・発表・演示による達成感醸成
　・学習者自身による振り返り
　・教師の肯定的なコメント
　・仲間の承認，肯定的コメント

(2) 言語面での支援
①授業や活動前の心理的支援
　・必要な語彙，表現の提示
　・モデルの提示
②授業や活動中の支援
　・促進的な（facilitative）フィードバック
　・スカフォールディング
　・日本語の部分的使用（code-switching）の許容

③授業や活動後の支援
- ・誤りの振り返り，修正
- ・弱点の練習強化
- ・有用な語彙，表現の補充

(3) 内容面での支援
①授業や活動前の心理的支援
- ・スキーマの活性化
- ・マインドマップ，ブレーンストーミングによるアイディアの展開
- ・モデルの提示

②授業や活動中の支援
- ・資料，補助教材の提供

③授業や活動後の支援
- ・教師による内容面へのコメント
- ・仲間同士での内容面でのコメント交換

以上をまとめる表3（次頁）のようになる。

（大下　邦幸）

表3 授業各段階毎の支援と動機付け

	Pre活動 初発動機付け (Generating initial motivation)	意見・考え授受の活動 動機の維持と保護 (Maintaining and protecting motivation)	Post活動 動機の向上促進 (Enhancing motivation)
各段階での動機付け 心理面での動機付け	・目標、方法、意義の明示 ・雰囲気作り ・考える時間の確保	・励まし、チャレンジに繋がるストラテジーの使用 ・ペア、グループ活動の活用	・発表、演示による達成感醸成 ・教師の肯定的コメント ・仲間の承認、肯定的コメント
動機付けの方法 言語面での支援	・必要な語彙、表現の提示 ・モデルの提示	・促進的フィードバック ・スカフォールディング ・日本語の部分的使用の許容	・誤りの振り返り、修正 ・学習者自身による振り返り ・弱点の練習強化 ・有用な語彙、表現の補充
内容面での支援	・スキーマの活性化 ・マインドマップ、ブレーンストーミングによるアイディアの展開 ・モデルの提示	・資料、補助教材の提供	・教師による内容面へのコメント ・仲間同士での内容面へのコメント交換

実践編

【第1章】

中学校での指導の工夫と実践例

1. 意見・考え重視の授業を実現するために大切にしたいこと

1. はじめに

　英語教員は誰でも「生徒が生き生きと英語を話す授業をしたい」と考える。しかし，そのような授業は一朝一夕では実現しない。生徒に自分の意見・考えを英語で表現させるには時間がかかる。では，日々の授業の中で，どのような活動をさせ，どのようなことを大事にすれば，意見・考えを英語で表現できる生徒を育てることができるだろうか。ここでは，筆者が意見・考えを重視する授業を実現するために行っている手立てをいくつか紹介する。

2. 生徒の不安を取り除くために

　英語の授業に関わらず，どの教科においてもすすんで自分の意見・考えを伝えることは難しいと考える生徒は多い。その理由としては，「答えがわからない」，「間違えると恥ずかしい」，「友達に茶化されたらどうしよう」など

ということが挙げられる。しかも，それを英語でとなると，「自分の英語は正しいのだろうか」，「自分の発音は正しいのだろうか」，「自分の英語を聞き手・読み手は理解してくれるだろうか」などといったさらなる不安が加わることになる。自分の意見・考えを重視した授業を行う上で，これらの不安をいかにして取り除くかが実践成功への鍵である。

(1) 情意面の不安を取り除くために
①認め合える仲間（学級）づくり
　自分の意見・考えを伝えることが難しい一番の理由は，周囲の友達が自分の意見・考えをどのようにとらえるか，感じるか，という不安にかられるからである。逆に考えると，友達が常に自分の意見・考えを受け入れてくれるという安心感があれば，自分の意見・考えを伝えることに対する抵抗は小さくなる。お互いを理解し，尊重し合う仲間作りが大切なのである。
　しかし，英語の授業だけで仲間作りをすることは難しい。そこで学校生活全般において，常日頃から，学級の中で生徒一人ひとりが自己肯定感を感じるような活動を仕組んでいくことが望ましい。学級の友達が自分の仲間であることを実感する機会が増えれば増えるほど，生徒の情意フィルターは下がる。つまり意見・考え重視の授業を実践するには，お互いを大切にし合うという学級風土を作ることが不可欠である。

②教師と生徒の望ましい人間関係づくり
　私は生徒のどんな発言に対しても必ず笑顔で声をかける。"Good idea." "Good try." "Thank you." "Interesting!" などである。生徒が発言をするとき，生徒には大きなパワーが必要になる。だからこそその頑張りを認め，褒めるのである。そうすることで，生徒自身は，発言することに対して抵抗感を感じなくなり，授業に意欲的に取り組むようになる。
　教師が「生徒が授業に積極的に参加していること」「生徒が頑張って自分の意見・考えを伝えようとしていること」を認めていることを率直に生徒に伝えることができれば，生徒は，教師が生徒を決して裏切らないこと・必ず

受容してくれることを実感し，生徒の意識は「完璧な英語」から「失敗しても，授業に参加」へと移っていくであろう。

③褒めるポイントの明確化

　私自身，以前は発表をした生徒に対して，"Very good." を連発していた。しかし，"What's your favorite Japanese food?" という質問に対し，生徒が "Sushi." と答えたとする。答えとしてはそれでよいが，"Very good." というほどの答えではない。もし "My favorite Japanese food is sushi. I like toro very much." と答えたとしたら，それは "Very good." に値する。あまりにも簡単に "Very good." を与えすぎると，生徒たちは本当に言いたいこと・伝えたいことを言わず，無難な答えを言うようになる。それよりも，たとえ完璧な英語でなくとも，自分の意見・考えを少しでも多く語ろうとしたり，深い考えを伝えようとしたりしたときにこそ，しっかりと褒めてやるべきなのである。そうすることで生徒のモチベーションも上がる。

(2) 英語面の不安を取り除くために

①メッセージの授受の重要性に気づかせる

　生徒たちの多くは，英語で自分の意見・考えを伝えようとするとき，完璧な英語を流暢に話さなければならない，間違ってはいけないと考えがちである。しかし，実際には，流暢な英語で自分の意見・考えを述べても，聞いている友達が理解できない。それよりは，たとえたどたどしい英語であったとしても，ゆっくりと大きな声で，聞き手が理解できるように話すように指導すべきである。大切なことは，英語の文法や発音の間違いを気にすることではなく，コミュニケーションができていること，メッセージの授受ができていることだと生徒に十分に理解させる。そうすることで生徒の英語面での不安を軽減することができる。

②個人ではなく，学級全体で問題解決を図る

　自分の意見・考えを発表する場面で，自分の伝えたいことがどうしても英

語で言えない生徒がいる。そのようなときには，まず日本語で言いたいことを言わせる。そして，生徒の意見・考えを学級全体で共有した上で，英語でどのように言ったらよいのかを考えさせる。例えば，"Why is English important for you?" という質問に対して，「英語が話せると，たくさんの国の人たちと話せるから」と言いたいのだが，英語で表現できない２年生がいた。そこで，次のようなやりとりを行った。

T： いろんな国のひとたちと話すのは誰かな。
Ss： 私。I。
T： そうだね。Iが「話すことができる」んだよね。「できる」っていうのは…。
Ss： can
T： 「話せる」んだから…。
Ss： talk…I can talk
T： そうそう。「たくさんの国の人たち」ってことは
Ss： many country…？ many countries people?
T： 「人々」people。それに，「たくさんの国にいる」って加えると…。
Ss： people many countries? People in many countries?

英文が完成するまで，学級全体を巻き込んで，このようなやりとりを続ける。完成後，この意見を英語で言えなかった生徒に，学級全体で完成させた英文をリピートさせるのである。

この活動を行うと，生徒たちは，既習事項を利用することで，様々なことを表現できることに気がつき，日本語でしか自分の考えを伝えられなかった生徒も，その考えを英語でどう表現すればよいのか考えるようになる。

③自分の意見・考えで穴埋めをさせる

例えば，"When do you feel happy?" と尋ねたとき，質問の意味はわかっていても，どのように答えればよいのかわからず，戸惑う生徒がいる。そこで "I feel happy when　　　　." と答えの一部を空欄にし，そこに自分の意見・考えを入れさせ，答えの英文を完成させる。生徒たちは，「英語で

どう言えばよいのだろう」という言語形式より,「自分はどんな時に幸せに感じるかな」と,メッセージに注意が向き,自分の意見・考えの表現に意欲的になる。

④間違いを上手に直す
　生徒の意見・考えを重視するからといって,生徒が間違った表現を使い続けるのを放置しておくのはよくない。中には,自分の間違った英語を正しい英語と勘違いしてしまう生徒もいるし,間違いは直してほしいと考える生徒もいる。そこで,生徒のやる気を損なわずにうまく間違いを直す必要がある。間違いの直し方はその生徒のレベルや性格を踏まえたうえで適切に使い分けなければならない。
　英語のレベルが中～上級の生徒に対しては,教師からヒントを与え,自分で間違いを気づかせることが望ましい。例えば,"I like play soccer."と言った生徒に対して,"Oh, you like to play soccer."と間違えたところを強調したリキャスト（recast）を用いて気づきを促したり,"I like play soccer? Like play? I like … play soccer."と,ヒントを与えることで間違えたところを自分で直させたりする。
　一方,英語が得意ではない生徒は,自分の間違いに自分で気づくことが難しいし,全体の前で間違いを指摘すると自信を失い,それ以降の学習意欲の喪失につながる可能性もある。そこでその場では,メッセージの内容を重視し,英語の間違いには踏み込まないようにする。ただ,単語の羅列のみになってしまった場合や,あまりにも英文としてひどい場合には,生徒の言いたいことをくみ取り,教師側で正しい英文にしてリピートさせる。そして,作文の添削指導時に細かい説明をつけるなどして,正しい英文を指導する。

3. 意見・考えを大切にする授業実践のために普段から取り入れるべきこと

①インタラクションの活用
　生徒たちに,「○○というテーマについて英語で会話をしなさい」と指示

を出した場合，何の抵抗もなくすらすらとできる生徒はほとんどいない。そこで，S-Sインタラクションの前に，必ずT-TインタラクションかT-Sインタラクションを行いモデルを示す。

　このモデルインタラクションは特に英語が苦手な生徒に効果的である。なぜならば，このモデルインタラクションを通して，後で自分が行うS-Sインタラクションで，どのようなインタラクションを行ったらよいのかが分かり，自分が使える表現を学ぶことができるからである。また，T-Sインタラクションを聞くことで，「友達にできていることだから，自分にもできる」と思うようになり，モチベーションが上がる可能性もある。

　またS-Sインタラクションは生徒の学習参加を高める上でも効果的である。S-Sインタラクションでは相手がいるので，自分勝手にサボることができないので，生徒は結構熱心に取り組む。

　S-Sインタラクションの方法にはいろいろある。生徒たちに長くインタラクションを続けさせたい場合，一般的には「1分間，やりとりを続ける」「二人で5ターン行う」「相手に三つ以上質問をする」などの指示を与えがちだが，私はそのような押しつけの指示は避けて，たいてい "When you finish talking, you can sit down." というような指示を与える。そうするとかえってチャレンジ精神を刺激するのか，生徒は一生懸命会話を続けようとする。

②ペア活動のリプレイ
　①で述べたようなインタラクション活動の中で，いくつかのペアに自分たちのインタラクションを再現してもらう。インタラクション中に机間指導をし，リプレイするペアを決めるが，どのペアでもよいというわけではない。選ぶポイントは，とても上手なペアか，英語が苦手ではあるが，頑張っているペアである。上手なペアを選ぶ理由は，そのペアが使う表現を他の生徒のモデルとすることができるし，また，そのペアの発表の後に，学級全体に「このペアにどんな質問をしたい？」と尋ねることで，さらに会話を続けさせたり，深めさせたりすることができるからである。また，英語が苦手なペアを選ぶ理由は，みんなの前で賞賛するためである。あまり上手なやりと

りでなくても，コミュニケーションをしようとしていた**姿勢**を褒める。そして，褒めた後に，1文でも2文でも，正しく直した英文をリピートさせることで，その生徒は，褒められた上に，正しい英文も言え，自信を持つことができるのである。

③生徒の意見・考えを引き出すトピック

　扱うトピック次第で，生徒のやる気は変わる。私がこれまでに失敗したトピックの特徴は，生徒の興味・関心がないもの，トピックのレベルが生徒のレベルよりも高すぎるもの，そのトピックに関する背景知識がないものであった。私の失敗例として，"Do you want to learn sign language, too?"（*New Horizon English Course 3,* Unit 1）という質問がある。手話を扱ったユニットを学習した後に，手話に関心を持ってほしい，手話を学ぶ人が増えてほしい，という思いを持ってこの質問を投げかけたのだが，生徒たちの身近には耳の不自由な人がおらず，手話を学ぶ必要性を感じる生徒はほとんどいなかった。

　反対に，生徒の意見・考えを引き出すことができたトピックの多くは，<u>自己関連度の高いもの</u>，<u>興味・関心のあるもの</u>，<u>既習の表現で答えることができるもの</u>などであった。教師としては，生徒により深い内容を考えさせたい，よりよい意見・考えを引き出したいと思いがちであるが，生徒に与えるトピックは，生徒自身が考えたいと思うもの，考える必然性があるものであることが望ましい。例えば，"What was Mr. Hayashi doing at nine last night?"という質問をし，担任の先生が昨日の夜何をしていたかを考えさせたときには，生徒たちは自分にとって身近な担任の先生について，知っている情報をフル活用し，"I think he was…"と様々な意見を述べることができた。

④友達の意見は貴重なインプットになる

　授業では，教師から学ぶのが当然のように思われるが，意見・考えを重視した授業では，一人ひとりの意見・考えを表現する場が増えるので，友達の

意見・考えを聞く場も増える。生徒たちは友達の意見・考えを自分のそれと比べながら聞き，自分の意見・考えを更に深めることができる。例えば，次のようなT-Sインタラクションが行われたとする。
T: What do you like to do at home?
S: I like to listen to music.
T: Who's your favorite singer?
S: ARASHI.
　このインタラクションを聞いて，他の生徒たちは，「自分は何をすることが好きかな」と自分の考えを持ち始める。また，友達の新たな一面を知り，英語を通して友達を理解することができるようになる。
　友達のアウトプットは貴重なインプットにもなる。「like to を使って答えるんだな」という言語形式に気づいたり，友達の使う様々な表現から，言いたかったけれども，英語でどう表現したらよいかわからなかったことを学ぶことができる。生徒は，教師の話以上に，友達が話している内容に素直に耳を傾け，よいところを取り入れようとする。授業中の友達の発言が，自分の学習の場でもあると気づかせることで，生徒は友達の意見・考えを意識し，大切にするようになる。

4．最後に

　ここに述べた手立ては，意見・考えを重視する授業を実践するために，筆者が日頃大切にしていることである。意見・考えを大切にする授業というのは，生徒を大切にする授業だととらえている。英語で意見・考えを述べることがハードルが高い活動だとすれば，そのハードルを少しでも下げるように工夫をすることが教師の役割である。最初にも述べたように，意見・考えを伝え合う授業実践は最初からはうまくいかない。しかしながら意見・考えを伝え合うことが生徒にとって当然になってしまえば，それほど難しいことではない。授業の流れの中で，必要な場面で，自然に意見・考えを扱うことで，意見・考え重視の授業は実現するのではないかと感じている。

（高木 裕代）

2. 教科書の題材に基づいた意見・考え重視の表現活動
― ALT との対話活動を通しての活性化 ―

1. はじめに

　教科書の題材を用いての意見・考え重視の表現活動は，生徒の英語力を伸ばすことができる。それは，生徒が教科書で学んだ表現を使用する機会が与えられるためである。例えば，*New Horizon English Course 3*, Unit 3 の題材はフェアトレードである。ガーナの子どもたちについて学んでいくが，最後に「フェアトレード商品を買うか，買わないか。またなぜそう思うのか。」と問いかけることによって，生徒はその答えの中に教科書で学んだ表現を使ったり，教科書で学んだ知識を用いたりして，自分の意見を言うことができる。
　また，教科書の題材を通して，自分の意見・考えを表現することは，生徒の英語学習への意欲を高める。教科書の題材について，意見・考えを生徒に求めながら授業を展開させていくと，教科書の英文を積極的に理解しようとする姿が見られる。さらに，自分が述べた意見・考えが英語で相手に伝わると生徒は大きな喜びを感じ，英語に対して自信をつけていくように思われる。
　ここではまず，生徒たちに意見・考えを求める際の留意点を述べ，次に教科書の題材に基づいた意見・考え重視の表現活動を ALT との対話活動の中でどのように深めたのか，その実践例を紹介する。

2. 意見・考えを求める際の留意点

(1) 日本語を易しくパラフレーズさせる

　最初から英語で自分の意見・考えを述べることができればそれに越したことはないが，それはなかなか難しいので，多くの生徒は日本語から英語に訳そうとする。しかし日本語だとかえって難しく考えがちで，例えば，「日本は国際化が進んでいる」というような表現を考える。しかしながら生徒が持つ英語運用能力では，この日本語を英語に直すことは難しい。その場合，「日本には多くの外国人が住んでいる。」や「多くの外国人が日本に来て，多く

の日本人が外国に行く。」という文なら英語で表現することができる。このように，生徒が英語で自分の意見・考えを述べるのが難しいときには，まず日本語を易しい日本語にパラフレーズさせ，それを自分が運用できる英語で表現させるように指導する。

(2) よい話し手とよい聞き手になるためのストラテジーを指導する

　よい話し手・よい聞き手になることは，意見・考え重視の表現活動をする際に必要不可欠である。よい聞き手とは，相手の伝える英語をしっかりと聞き，相手が伝えようとしていることが分からないときに，聞き返すことができる人である。例えば，生徒が英語で自分の意見・考えを述べる際に，他の生徒や教師は，その英語を理解しようと努めることが大切である。特に，生徒は自分の意見・考えを表現するときに，時間を要することがある。教師はすぐに手助けするのではなく，生徒が英語で発話するまで待つ姿勢が大切である。また，生徒は，仲間や教師に英語を理解してもらえたと感じると，英語を話したいという意欲が高まる。よい話し手とは，自分の意見・考えを相手にわかりやすく伝えようとする人である。はっきりした声，アイコンタクト，ジェスチャーなどいろいろな手段を用いて，意見・考えを相手に伝えようとすることが大切である。このよい聞き手とよい話し手の両方が存在すると，意見・考えを積極的に述べやすい雰囲気ができる。このことを生徒に十分理解させ，必要なストラテジーを指導することが大切である。

(3) ALT に対して意見・考えを述べさせる

　ALT に対して意見・考えを述べるように活動を仕組むと，実践例でも明らかなように，自分たちの ALT の手助けをしようと，生徒たちは一生懸命になる。対話活動というと生徒同士で行うことが多いが，発想を変えて ALT や教師が対話の相手になることも生徒の意欲を高める上で大事である。また，生徒同士の対話では，英語能力が十分でないため，対話が広がらないが，ALT や教師が相手になれば，生徒の表現を手助けしたり，広げたりすることができる。

(4) 実践例1

2年生　*New Horizon English Course 2*, Unit 4 Homestay in the United States

①構想の着眼点

この単元では，さくらがアメリカでホームステイし，文化の違いを知る。そこで，指導にあたっては，文化の違いを題材として，意見・考えを表現する活動を行ってみた。生徒にとって身近に感じる題材で，生徒たちの英語力で表現できるものとして，校則について取り上げた。ここでは，自分たちの校則を ALT に伝え，ALT の学校の校則について知り，最後はどちらの学校が好きかという問いを投げかけた。

②授業の実際

ALT の友人が福井の ALT として働くが，日本の学校の校則について知らないので教えてほしいという場面を設定した。

Eddy: 　　Look at this picture. This is my friend Matt. He is coming to Japan as an ALT in Fukui, but he doesn't know about junior high schools in Japan. What rules do students have to keep in Japanese junior high school?

JTE: 　　Do you understand the question? Let's talk about school rules in Japan with your partner.
（ペアで確認してから次の課題へ進む）

Eddy: 　　OK. Please tell me in English about school rules in Japan. I'm going to tell Matt about them.
（生徒に与えたワークシートのマインドマップを使って，校則についてまとめ，それを見ながら英語で言う）

JTE: 　　After you tell Eddy about school rules, please ask a question about Eddy's old school's rules.

Student A: 　Students have to wear a school uniform. I like our school

	uniform. Did you have a school uniform in your junior high school?
Eddy:	No, we didn't have to wear a school uniform. We could wear T-shirts and jeans to school.
	（生徒は驚いている様子だった。自分たちの校則について説明し，ALT の学校の校則について知ることが楽しそうだった）
Student B:	We have to join a club activity after school. I enjoy kendo after school. Did you have to join a club activity?
Eddy:	No, we didn't. We didn't have club activities in junior high school. After school we could do sports outside of school.
Student C:	Did you have to study hard? I have a lot of homework every day. I don't like to do my homework.
Eddy:	We didn't have a lot of homework every day. But we had to study hard. If we get bad scores on tests, we have to stay in the same grade.
	（このように校則について説明していった。ALT の学校の留年制度があることを知って驚いていた）
Eddy:	Now I know about Japanese junior high school rules. I can send Matt an e-mail about the rules.
JTE:	You talked about Japanese junior high school rules and you learned about Eddy's junior high school rules, too. Which do you like better, your junior high school rules or Eddy's junior high school rules? Please talk about it with your partner.
	（ペアを変えて３回程度自分の意見を言う機会を与えてから，全体に発表するように促す）
Student D:	I like our school rules. I don't like to study, so I don't want "ryunen".
Student E:	I like Eddy's junior high school rules. I want to wear my favorite clothes at school.

83

（このように好きな理由も言うことで，自分と同じ考えだった場合はうなずく生徒もいた。最後は ALT と JTE がそれぞれの学校の校則が好きだと伝えて終わった）

③授業を終えて

　この表現活動では，生徒の身近な話題で題材にせまったので，生徒の興味・関心が高かった。自分の意見・考えを表現させるためには，考えをゆさぶる題材を与える必要がある。また，自分の意見・考えを言いたいという場面設定も大切だと感じた。今回は，二つの学校の校則について知り，そしてどちらの校則が好きかという問いに答えることで，自分の意見を表現させ，また，自分の意見を伝え，他人の意見を聞くことで，文化の違いについて考えを深めていくことができたように思う。

(5)　実践例 2

　2 年生　*New Horizon English Course 2*, Unit 5 A New Language Service

①構想の着眼点

　この単元では，市が行う外国人が住みやすい町づくりが題材になっている。生徒が住む越前市には外国人がとても多いため，生徒にとって身近な題材であると考えた。しかし，町づくりという視点では，生徒が実際に行動に移すことが難しい。市がどうするかを考えさせるだけでは，理想を述べ合うだけの活動になってしまうため，実際に生徒が真剣に考えるような題材は何かを考えた。そこで，生徒たちにとって身近な ALT が望んでいることに対して，アドバイスをするという場面を設定し，表現活動を行った。この題材を通して，外国人に対して自発的に何ができるかを考え，それを行動に移すことができる姿勢を養いたいと考えた。

②授業の実際

JTE:　　Do you think Echizen City is a good city for foreign people?

	Please talk with your partner. （ペアで会話が続くまで英語で話を続け，終わったペアから座る）
JTE:	Do you think Echizen City is a good city for foreign people?
Student A:	I think Echizen City is a good city for foreign people because many foreign people live here.
JTE:	How about you?
Student B:	I don't think Echizen City is a good city for foreign people. If foreign people talk to me in the super market, I am not happy. I often run away.

　30人の学級で，14名が「越前市が外国人にとってよい町だと思う。」と答えた。その主な理由は，「和紙など日本の文化を学ぶことができるため，多くの外国人が住んでいるから」ということであった。一方，16名が「越前市が外国人にとってよい町だと思わない。」と答えた。その理由は，「私たちは日本語しかうまく話せないから」，「ほとんどの看板が日本語で書かれているから」ということであった。

JTE:	OK, everyone. Now let's ask this question to Zoja.
Student A:	Do you think Echizen City is a good city for you?
Zoja:	Yes, I do. I can learn Japanese culture here and enjoy my life in Japan. Now I want to do four things. One, I want to know about Japanese culture. Two, I want to talk to Japanese students. Three, I want to know student's names. Reading kanji is very difficult for me. I want to learn Japanese.
JTE:	Oh, I think you can do something for Zoja. What can you do for her? Please write your ideas on your worksheet. （マインドマップを使って自分の考えを書く）
JTE:	Please tell your ideas to your partner. （マインドマップに書いた考えを英語でパートナーに言う）

Student A:	Zoja wants to know about Japanese culture. I think I can teach her about Japanese culture. Zoja, if you go to Imadate, you can make traditional Japanese paper.
Zoja:	OK. What else can I do in Fukui?
Student B:	Echizen City has a lot of temples, temple is "tera". I can tell you about famous temples around here.
JTE:	Zoja wants to talk to Japanese students. What can you do for her?
Student C:	If Zoja wants to talk with us, we can talk to her after lunch. You are from Finland. I want to know about Finland.
Zoja:	Thank you. Please talk to me after lunch.
JTE:	OK. Zoja will eat lunch with you this week. So I hope you will talk to her! Zoja wants to know students' names. What can you do for her?
Student D:	I think we can write our names in Roma-ji. If we write our names in Romaji, Zoja can read our names. （机の名札が漢字で書かれているため，それにローマ字の名前も書きたいということだった）
Zoja:	Oh, that's a good idea! Can you write your name in Romaji now?
Students:	OK. （生徒は自分たちの机の名札にローマ字を書き加えた）
JTE:	There are a lot of foreign people in our city. I think we can do something for them. If we can do something for foreign people, their lives will be better.

③授業を終えて
　この表現活動では，自分たちの住む町である越前市について考えることができた。外国人にとって越前市がよい町かどうかを話し合うことで，外国人

86　第1章　中学校での指導の工夫と実践例

にとって住みやすい町とはどういう町かについて考えることができたと思う。それは，この単元の題材に関することでもあるので，生徒が自分の意見・考えを表現しやすかったようだ。また，身近な存在であるALTの希望に対して，何が自分たちにできるかを考えたことで，外国人に対してのサポートについて考えが深まったようである。特に，机の名前が漢字で書かれていて，ALTが読めないことを知ったときは，何とかしてあげたいという気持ちが生まれたようだ。

3．おわりに

　これら二つの実践例のように，教科書の題材に基づき，身近な話題を取り上げ，さらにALTを対話の相手とすることにより，自分自身の意見・考えを伝えようという意欲が高まり，英語学習への意欲が高まったと思う。それは，生徒が言いたいことが相手に伝わった充実感を味わうことができたからである。また，教科書の題材を生徒の興味・関心に合わせて授業に取り入れることで，生徒の意見・考えのやりとりの機会が増え，それが生徒の英語力の向上にもつながるのだと考える。

（窪田 乃里子）

3. 生徒の意見・考えを引き出す授業
　　―中学校教科書本文を用いて

1. はじめに
　生徒の意見や考えを引き出すことは，英語授業を活性化する手立ての一つであることを私たち教師はよく知っている。しかし，そのような活動を授業で行うことは難しいと考えている教師は多いのではないだろうか。そこで本稿では，教科書本文を用いながら，生徒の意見や考えを引き出す授業を行う際の問題点とその改善方法，そして教科書本文を用いた授業の進め方の具体例を挙げる。

2. 生徒の意見・考えを引き出す授業実施の問題点
　最初に，生徒たちの意見や考えを重視した授業の実践が英語教師にとってなぜ難しいのかを，これまでの経験を踏まえて考えてみる。

(1) 生徒が活動を難しいと感じている
　生徒に自分の考えや意見を求める活動は，認知的な負荷が大きく参加しにくいと考えられがちである。単なる情報授受の言語活動に比べ，生徒自身が意見や考えを構成する作業が加わる分，認知的に高度な処理を必要とし，また様々な言語知識を要求するため，英語力が不十分な者や初期のレベルの生徒にとっては難しいと考えられる傾向がある（大下, 2009b）。

(2) 教師が高度な技術を必要とすると感じている
　教師の方も，教師自身に高度な英語力がなければ，生徒の意見・考えを引き出すことは難しいと考えがちである。特に教科書にあるＱ＆Ａには生徒の意見や考えを問う質問は少なく，意見・考えを引き出すための質問や方法を教師自身が考えなければならないが，それは慣れていないと難しく，準備に時間もかかる。

(3) 授業の進度が遅れると感じている

　多くの教師はコミュニケーション能力の養成は重要だという認識を持ちながらも，英語授業では言語の知識をしっかりと教えなければならないという思いを強く持っている。意見・考え重視の言語活動は，英語知識を教えることからは距離がある活動と捉えられ，また時間もかかるので，そのような活動を行うと授業の進度が遅くなると考えがちである。

3．意見・考えを引き出す授業実施に向けた問題点の改善法

　次に，上に述べられた問題点を改善するための方法を紹介する。

(1) 生徒にとって理解可能かつ応答可能な発問

　生徒にとって，意見や考えを引き出す発問が難しすぎると，発問自体を理解できないことがある。そこで，生徒の負担感を軽減するために，背景知識を活用したり，2択や3択の選択式の問いを利用したりして，発問そのものを理解しやすいものにする必要がある。選択式にすれば，生徒の不安は和らぎ，認知的な負荷を減らすことができる。

(2) 教師がいつでも簡単に活用できるシステム作り

　日々の授業で，生徒の意見や考えを引き出す発問を準備するのは容易ではない。年度当初や学期初めにユニット毎またはパート毎に意見・考えを問う発問を事前に準備しておき，それを中心とした授業を組み立てるとよい。そしてそれらの発問や授業展開のアイディアを教師同士がお互いに共有し，また協力して実践することで，意見・考えを重視した授業の改善にもつながる。

(3) 教科書本文に基づいた発問

　教科書内容を正確に理解させることは，英語授業の重要な目的の一つである。発問そのものが教科書の内容理解という目的に則しているかどうかは，教師にとっても生徒にとっても大きな関心事となる。したがって意見・考えを引き出す場合も，教科書本文や題材に直結した発問を行い，生徒が教科書

本文をしっかり読み，より深く本文内容を理解するように促す工夫が大切である。

4．教科書に即して意見・考えを引き出すための工夫

　次に，中学校の教科書本文に即して意見・考えを引き出すための工夫を紹介する。

(1) 題材内容について，意見・考えを引き出す

　実践例1は，*New Horizon English Course 2*, Unit 5 A New Language Service (p.50) をもとにしたやりとりである。この本文の題材は緑市が外国語ボランティアを探している広報誌の記事である。

　前半の事実確認の発問から，この Unit の題材である外国語ボランティアや自分の町で必要とされているボランティアについて考えさせる発問（二重下線部）へと展開している。

実践例1：

T: What does Midori City need?
S1: Volunteers?
T: How do they apply 申し込む for the volunteers?
S2: Phone call.
T: What volunteers does it need?
S3: Foreign language.
T: That's right, S3. They call the city office and offer to volunteer. <u>Are you interested in being a foreign language volunteer?</u>
S3: Yes, but it's difficult.
T: I see. Helping foreign people is difficult. <u>How about you, S4?</u>
S4: Easy. We can use 電子辞書.
T: Right. We can use an electronic dictionary to help foreign people. Good idea, S4. OK. Let's think about our city. <u>What volunteers</u>

	does our city need now?
S5:	Chinese language volunteers.
T:	Why do you think so, S5?
S5:	A lot of Chinese people are in our city.
T:	Wonderful idea. We need Chinese language volunteers because a lot of Chinese people live here. Anything else?

　次も同じく *New Horizon English Course 2,* Unit 5（p. 53）のテキストの題材内容をもとにしたやりとりである。題材内容は，日本に住む外国人のために，やさしい日本語への言い換えの必要性を訴える投稿文である。このやりとりでは，外国人にとって難しいと思われる日本語の表現が，教科書本文で取り上げられているもの以外に，生徒の身の回りにもないかを考えさせている。

実践例２：

T:	Whose opinion is this on page 53?
S1:	Okada Kyoko.
T:	OK. Why does Mrs. Okada think the service is good?
S2:	We can help many foreign people.
T:	Good. What are her suggestions?
S3:	Offer Japanese classes.
S4:	Use easy Japanese.
T:	Right. Is "*inryosui*" too difficult for foreign people in Japan?
S5:	Yes.
T:	What's an easier word for "*inryosui*," S5?
S5:	"*Mizu*."
T:	Right. Do you think the idea is good, S5?
S5:	Yes.
T:	Do you have any other examples of easy and difficult Japanese?

S6: "*Hon*" and "*shoseki*."

T: Good example. "*Hon*" is easier than "*shoseki*." That's a small change, but it's a big difference.

(2) 教科書本文内の個々の文に注目し，意見・考えを引き出す

　次の実践例3はアメリカにホームステイをしているさくらについてのエピソードでの教師と生徒のやりとりである。この例では，教科書本文に書いてある個々の文に注目し，その文が述べていることについての生徒自身の意見・考えを聞いている。下線部は事実発問または推論発問を示し，二重下線部は生徒自身のことまたは生徒の意見や考えを問う発問を示している。

実践例3：

T: <u>Did Sakura sleep well last night?</u>

S1: Yes.

T: <u>What does Sakura have to do after she gets up?</u>

S2: Make bed.

T: Yes, she has to make her own bed. <u>Everyone, can you make bed?</u>

S3: No.

T: <u>How about Sakura?</u>

S3: No.

T: <u>Who will teach Sakura?</u>

S3: Mrs. Baker.

T: That's right. Sakura has to make her bed after she gets up. <u>So, what do you think about making a bed?</u>

S4: I don't like it.

T: <u>Why not?</u>

S4: Because it's めんどう.

T: Oh, you don't want to do that because it's bothersome. However, it would help your host family, so you should do it.

本文中にベッドメイキングの話題が出てきたときに，教師は生徒がベッドメイキングできるかどうかを尋ね，本文内容を生徒に関連付けている。

　次の実践例4は，教科書本文で取り上げられている通訳者についての文から，生徒に「どんなボランティアをしてみたいか」という発問を投げかけ，生徒自身の考えを引き出そうとしている。

実践例4：

T:　　What did Mrs. Okada do yesterday?
S1:　 She applied for a volunteer job.
T:　　Right. What's her volunteer job, S2?
S2:　 She's going to work as an interpreter.
T:　　What do interpreters do?
S2:　 Change language.
T:　　Good. They change words into another language. So, Mrs. Okada is trying to volunteer as an interpreter. How about you, everyone? What kind of volunteer work do you want to do?
S3:　 手話. Hand talk interpreter. I can use a little.
T:　　Wow! Nice idea. 手話 is "sign language" in English. You want to work as a sign language interpreter. Good!
S4:　 Only language volunteer?
T:　　Any volunteers are OK, S4.
S4:　 ゴミ拾い。
T:　　I see. Picking up trash. Where?
S4:　 Park.
T:　　OK. You want to pick up trash in the park. Why?
S4:　 It's not beautiful.
T:　　Oh, it's dirty. You can try from today, S4.

(3) 教科書本文中の登場人物になったと仮定することで，意見・考えを引き出す

　実践例5のやりとりは，同じくホームステイに関する本文をもとにしたものであり，ホストファミリー先で出された料理の多さに困っているEriという女の子についてのものである。ここでは，「もしあなたがEriだったらどうするか」，「もし先生だったらどのようなアドバイスをするか」という仮定の発問（二重下線部）を用いて，教科書本文中の登場人物と生徒自身を重ね合わせることで，生徒たちの考えを引き出している。

実践例5：
T:　Is Eri's host family nice to Eri?
S1:　Yes.
T:　But what is Eri's problem with her homestay?
S2:　Too much food.
T:　I think the food on p.42 is too big for me. How about you?
S2:　Yes.
S3:　No. I can eat it!
T:　OK. So, does Eri have to eat all of that big meal?
S4:　No.
T:　What does Eri have to say to her host mother?
S5:　The food tastes delicious, but I can't eat that much.
T:　<u>Now if you were Eri, and you thought the meal was too big for you, what would you do?</u> I wouldn't eat it all. I would say sorry. <u>How about you, S6?</u>
S6:　I will eat it all. I can't speak English.
T:　OK. I will help you. Then, <u>if you were the teacher, what would you say to Eri?</u>

　実践例6のやりとりも同じく仮定の発問をすることで意見・考えを引き出す例である。教科書本文ではホストファミリーがどこにも連れて行ってく

れないとCarloという男の子が苦情を言っているが，仮に生徒自身がCarloの立場だったらどうするかを問う（二重下線部）ことで意見・考えを引き出している。またCarloの次の行動について予想させることで，教科書本文の内容を深く読み取らせることもできる。

実践例6：

T: Is Carlo happy?
S1: No.
T: Why not?
S2: Host family is very busy.
S3: No interesting places.
T: His host family doesn't take Carlo to interesting places. Do you understand Carlo's feelings?
S4: Yes. Eri is happy. I want to go to many places if I do homestay.
S5: No. Carlo is わがまま．
T: Carlo is selfish. He has to think about his host family. Do you think Carlo is good or bad?
S6: Bad.
T: Why?
S7: Compare host family.
T: Yes. He compared host families. He mustn't compare them. By the way, what are Carlo's host family's good points?
S8: They like to laugh.
S9: They are very friendly.
T: <u>Then, if you were Carlo, what would you do next?</u>
S10: I will talk to the host family.
S11: I will go to 自分で．
T: Oh, you would go to some interesting places by yourself. That's a good idea.

95

5. まとめ

　ここまで見てきた例のように，教科書本文の題材や個々の文に関連して生徒の意見や考えを引き出すことができる。こうしたやり方は，教科書を大事に扱いながらも生徒の意見・考えの表出を可能にするので，進度に追われる教師にとっても現実的なやり方である。また，実践例で見られるように生徒の意見・考えを引き出すには，教科書の題材や教科書の記述を生徒の背景知識や生活経験といかにして関連づけるかが鍵になる。我々が意見や考えを述べたり書いたりするときには，多かれ少なかれ判断のもとになるのは自分自身の背景知識や生活経験である。また，生徒の背景知識や生活経験と関連づけることにより，題材内容や活動に対する生徒の動機も高まる。英語の授業において，生徒の背景知識や生活経験に注目することは，意見・考えを重視する活動では大変重要なポイントとなる。

　さらにもう一つ注目すべき点は，教師と生徒とのやりとりの中での教師の支援である。意見・考えを述べることに難しさや抵抗を感じている生徒には，意見・考えのやりとりの中で，教師が積極的にあいづちを打ったり，表現を助けたりすることによって，コミュニケーションを維持することが必要である。このようなやりとりを通して生徒はいろいろな表現やコミュニケーション・ストラテジーを学ぶとともに，コミュニケーションの達成感をも味わうことができる。生徒が英語を通して，自分の考えや意見を周りに伝えることができるようになることを期待しながら，私自身も実践を続けていきたい。

（加藤 修）

4. 読みを深める意見・考え重視の授業

1. はじめに

　中学や高校において，教科書本文を日本語訳させるだけの授業や，教師がすでに答えの分かっている内容を生徒に答えさせる提示質問（display question）しか使っていない単調な授業を目にすることがある。筆者もかつて提示質問だけで授業を行っていた。そのような授業では次のようなことが起こる。"Making fireworks is a dangerous job." という教科書本文の一文に対し，"Is making fireworks a safe job?" と教師が生徒に尋ねると，生徒は即座に "No." と答える。しかし，提示質問ではない "Why is making fireworks dangerous?" と尋ねると，生徒からはなかなか答えが出てこない。本文の字面に関する質問に終始している授業では，生徒は本文のメッセージを深く読み取ることができないのかもしれない。

　本来，教科書本文は意見・考えのやりとりを行うのに適した教材である。とりわけ最近の教科書では，生徒の好奇心や問題意識を刺激するトピック，感動的な内容を盛り込んだ本文が増えてきている。これらを利用し生徒の意見・考えを引き出すことは容易である。

　ここでは，生徒の意見・考えを引き出すことによって生徒の読みを深める実践例を，大下（2009b）の提案する授業の工夫をもとに述べる。大下（2009b）は，様々な中学校，高校の教科書を分析する中で，意見・考えを求める活動を詳細に検討し，次の4種類の活動に類型化している。本稿では，類型BとCのタイプの読みにかかわる活動を紹介する。

類型A：新出言語材料を用いた自己表現活動で意見・考えを求める
類型B：教科書本文に入る前のPre-reading活動で意見・考えを求める
類型C：教科書本文の内容について意見・考えを求める
類型D：レッスンで扱われている話題について意見・考えを求める

2. 意見・考えを求める活動
(1) Pre-reading 活動で意見・考えをやりとりする

　Pre-reading において，教科書本文のトピックに関する生徒のスキーマ (schema) を活性化する中で，生徒の意見・考えを引き出すことができる。ここでは，*New Horizon English Course 3* の Challenge Ethnic Clothes around the World を例に実践例を紹介する。このレッスンは，アロハシャツの起源について書かれたものであるが，次のような質問をすることにより生徒の意見・考えを引き出すと同時に，読みの動機づけもねらう。

　ブータンの男性民族衣装「ゴ」は，ブータン国王が 2011 年に訪日されたときに着ていたこともあり生徒にも馴染みがある。そこで，ゴをまとったブータン国王の写真を見せながら次のような質問をする。

　　① Do you know where these clothes are from?
　　② What are they?

　ゴは，日本の丹前に似た形の着物であるが，筆者が担当する中学生では，"It's like Kimono."という答えが数人から出るとともに "It's like 旅館にある浴衣の上に着るもの."という回答もあった。
　その後，着物の柄を思い起こさせるアロハシャツの写真を提示した。以下の会話の内容は，実際のやりとりを載せている。

T:　　What's this?
Ss:　　Aloha shirt.
T:　　Can someone tell me how it looks?
S1:　　うーん，Design is like kimono.
S2:　　そんなわけないやろ。Hawaii is America.
S1:　　でも，I think it's like kimono
T:　　OK, let's read the story about it.

生徒たちは，アロハシャツのルーツの読み取りを真剣に行った。その後，アロハシャツのルーツがなぜ日本の着物なのかという生徒の質問に対し，教師とインタラクションしながら深めることで，教科書本文にある"Cultures are mixing"に関する理解が深まったようである。さらに生徒から他の民族の服を調べたいとの意見があり，他の民族衣装調べへと移っていった。

(2) 教科書本文の内容について意見・考えをやりとりする
①教科書本文を読ませる前に大きな質問をする
　New Horizon English Course 3 の Unit 5では，教科書本文に中学生が電子辞書を持つべきかどうかについて，インターネットの掲示板に載った意見が五つ書かれている。読みを深める授業では，本文に書かれている意見をまず読ませ，それぞれの内容を正確に把握させるが，意見・考えを重視するアプローチでは，そうしたアプローチはとらない。
　教科書本文を読ませる前に，まず，"Do you think junior high school students should use electronic dictionaries?" と問いかける。そして次に生徒に自分の意見・考えをまとめさせ，それを発表させたり交換させたりする。こうした一連の活動が終わった後，教科書の読解に取り組ませる。以下は，実際のやりとりである。

T:　　Do you have an electronic dictionary?
Ss:　　（3人が）Yes. /No.
T:　　S1, you have an electronic dictionary, don't you? How much was it?
S1:　　... 忘れました。
S2:　　About 15,000 yen
S3:　　わー, expensive.
S4:　　Cheap, I think. Electronic dictionaries have many dictionaries.
T:　　in them.
S4:　　Electronic dictionaries have many dictionaries in them.

T: Are electronic dictionaries useful?
S4: Yes.
T: Do you use them at school?
Ss: No.
S5: I use 紙の dictionary.
T: A printed dictionary.
S5: I use printed dictionary.
T: Ok, everyone. Do you think junior high school students should use printed dictionaries?

　読む前に生徒の意見・考えをまず問いかけることで，生徒の問題意識が高まる。また読みの活動に入ると，生徒は自分の意見・考えの裏付けを得ようとして，あるいは自分の意見・考えを表現するのに適切な英語表現を得ようとして意欲的に教科書本文を読むようになる。

② 教科書本文を読み進める中で意見・考えを問う
　教科書本文を読んでいる途中で，生徒の意見・考えを求めることもできる。例えば，*New Horizon English Course 3* の Unit 3 Fair Trade Chocolate には，以下の英文がある。

> Many children in Ghana work on farms to help their families. Some of them have never been to school.

　このとき，例えば，"If you have to work to help your family and cannot go to school, what feeling do you have? Are you happy?" と尋ねてみる。

T: Are you happy?
Ss: No.
T: Why not?
S1: Because I can't talk with my friends at school.

T: Oh, you enjoy talking with your friends at school.
S1: Yes.
T: What do you think, S2?
S2: まだ，I don't want to work

　このように本文内容に即して生徒の意見・考えを問うことで，教科書本文と生徒との心理的な距離を近づける効果が得られる。また，教科書本文を読み進める中で，本文の一部を取り上げ筆者の意図を推測させたり，それがどのような意味か尋ねたりすることにより，生徒の意見・考えを引き出すこともできる。*New Horizon English Course 3* の An Artist in the Arctic というリーディング教材の中に次のような文章が出てくる。

> In 1996, he was killed by a bear as he camped alone in Kamchatka. "We only have one life to live," wrote Michio. Though his life was cut short, Michio seemed truly happy as a photographer.

　この文章を読み進める中で，教師は "What does the writer mean with the underlined part?" と生徒に問いかける。このように尋ねることで，筆者の伝えたいメッセージについて生徒の意見・考えを述べさせたり交換させたりできると同時に，生徒をより深い読みへと導くこともできる。

③教科書本文の内容について意見・考えを問う
　教科書本文を読んだ後で，その内容について意見・考えを求めることもできる。例えば，*New Horizon English Course 3* の Unit 3 では，本文を読み終えた後に "Are you interested in firework making as a job?" と尋ねてみる。あらためて本文を読み直す生徒も見られ，興味深い部分があるかを確認したり，理由となる英語を探したりしていた。筆者が尋ねた時には，"No." と答える声が多く，理由としては "dangerous" であるとか，"hard"，"dirty" があがった。しかし，"Yes." という声もあり，理由としては，「やりがい」や「デザインへの興味」があった。

3. まとめ

　本稿では，生徒の意見・考えを引き出すことによって生徒の読みを深める実践例を紹介した。教科書本文を扱う授業において，生徒の好奇心や問題意識を刺激する部分をうまく扱いながら，生徒の意見や考えを引き出すことができれば，本文のメッセージを深く読み取らせることが可能である。

〔小木 紀弘〕

5. 教科書内容から生徒の意見・考えを引き出す工夫

1. はじめに

　教科書内容をもとに生徒の意見・考えを引き出す効果には次の二つがある。一つは，教科書の深い読みを促すこと，もう一つは，教科書の題材をもとに，授業内での英語によるコミュニケーションを活発にできることである。本稿では，これらの効果を生むにはどのような工夫が必要か，具体例を示すことにする。

2. 教科書内容から生徒の意見・考えを引き出す工夫

　ここでは，中学校の教科書 *New Horizon English Course* をもとにして考えることにする。教科書本文には，一般に，物語文や説明文の異なるテキストタイプがあるが，物語文と説明文それぞれのタイプについての工夫を見てみよう。

(1) 物語文の場合

①実践例1

　次のテキストは，テノール歌手の新垣勉さんの生い立ちと歌手として成功するまでの成長を描いた物語文の一部で，目の不自由な新垣勉少年が一人ぼっちになった物語の冒頭の場面である。

"Why did my grandmother die? Why did everyone leave me?" cried a boy of fourteen. "I hate my father and mother." The sun was bright in the blue sky above him. But the boy could not see it because he was blind.

　The boy was born in 1952. His father was Mexican-American and his mother was Japanese. Both of them left home when he was a baby. So his grandmother took care of him.　(*New Horizon English Course 3*, Let's Read 2)

このような物語文では，生徒たちに登場人物の心情を考えさせ，感情移入させることで，内容を深く読ませることができる。そこで意見・考えを引き出す次のような発問をする。

> 発問：あなたが勉なら，両親のことをどう思いますか。

恵まれない境遇に置かれた小さな頃の勉の心情を生徒に考えさせると，生徒からは，「つらい，悲しい。これからどうすればいいのかわからない」，「両親が憎い」，「なぜ僕を捨てたのだろう」，「両親に会いたい」など，様々な答えが出てくる。生徒たちは，一人ぼっちになった当時の勉少年とほぼ同年齢であり，自分に置き換えて考えることで，感情移入し，その後の勉の成長物語を深く読み進める。なお，生徒の英語能力を考慮すると，日本語による発問がここでは適当であると考える。

②実践例2
　次のテキストは，有名な曲である「大きな古時計」の誕生物語の一部である。今から140年ほど前のイギリスのジョージホテルで起きた出来事を述べている。

　Everyone loved the Great Hotel. The Jenkins brothers, the managers of this hotel, were very kind. People enjoyed talking with them. And there was a clock.
　The big clock in the George Hotel always kept good time. It was very useful to people because there weren't many good clocks at that time.
　But when one of the brothers died, the clock began to lose the time. One year later, the other brother died. From that very moment, the clock stopped working.　　　　　（*New Horizon English Course 2*, Unit 6）

　ジェンキンズ兄弟が亡くなると同時に大きな古時計が止まったという出来事は神秘的であり，事実かどうかということは生徒たちの意見が分かれると

ころであると考えられる。そこで，次のような質問をする。

> 発問：Do you think this story is true?

生徒たちは，この出来事が真実かどうかを判断するために，再度，英文を正確に読もうとする。生徒からは，"I think it's true." や "I don't think it's true." といった異なる意見が出てくる可能性があるが，どちらの考え方も認めたい。さらに，"Why did the clock stop working just after the brothers died?" と時計が止まった理由を推測させて，生徒なりの意見・考えを尋ねてみることもできる。

(2) 説明文の場合
①実践例３

次のテキストは，ニュージーランドの国鳥であり，絶滅危惧種のキーウィについての説明文である。

Now I'm going to tell you about kiwis. They look like kiwi fruit. The fruit got its name from them. They can run fast, but they can't fly. They live only in New Zealand. Long ago, they didn't have any natural enemies. They were safe on the ground. Then people brought cats and dogs to New Zealand. Now kiwis are disappearing. What can we do?

(*New Horizon English Course 2*, Unit 2)

このテキストには，キーウィという鳥がニュージーランドから姿を消しつつある理由が書かれているが，本文は "What can we do?" という問いかけで終わっている。そこで，この問いを使って，生徒とやりとりをしてみたい。

> 発問：What can we do? Let's think about what we can do.

筆者の問いかけに対して答えるためには，生徒たちは自分の考えを伝えるために，まずは，テキストに何が書かれているかを正確に理解しようとす

る。人間が猫や犬を連れてきたことで，もともとはキーウィの天敵がいなかった平和な島が変わってしまったということを理解する必要がある。その上で，生徒がもっている知識を用いて，生徒に何ができるか，その答えを生徒なりに考えようとする。生徒からは，"We should not bring dogs or cats anymore." や "We should make 保護区 for kiwis." など様々なアイデアが出てくる。

②実践例4

次のテキストは，小学生のティムが，ガーナのカカオ豆から作られたフェアトレードチョコレートについて述べている説明文の一部である。

Ghana produces a lot of cacao beans. They're made into chocolate. Many people work at cacao farms in Ghana. But the beans are sold at a low price. They work hard, but they can't earn enough money to live. Many children in Ghana work at farms to help their families. Some of them have never been to school. Fair trade can solve these problems. If you buy fair trade chocolate, more money goes to the farm workers. Your choice will help them. （*New Horizon English Course 3*, Unit 3）

このテキストでは，次のような発問で生徒にテキスト内容を深く考えさせたい。

発問：Why are the beans sold at a low price?

本文には，カカオ豆がなぜ安い価格で売られるのか具体的には書かれていない。テキストに書かれている内容と生徒の背景知識を統合して，カカオ豆が安価である理由を推測させる発問である。生徒からは，"Cacao beans can't be sold at a high price because many countries make them." や "People in 先進国 want to make chocolate at a low price." といった答えが出された。カカオ豆の価格に関する発問に答えるために，生徒は英文全体を正確に把握

する必要が生まれ，フェアトレードとは何かを具体的に理解することにつながると考えられる。また，生徒は，社会科で学習した知識を使い，世界の状況を把握した上で，ガーナの状況を説明しようとするであろう。

3. まとめ

　ここでは，中学校の教科書本文をもとにして，生徒の意見・考えを引き出す工夫の例を紹介した。物語文であれ説明文であれ，生徒に深く考えさせるポイントは必ずある。教師は，本文のどこの部分で生徒に考えさせることができるかをしっかりと考え，生徒の意見・考えを引き出すことで，英語学習を深めることができる。

（田中佳之）

6. 読解指導における生徒の思考を促す発問づくり

1. はじめに

　生徒が教科書本文を正確に理解し，本文内容に対して自分の意見や考えを述べることは，読解指導の目標の一つである。しかし，中学・高校に限らず，どのように教科書の本文を使って生徒の読みを促すべきか苦労している英語教師は少なくない。本文の日本語訳を確認しただけでは，テキストの内容に対する生徒の意見や考えを表現させようとしても，生徒から豊かな表現は出てこない。このような場合，教師はどのような工夫をすればよいのだろうか。ここでは，読解指導における教師発問を中心にして生徒から意見・考えを引き出すことで，テキストの理解が深まると同時に豊かなコミュニケーション活動が実現できることを示す。

2. 読解指導における発問について

　読解指導における発問とは，生徒の読みを深めるために計画的に行う教師の働きかけをさす（田中・田中, 2009）。読解指導における発問は，大きく分けると次の三つのタイプに分けることができる（田中・島田・紺渡, 2011）。

　①事実発問（fact-finding questions）
　②推論発問（inferential questions）
　③評価発問（evaluative questions）

　事実発問とは，テキストに直接書かれている情報を尋ねテキスト情報の正確な理解を図る問いをさす（例：登場人物は誰か）。推論発問は，テキストに直接書かれていない情報を尋ね，テキスト情報のより具体的な理解を図る問いである（例：主人公はどんな気持ちか）。評価発問は，テキスト内容をもとに読み手自身の意見や考えを尋ね，テキストと読み手を関連付ける問いをさす（例：主人公のとった行動についてあなたはどのように思うか）。

これらの異なるタイプの発問をうまく活用し，さまざまな思考や表現を促すことで，テキスト理解を導くことができるものと考えられる。そこで，中学校の英語の教科書に掲載されているテキストをもとに，発問の具体例を見てみることにする。

　アメリカでホームステイしている舞から手紙がきました。以下はその内容です。

　I have a five-year-old host brother. His name is Ben. One day, Ben and his friends were playing outside. Ben was shouting, pushing, and behaving very badly. Suddenly, my host father said to him, "Ben, I think you need a time-out." He carried Ben into the house, put him on a chair, and told him to sit quietly for 15 minutes. After that, Ben behaved well. His father said to him, "OK, Ben. You can go outside again to play."
　　　　　　　　　　　　　　　（平成18年度 *New Horizon English Course 3*）

---

(1) テキストの特徴と読み取りのポイント

　これは，アメリカでホームステイをしている舞が，ホストファミリーの「家族の決まり（Family Rules）」について書いた手紙文である。このレッスンは，大きく分けて四つのパートから構成されている。上記の部分は最初のパートにあたり，「タイムアウト」というアメリカの子供に対する親のしつけが具体的に述べられている。

　このテキストの読み取りにおいて重要なポイントは，舞のホストブラザーのベンとベンの父親の行動を通して，「タイムアウト」とは何を指すのかを具体的に理解することにある。しかし，アメリカと日本のしつけの方法には異なる点があるため，このテキスト内容を具体的にイメージできず，正しく理解できない生徒がいる可能性が考えられる。そこで，手紙文で述べられる出来事の詳細について，正確かつ具体的に読み取らせたい。

　また，レッスン全体の主題である「家族の決まり」に対する生徒自身の意見や考えをポスト活動として表現させたい場合，「タイムアウト」に関する

表面的な情報の理解だけで終わらせず，生徒の身近なものとして具体的に読み取らせる工夫も必要である。

(2) 発問の具体例

では，このテキストに対し，どのような発問をつくることができるであろうか。以下では具体的に発問例を見ていくことにする。

①事実発問の例

まず，テキストに書かれている情報を正確に理解させる事実発問を見てみよう。

---

1. 本文内容と合っていれば○で，間違っていれば×で答えましょう。
 (1) ベンは5歳のホストブラザーである。
 (2) ベンは友達と家の中で遊んでいた。
 (3) ベンの父親は，ベンに"time-in"が必要だと言った。
 (4) ベンは行儀がよくなることはなかった。

2. 本文を読んで，次の要約文の空欄を埋めましょう。
 (1) ベンは友達と遊んでいるときに，友達と（ア　　　）たりして，とても（イ　　　）ふるまっていた。
 (2) ベンを抱えて（ウ　　　）へ連れて行き，（エ　　　）に置いて，（オ　　　）分の間ひとりで静かに座らせておいた。

（正解）1. (1) ○，(2) ×→家の外で遊んでいた，(3) ×→ time-out，(4) ×→行儀がよくなった．2. (ア) 叫んだり押し，(イ) 行儀悪く，(ウ) 家の中，(エ) 椅子の上，(オ) 15

いずれの問いも正解は一つであり，テキストに書かれている情報を答えれば解答できる問いである。テキストを正確に読ませるためにも，テキストのどこにヒントが書いてあるかをクラスで確認し，理解をより確実なものにす

る必要がある。

②推論発問の例
　次に，推論発問について考えてみる。

> 1．ベンの父がベンに家に入るよう言ったとき父はどのような表情だったと思いますか。
> 2．ベンの態度が良くなったのはなぜでしょうか。
> 3．舞はなぜわざわざこのような手紙を書いたのでしょうか。

　1の発問ではベンの父親の表情を推測させている。父親の表情までは，テキストには書かれていない。しかし，優しい笑顔ではなく，怒ったような厳しい表情をしていると予想ができる。その理由は，ベンが友達と"shouting, pushing, and behaving very badly."のようにふざけていたからであり，"Suddenly"とあるように，ベンに対して毅然とした態度をとったことがテキストから推測される。

　2の推論発問では，ベンの態度が良くなった理由を尋ねている。答えは，タイムアウトで冷静になることができたからになる。さらに，生徒には，なぜ冷静になったと考えられるか，テキストのどこでそのように判断できるかを尋ねて，"he . . . told him to sit quietly for 15 minutes."でわかるように，15分間静かに座っていれば冷静になるのではないかという考えを引き出すことができるであろう。また，ここで「タイムアウトとは結局何のことでしょう」と生徒に尋ね，テキスト内容から判断して，しつけの一つであることを引き出すこともできる。

　3の推論発問では，舞が手紙を書いた理由を尋ねている。この理由もテキストに直接書かれていない。アメリカのホームステイ先で舞が目の当たりにしたタイムアウトについて詳しく書かれていることから，舞は驚きとともに，日本のしつけとの違いに興味をもったことが推測される。このことを生徒に考えさせることで，この手紙文の主題である「家族の決まり」について次のパートで考えさせる伏線を張ることが可能となる。

111

これらの推論発問を通して，本文のイメージを具体的にすることができれば，本レッスンの主題である「家族の決まり」についても生徒自身の意見や考えを述べやすくなると思われる。

③評価発問の例
　次に，評価発問について見てみよう。

> 　次の意見に対し，あなたはどのように考えますか。まず，自分の考えを述べ，本文を参考にして，その理由を自由に英語で書いてみましょう。
> Ben's father is very strict.
> 　→ I think so (I don't think so) because ＿＿＿＿＿＿．

　この発問では，ベンの父親の行動について生徒の意見を尋ねている。生徒からは，"I think he is very strict because Ben is only five years old." や "I don't think he is strict because my father is more strict than Ben's father." などといった意見が出てくるものと思われる。
　また，生徒にタイムアウトという習慣そのものについても尋ねることもできる。例えば，"Time-out is interesting because it is very different from our style." や "Time-out is good for children." そして，"I think he should tell Ben the reason why he needs time-out." などといった考えを生徒から引き出したい。この評価発問を考えることで，生徒の身近なこととして，このテキストで述べられた出来事を捉えることができるであろう。

3．推論発問と評価発問の効果と作成ポイント
(1) 推論発問と評価発問の効果とは
　ここまで三つのタイプの発問の具体例を見てきた。事実発問は正確にテキストを理解させるための大切な要素であるが，ここでは，とくに推論発問と評価発問の効果について考える。
　読解とは，英文を日本語に正確に訳すことだけではない。テキスト内容と読み手の背景知識を結びつけ，テキスト内容をより具体的に身近なものとし

て理解したり，テキスト内容から書き手の意図を適切に読み取ったり，書かれた内容を自らの経験と照らし合わせて自分の意見や考えを表現したりすることも読解の重要な要素である。このような点において，推論発問や評価発問は効果があると考えられる。

　例えば，先のセクションでは推論発問を使って，ベンの父親の表情を考えさせたり，ベンの態度が良くなった理由や，舞が手紙を書いた理由を生徒に考えさせたりする具体例を見た。これらの推論発問に答えるためには，テキスト情報と読み手の一般常識とを統合して読み取る必要があり，テキスト理解をより具体的なものにすることができる。また，先のセクションでは，ベンの父親の行動について生徒の考えを尋ねる評価発問の具体例も見た。この問いに答えるために，5歳児に対する一般的な親の行動を考えてみたり，ベンの父親と生徒自身の父親の行動を比較したりして，生徒は自分の考えを述べる必要がある。このような発問は，生徒の背景知識や経験とテキスト内容を必然的に結びつけ具体的に考えさせることになり，テキスト内容をより深く理解させることになる。

　推論発問や評価発問のもう一つの効果は，授業内における英語でのインタラクションを活性化する可能性である。読解指導における事実発問は，正解が一つであるため，事実発問のみで授業を進めていくと教師と生徒のやりとりは単調なものになる。しかし，生徒の考えや解釈は必ずしも一様ではない。こうした意見や考えを引き出すような推論発問や評価発問を計画的に教師が工夫することができれば，教師と生徒とのやりとりを活発にすることが可能となる。例えば，舞が手紙を書いた理由やベンの父親のしつけが厳しすぎるかどうかという問いについて，生徒自身の考えや意見を英語で述べさせたり，テキストのどの部分でそのように考えたのか根拠を英語で述べさせたりすることができる。このように発問をうまく活用して，教科書本文の内容をもとに，生徒の異なる考えや意見を引き出しクラスで共有することができれば，生徒とのやりとりが自然なコミュニケーション活動となる。

　このように，読解指導における推論発問と評価発問は，生徒のテキスト理解をより具体的なものにしたり，授業内での英語を使ったインタラクション

を活性化したりする可能性をもつことがわかる。

(2) 推論発問と評価発問の作成ポイント

次に推論発問と評価発問をつくる際のポイントについて考えてみる。ポイントは次の三つである。

①テキスト内にヒントが必ずあるか
②テキストの主題に関係するか
③生徒から異なる答えや考えを引き出せるか

第1に，テキスト内にヒントが必ずあることが挙げられる。テキスト内に問いのヒントがないと，テキストを読む必要がなくなり，生徒が課題に積極的に取り組まなくなる恐れがある。「テキスト内にあるヒントを探しましょう」と指示すれば，テキストを読む動機を高めることができる。また，推論発問の答え合わせの段階で，「テキストのどこでそのように推測しましたか」と尋ねれば，テキスト内の根拠をクラス全員で確認することができ，根拠を論理的に述べる練習にもなる。

第2に，発問の内容がテキスト主題に関係していることが大切である。推論発問や評価発問のねらいの一つは，テキスト主題を読み手が具体的に理解することを助けることにある。発問を通して押さえた具体的なテキスト情報が，テキスト主題を理解するために役立てば，生徒は達成感をもてる。また，具体的にテキストを理解することができれば，テキスト主題に対して生徒は自分の意見や考えを述べやすくなる。

第3に，発問によって，生徒から異なる答えや考えを引き出せるかどうかもポイントの一つである。似たような答えになる問いではなく，異なる意見や考え方が出やすい問いを意図的に尋ねる工夫も効果的である。生徒の異なる考えやその根拠を尋ね，クラスで共有することで，テキストの理解を深めることが期待できる。

4. 最後に

　これまでの英語授業では，リーディング指導と表現活動は切り離されて指導されることが多かった。しかし，それは，テキスト内容をどのようにしっかりと読ませるか十分議論されてこなかったことに原因があるように思われる。テキストを読んで意見や考えを表現してみようと言われても，テキスト内容について具体的に理解できていなければ，自分の意見や考えをすぐに表現することは容易ではない。本稿では，テキストの内容について教師が何をどのように生徒に問うかという発問づくりについて考えた。教科書本文をもとに生徒の意見や考えを引き出すためには，発問づくりを含む教師による丁寧な教材研究が欠かせない。

（田中 武夫）

7. 真剣なコミュニケーションを実現する意見・考え重視の授業──二者択一による対立軸の明確化

1. はじめに

　中学の授業において，英語で真剣に話し合わせることは容易なことではない。例えば，「fair trade についてどう思いますか」と生徒に突然質問しても，生徒たちはたいてい答えられない。それは，fair trade に関する知識に乏しく，しかも生徒の fair trade に対して感じる関連度（relevance）が低いことが主な原因である。そこで生徒の fair trade に関する背景知識を増やし，自己関連の度合いを高め，意見・考えを求めようとするが，それでも学級の中には答え方が分からず口を開こうとしない生徒がいる。そうした生徒のために二者択一の選択肢を提示したい。

　トピックを示し，ただ意見を聞くだけでは答えようがない生徒も，二者択一の選択肢が提示されれば，自分の意見をどちらかに決めなければならない。またどちらの立場に立つかを明確にすることにより，その後の意見・考えの構成に弾みがつき，より積極的に授業に参加するようになる。

　ここでは対立した二者択一式の選択肢が，生徒たちの真剣なコミュニケーションを促すことに効果的であることを，Unit 3 Fair Trade Chocolate（*New Horizon English Course 3*）の実践例にもとづいて述べる。

2. 実践例

　以下に示すのは，二者択一の選択肢を用いた授業の実践過程である。まず，教師と生徒たちとのインタラクションの中で，どのような選択肢を与えたらよいのかを探ったりして，トピックや活動への関連度を高める。次に，選択肢を示し，生徒自身にどちらの考えに立つのかをやりとりの中で考えさせる。そして最後に教科書本文の読みに入るが，それまでの選択肢を巡るやりとりの中で，フェアトレードチョコレートに対する興味関心が高まっているため，読みに真剣に取り組む様子が見られた。また本文の読みの後，"Which do you want to buy, the 89 yen chocolate or the fair trade chocolate?" という質問を与え，再度対立軸を意識させることにより課題意識を高め，自分の意見や考えを書かせる活動に結びつけた。

(1) ブレインストーミングを行い話題を考える上での価値基準を明らかにする
　生徒の好みを聞き出してその価値基準（値段，味等）を明確にすることにより，その後に提示される選択肢（対立軸の両極）について考える際の一助とする。また，生徒個人の好みや考えを問うことで話題に対する関連度が高まり，生徒は積極的に発言しようとする。

T:　Do you like chocolate?
Ss:　Yes.
T:　I also like chocolate very much and（某大手菓子メーカーのチョコレートを取り出して）this is my favorite chocolate. Do you like this?
Ss:　Yes.
T:　This is not cheap. It's 189 yen at a supermarket, but I like it because it's sweet and a little bitter. It has a nice, well-balanced flavor. What is your favorite chocolate?
S1:　紗々（大手菓子メーカーの商品名）
T:　What's it like?
S1:　食感がいい。
T:　How much is it?

　　　　　　　　　　　　（会話の内容は，実際のやりとりのまま）

(2) 生徒のトピックへの関与度を高める
　フェアトレードチョコレートへの関心を高めるために，まずスーパーで売られている某大手菓子メーカーのチョコレートを提示した。生徒33名中31名が食べたことがあると答え，その販売価格の確認を行った。その後フェアトレードチョコレートを提示し，二つのチョコレートのパッケージや値段，

味等について比較させる。この比較のやりとりの中で，生徒たちの関心は高まっていく。

T: （チョコレートを取り出して）Do you know this?

Ss: Yes, I do.

T: Have you eaten it? Raise your hands, please. One, two........oh, so many students have eaten this. I got it at a....super market. Do you know how much this is?

S1: 100 yen

S2: 90 yen

T: This is 89 yen (55g) so it's cheap and sweet chocolate.
（フェアトレードチョコレートを取り出して）
Well, have you seen this?

Ss: No.

T: This is fair trade chocolate, and it's 630 yen (100g).

Ss: 高い！/ expensive.

S3: おいしいですか？

T: It's not so different.

(3) 意見の対立軸を明確にする

　いよいよ選択肢を提示するが，選択肢は対立軸が明確なものがよい。この実践では，以下のような値段を対立軸とした。

　　　　　値段が安い　　　　　　　　　　値段が高い
　　　（身近なチョコレート）　　　　　（フェアトレードチョコレート）

　大部分の生徒は決まった額の小遣いをもらっている。その小遣いの範囲内でやりくりをしなければいけない生徒たちにとって，チョコレートの値段は重要である。そこで，まず値段に焦点を当て，「高い」「安い」を二者択一の選択肢としたインタラクションを展開する。

T: Do you have お小遣い？

Ss: Yes. / No.

T: How much is your お小遣い？
S1: 2,000 yen.
T: Oh, you can buy this fair trade chocolate. Do you want to buy this chocolate?
S1: No, it's too 高い……，なんて言ったっけ……
　　（クラスメートから expensive という声が出る）
　　expensive.
T: Everyone, which do you want to buy, the 89 yen chocolate or the fair trade chocolate?
Ss: 89 yen chocolate. 安いことは important
S2: We don't have a lot of money..........

　生徒たちにとっては「安い」か「高い」かはやはり大きな関心事で，英語が苦手な生徒たちも，このやりとりには積極的に参加していた。

(4) 教科書本文の読み

　次に，生徒たちは教科書本文（p. 24）を読み，発展途上国の農場で低賃金労働を強いられている労働者やその子どもたちの現状を知った。

T: Do the people on cacao farms earn enough money?
Ss: No（, they don't）．
T: Why not?
Ss: Cacao beans are sold at a low price.
T: （89円チョコレートを取り出して）How much is this？
Ss: 89 yen.
T: （フェアトレードチョコレートを取り出して）How much is this?
Ss: 630 yen.
T: Well,（教科書を見ながら）do the children in Ghana go to school?
Ss: No（,they don't）．/ Some have never been to school.
T: Why not?

Ss: To help their families. / To earn money.
T: If we buy fair trade chocolate, what can happen?
S: More money goes to the farm workers.
T: Can the children go to school?
Ss: Yes (, they can).

　以上のように教科書の内容を確認し，fair trade について考えた後，日本とガーナの平均年収の違いや，農場労働者や子どもたちの現状，農場経営者のカカオ市場に関する知識不足や買いたたき等に関するビデオ（「I am Child ～働かされる子どもたち～」ILO）や資料（インターネットや新聞から取得）を見たり，内容に関するインタラクションを行ったりした。

(5) 作文による意見・考えのまとめ

　その後あらためて Which do you want to buy, the 89 yen chocolate or the fair trade chocolate? と問いかけ，生徒にそれぞれの考えを書かせた（生徒作文は原文のまま）。

(6) ディスカッション

①
I want to buy 89 yen
chocolate.
If I have 630 yen, I can buy
seven 89 yen chocolates.

②
I want to buy 89 yen chocolate, because
my parents give me 2,000 yen every month.
So I usually use it to buy books.
I want my parents to buy me
fair trade chocolate.

③
I want to buy fair trade chocolate.
Because I want to eat fair trade chocolate.
If I buy fair trade chocolate, I help them.
Cacao beans are made into chocolate.
They work hard on cacao beans farms, so we
can eat many kinds of chocolate.

教師は fair trade chocolate に高い関心を示す内容が書かれている作文を選び，クラス全体に示し，さらにその内容についてグループで意見を交わした。

　グループ活動では話のニュアンス等を重視するために日本語の使用を認めた。生徒たちは作文と教科書や提示された資料等を見比べながらフェアトレードに関して真剣に議論していた。

　その後，生徒たちは書き手に意見や質問をした。

S1:　Ms. A, you say, "We can buy seven 89 yen chocolates with 630 yen" and I agree, too.
T:　Do you want to eat that many chocolates?
S1:　No, but I don't have so much money so money is important.
S2:　Mr. B, your parents give you 2,000 yen every month, and you usually use it to buy books, but you can use it to help the workers in Ghana.
Mr.B:　I want to read books about fair trade.
Ss:　Oh……

　生徒たちの発言からは，読み終えた生徒作文やグループで話し合ったことが助けとなり，かなり流暢な英語が話せるようになったことが分かる。また英語を苦手としている生徒たちも，発言者の話す内容に真剣に耳を傾けていた。

　その後，再度 Which do you want to buy, the 89 yen chocolate or the fair trade chocolate? に対する考えを書かせた。

　生徒作文（次ページ参照）でも分かるように，ほとんどの生徒は「安い」チョコートを買うことを希望しながらもフェアトレードチョコレートに関する記述を加えている。生徒たちは「安い」「高い」の対立軸の上で葛藤していることが分かる。その葛藤について生徒に聞いてみたところ，「フェアトレードについて知識が増え，いろいろと考えていく中でいろいろ迷うようになった。」と言っていた。

㉒
> I want to buy fair trade chocolate. If we buy the chocolate, we can help people. But I have new idea. I may buy the 89 yen chocolate. Because I have 630 yen, I can buy seven 89 yen chocolate. I waver which chocolate to buy.

㉓
> I want to buy the 89 yen chocolate. The chocolate is cheaper than Fair trade chocolate. I can't buy Fair trade chocolate because I don't have a lot of money. If I have a lot of money, I want to buy Fair trade chocolate. If we buy Fair trade chocolate, the farm workers will get more money and children can go to school.

3．おわりに

　真剣なコミュニケーションを実現するには，話題に対する生徒の関与度を高めることが必要である。そのためには話題に対する自己関連度を高め，話題に関する知識を補充しながら，対立軸のはっきりした二者択一の選択肢を示すことで生徒たちは口を開きやすくなる。また選択を巡るやりとりの中で，自分の意見をまとめたり，いろいろな英語表現を学ぶことができ，自信を持って英語で意見を言おうとするようになる。

（小木 紀弘）

8. 中学1年で意見・考え重視の活動をスムーズに行うための工夫—グループ活動で行う英作文と発表

1. はじめに

　いざ意見・考え重視の活動を行ってみると，スムーズに活動が行われる時もあれば，なかなか活動が進まない時もある。筆者の経験では，教師1年目の時には，あまり深く考えずに活動を計画し，生徒に活動させていたが，うまくいかなかった時が多かった。スムーズに活動が進められ，学力の向上につながると実感できるようになったのは，数年経ち，様々な失敗を経験してからである。本稿では，筆者が試行錯誤の中で得たコツを紹介する。

2. 意見・考え重視の活動をスムーズに進めるために

(1) 考えやすい，身近なトピックを与える（に近づける）

　まず，当然のことと思われるであろうが，考えやすい，身近なトピックを与えることが大切である。教科書には，時には難しそうで，生徒が身近と感じにくいトピックが扱われているが，教師は，そのトピックをできるだけ生徒が身近だと感じられるように，トピックに入るまでの流れを工夫する必要がある。

(2) 生徒同士，助け合いながら行う

　意見・考え重視の活動がうまくいかない場合，その理由には，低学力の生徒の存在と，意見・考えをもつことができない生徒の存在が大きいのではないだろうか。もちろん，個人で作業させながら，時間を与え，教師が支援することで解決できる場合もあるが，生徒同士で助け合いながら活動を行う活動も適宜組み込んでいきたい。教え合いができるようになれば，教師は特定の低学力の生徒に時間をかけて支援したり，机間指導をして活動の様子をじっくりと観察したりすることができるようになる。後に紹介する活動は，生徒たちがグループ内でアイディアを出しながら，協力して英語で文章を作成

している例である。ペアやグループを利用することで，楽しく学習する雰囲気にできるのも利点である。

(3) 準備する時間と方法を与える

グループであれ，個人であれ活動をする前には，活動に合わせて準備時間を十分に与えたい。十分に与えなければ，活動の質が低くなりがちである。特にグループで活動させる場合は，話し合いに時間がかかるので，時間を十分与え，英語表現の練り合いをさせながら，活動や発表の質が高くなるように支援したい。

また，時間だけを与えてもうまくいかないこともある。例えば「理想の学校を作ろう」というトピックでの活動の場合，ただトピックだけ与えても，何を基準に，どのような学校を作ればよいのか思いつかない生徒もいる。その場合，あらかじめ教師がワークシートを用意し，活動の手順や方法を示したり，昨年度の生徒が書いた優れた英作文を見せたりするなどして，目標や方法についてのイメージをもたせてから活動に取り組ませたい。

(4) 明確な評価基準を示す

(3)と重なる部分もあるが，活動を始める前に，生徒に期待される作文や発表はどのようなものかを示しておくと活動がよりスムーズにいくことが多い。例えば，「理想の学校」と言っただけでは，「授業がない」，「部活がない」と勝手なことを言って終わってしまう班が出てくることも考えられる。そこで，「勉強ができるようになる学校に10点あげます」としておくと，生徒は「テストどうしようか」，「1日の授業は何時間がいいだろう」，「夏休みは短くてもいいのでは」等，ねらいに沿った考えを出し合い，真剣に話し合うようになる。

ほかには，「わかりやすい発表」「文章の長さ」「声の大きさ」などを評価の項目に入れておくと，難しい単語（表現）を避けたり，できるだけ多くの説明を盛り込んだり，準備が終わっても大きな声で発表する練習を自然に始めたりするようになる。

3. 授業実践例
(1) 授業の流れ

　紹介する実践は，Unit 7 サンフランシスコの学校（*New Horizon English Course 1*）の単元で行ったものである。サンフランシスコの学校にいる生徒が日本の生徒にビデオで学校を紹介するという内容である。その中で，サンフランシスコの学校での授業数や休み時間，部活動の様子などが紹介されている。今回の授業では，単元全体を以下のような流れで行った。

　また，Unit 7 では，多くの疑問詞や質問の仕方を学習する。Who や What time，Which など，質問の幅を拡げるために重要な項目が多い。2時間目までは，教師—生徒間での対話や生徒同士での会話をしながら授業を進め，3時間目からは，教師が国による学校の違いに注目させながら単元を組み立てた。

時間	教科書／内容	基本表現	主な活動
1	Part 1	Who is ～？	○○は誰？
2	Part 2	What time ～？	○○は何時？
3	Part 3	What language ～？	日本とサンフランシスコの学校の違いは？
4	Part 4	Which is ～ or ～？	どんな学校に行きたい？
5	計画		去年の理想の学校紹介，計画作成
6	英作文		英作文，発表準備
7	発表		発表（理想の学校）
8	まとめ		活動の振り返りなど

(2) 理想の学校を考える前のインプット

　7時間目で発表をしたが，それまでにできるだけ多くのインプットを与えようと考え，3時間目には，日本とサンフランシスコの学校はどこが違うのかを考えさせた。その中で，サンフランシスコの学校は休み時間が5分しかないこと，昼食はカフェテリアで食べることなどの違いがあること，また ALT から，部活がないこと（あるいは選択制で行かない生徒もいること）

などを紹介してもらいながら，休み時間の長さは何分がいいのかなどを考えさせた。

　また，4時間目には，インプットを増やす活動の一つとして「どんな学校に行きたいか」を考えさせる活動を行った。ワークシート1（資料1）を用意し，教師が考えたA～Dの四つの学校について情報を言い，生徒に聴き取らせながら，様々な学校を紹介した。

　例えば，School Bでは，授業数は四つしかないが，授業は70分あり，休み時間は15分ある。School Cでは，授業数が三つしかなく，部活もないが，土曜日も学校があるなどと，様々な違いがある学校を示し，「どの学校に行きたいか」を問うことで，生徒の理想の学校のイメージが膨らんでいくようにした。

　生徒は，「部活はしたいからBかな」とか，「勉強が大事だからAに行きたい」とそれぞれ意見を述べていた。また，5時間目には，去年の1年生が作った理想の学校の英作文を読ませながら，どのアイディアがよいと思うかなど話し合わせながら，アイディアを膨らませると共に，使えそうな英語表現に気づかせるようにした。

(3) 理想の学校を考える（ブレーンストーミング）

　5時間目には，理想の学校を作る作業に取りかかった。ワークシート2（資料2）を与え，まず評価基準を説明し，学校が満たすべき条件，また次回の授業でどのような発表をすると評価が高くなるのかを説明した。今回は，「勉強ができるような学校にする」ことを一番に考え，その上で楽しく独創的な学校を作った班が評価されることを伝えた。

　先にも述べたが，この評価の基準を伝えることは，活動を成功させる上で欠かせないポイントの一つである。これがなければ，個人個人が勝手なことを言ったり，意見がバラバラになったりして，理想の学校のイメージの方向性が定まらないからである。「夏休みは5ヶ月がいい」，「授業はすべて体育がいい」などと言ったりすることもあるが，評価の観点が明確であれば，そのような意見は自然となくなり，勉強と楽しむことを両立できるような学校

資料1：ワークシート1

Which school do you want to go to? 〜どっちの学校に行きたい？〜
(〜したい)

1 − (　) Name＿＿＿＿＿＿＿＿＿＿

重要表現
class(es)・・・授業
each・・・それぞれの　→　each day・・・それぞれの日
between class A and class B・・・授業Aと授業Bの間に　→between classes（2つの授業の間）
from A to B・・・AからBまで　→　from Monday to Friday（　　　　　　　　　　　）
after 〜・・・〜の後に　→　after school　（　　　　　　　　　　）
club activity (activities)・・・部活動

★下に、4つの学校の授業についての表があります。これから話される文を聞いて、下の表の空欄を埋めなさい。

	各日の授業数	土曜日に学校は？	授業の長さ	授業と授業の間	放課後
School A					
School B					
School C					
School D					

Let's ask about school D!!【School D の様子について質問して空欄を埋めよう！】
① それぞれの日に何時間授業があるの？−(　　　)(　　　)(　　　) do they have from Monday to Friday?
② 土曜日に彼らは授業はあるの？−(　　　)(　　　)(　　　) classes on Saturdays?
③ 授業はどのくらい長いの？−(　　　)(　　　) are the classes?
④ 授業と授業の間はどのくらい長いの？−(　　　)(　　　) do they have (　　　) classes?
⑤ 彼らは放課後何をしているの？−What do they do (　　　)(　　　)?

Which school do you want to go to?　And why?　＊why・・・どうして？

I want to go to ＿＿＿＿＿＿＿＿＿＿ .（例：school A, school B など）

その理由は？（日本語で）
＿＿＿＿＿＿＿＿＿＿＿＿＿＿＿＿＿＿＿＿＿＿＿＿＿＿＿＿＿＿＿＿
＿＿＿＿＿＿＿＿＿＿＿＿＿＿＿＿＿＿＿＿＿＿＿＿＿＿＿＿＿＿＿＿

を考えていくようになる。中には，すべての長期休暇の長さを考えたり，テストの補充学習を企画したりとアイディアが広がる班もあり，生徒は生き生きと活動に取り組んでいた。

資料2：ワークシート2〈理想の学校を考えよう〉

Our Ideal School!!（私たちの理想の学校）

1-(3) No.( )　Group(2)　Name(　　　　　　　　)

理想の学校を班で話し合い発表しよう！投票後，得点の高い班にはボーナスポイント！
【条件】
1班最低10文。長く，具体的でわかりやすいほどポイントが高くなる。
得点：最高25点
① 勉強ができるようになる学校かどうか　【10点】
② わかりやすい発表かどうか　　　　　　【5点】
③ 楽しい学校かどうか　　　　　　　　　【5点】
④ オリジナル（新しい発想）があるか　　【5点】

発表は原稿を見ないで1人2文以上言う。模造紙にまとめたものを見て発表する。

---

(4) 英作文

　ブレーンストーミングがある程度形になった班から，英作文に取りかからせた。教科書の表現を利用したり，去年の1年生が書いた英作文を参考にしたりしながら書くため，スムーズに英作文が進んでいた。また，わからない語句は辞書を開いて調べ，それでもわからなければ教師に質問してきた。時間が余った班は，さらに文を付け加えたり，教師の添削を受けたり，発表の練習をしたりと，各班工夫して時間を使っていた。

　6時間目の終了時には，英作文を回収し，教師が添削して返却し，清書さ

資料３：生徒の発表原稿

Our Ideal School!!（私たちの理想の学校）

> Welcome to Enjoy Junior High School.
> We have four classes each day from Monday to Friday. They are fifty minutes long. We have twenty minutes between classes. We come to school nine a.m. We go home at four p.m. We have lunch for one hour.
> We study English, math, P.E, Japanese, science and music.
> We have spring vacation for a week, summer vacation for half a month, fall vacation for three weeks, and winter vacation for two weeks.
> We have dogs and rabbits at school. We are walking with them. When we come to school, we can bring several bags.
> We have 5 tests. Students with less than 400 points take the tests, again. If they don't take the tests, they study between classes. So, all students study hard.
> Enjoy Junior High school is a good school for all studets!

せた（資料３参照）。これは，間違った英文を練習して覚えないようにし，また自分の英語に自信をもって発表してもらうためである。

　また，添削することで，自分の発表する部分だけを書く生徒をなくし，班で考えた英文を一人ひとりが書き，共有することにもつながる。添削した作文は生徒が家で発表の練習ができるように，その日に返却した。

(5) 発表

　発表の前に５分ほど与え，発表のリハーサルを行わせてから発表を始めた。発表の前に，聞き取り用メモシート（資料４）を配布し，発表後に自分が行

資料4：発表聞き取り用メモシート

Let's Make Our "Ideal Schools"

Class 1 (　) No.(　) Name＿＿＿＿＿＿

紙で作った理想の学校です。各班の発表を聞いて、書いてあることを整理してみましょう！　書かれていないことは空欄にしておこう。

	1班	2班	3班	4班	5班	6班
授業数						
授業時間						
休み時間						
生徒数						
先生数						
5教科で勉強する教科	国・社・数・理・英	国・社・数・理・英	国・社・数・理・英	国・社・数・理・英	国・社・数・理・英	国・社・数・理・英
私達で勉強する教科	音・美・体・技・家	音・美・体・技・家	音・美・体・技・家	音・美・体・技・家	音・美・体・技・家	音・美・体・技・家
校則に関すること						
夏休み						
冬休み						
春休み						
秋休み						
行事						
修学旅行先						
行きたい学校ランキング	位	位	位	位	位	位

きたい学校順にランキングを付けるように指示しておいた。ランキングをつけるという課題を与えたため、発表中はメモを取るなどして真剣に聴いていた。

　また、聞き取り用メモシートを渡すことで、小さい声で発表する生徒がいると、「聴こえないからもう一回言って欲しい」と声があがる。メモがなければ、教師が注意しなければならず、授業の雰囲気も悪くなりがちだが、メモを取る必要性があれば、聴く側も騒がずに真剣に聴くようになるため、この姿勢を大事にさせたいと感じた。

(6) 振り返り活動（読む活動に活かす）

　発表が終わり、ランキングをつけさせて6時間目を終えた。7時間目には、すべての班の発表原稿をコピーして渡し、読む時間を与えてからクラス全体のランキングを発表した。ここで、班毎に、どこが良かったか、何が足りなかったかなどを伝え、1位は何が工夫されていたのかなどを伝えた。読む時

間を与えたことで，リーディングの活動も加わり，4技能が統合された活動になると共に，聴き取れなくてメモが取れなかった生徒も，英語の表現を確認することができる。振り返りの時間を作ることで，勝ち負けにこだわることなく，クラス全体で英語を磨き合うことの大切さを感じさせ，これからの授業や次の発表への動機づけを高めることをねらっている。

4．最後に

中学1年生では，知っている語彙，文法も少なくまとまった英文を書いたり話させたりする機会は，中学2，3年と比べると少ない。だが，習ったことを使わなければ，実際に使えるようにはならず，定着したかどうかを教師が知ることも難しい。実際に使わせてみることで，教師が定着度を把握し，その定着度を基にその日の授業や次の授業を組み立てる「指導と評価の一体化」を実現させることができる。また，生徒が生き生きと英語を使い，英語を楽しむようになるためにも，これからよりいっそうの工夫が必要であると感じている。

（橋本秀徳）

9. Which is better, Fukui or Tokyo?
── 中学1年生でディベートを行うことの利点と実践例

1. はじめに

　意見・考え重視の授業を行うことの魅力は，それを行ったことのある教師であれば理解できるであろう。普段，教師の説明を聞き，板書やリピート練習，音読練習を行う時には，あまり意欲的でなかった生徒が，自分の意見・考えを求められると，頭を悩ませ必死に考えたり，表現方法を工夫しようとし，そして生き生きと答えを発表している姿が見られる。

　意見・考え重視の授業を行う際，学年が上がるに連れて，表現の工夫がより多様化し，語彙も増え，意見をやり取りすることがより面白くなってくる。逆に，英語を習いたての中学1年生の場合であれば，知っている語彙も表現方法も少ないため，多様な意見を引き出すことは難しくなる。

　筆者も，中学1年生では，なかなか多様な意見・考えを引き出すことは難しいと感じていたが，難しいと思いながらもディベートに取り組ませたところ，生徒は，教師の予想に反し，知っている表現を駆使し，友達と相談しながら，生き生きと授業に取り組む様子が見られた。ここでは，ディベートを用いることの利点を整理し，筆者の実際の授業実践例を紹介する。

2. ディベートを利用することの利点

　ディベートの利点は，いくつもあるであろうが，大きくまとめると，次の4点が挙げられる。

　①意見を出さざるを得ない状況に置かれる。
　②二つの対立する立場から選ぶため，選びやすく，取りかかりやすい。
　③反対側の意見を取り入れて主張しやすく，多様な表現を学びやすい。
　④ゲーム性があるため楽しく，活動意欲を高める。

　①について言えば，ディスカッションとは異なり，通常二つの対立した立

場に別れて，意見を戦わせるというゲームであるため，どちらかの立場に立たなければならない。通常の授業では，生徒に意見を求めると，「わかりません。」と発言する生徒が出てくることがあるが，ディベートの場合，教師が「あなたは，どう思う？」と聞けば，「賛成です（反対です）。」という立場を示すことはできる。加えて利点②として挙げたように，二者択一なため，意見も考えやすい。今回紹介する授業では，"Which is better, Fukui or Tokyo?" というトピックでディベートを行ったが，福井と東京という環境が大きく異なる二つの場所を取り上げることで，意見が出やすかった。また，どちらかの立場に立った後で，その根拠（理由）を考える際も，二つの場所の特徴の違いに着目すれば，多様な根拠や意見を引き出すことが可能になる。また③に関して，対立する意見を扱うディベートでは，同じ立場に立つ他の人の発言に賛同しながら，自分の意見を展開することができるだけでなく，対立する立場の発言を，自分の意見に利用することも容易にできる。最後の④は，得点をつけて競うチーム戦にしたり，審判をつけて行ったりすれば，多くの生徒が協力して意見を出そうとし，楽しい活動にすることができる。今回行った授業でも，上の四つの利点が活かされ，生徒たちが生き生きと自分の意見を発言し，英作文に多様な表現を活かすことができていた。

3. ディベートを用いた授業実践

　今回の授業は，Unit 10 観光地から（*New Horizon English Course 1*）の単元で行った。単元全体の流れは以下のようになっている。

	教科書／内容	基本表現	主な活動
1	Part 1	can / cannot	自分ができること／できないこと
2	Part 2	Can you ～？	相手に質問してみよう
3	Part 3	When can ～？	福井では，何がいつできる？
4	まとめ① 英作文		3の活動の意見交換，文法のまとめ（英作文）「福井か東京，どちらが良い？」
5	ディベート		「福井か東京，どちらが良い？」
6	まとめ②		ディベートの振り返りなど

資料1：ワークシート「福井で何ができる？」

What can we do in Fukui? And when?

1 - (　) No. (　) Name (　　　　)

（例）We can ski in Katsuyama.

	What can we do in Fukui?	When?
1		
2		
3		
・		
・		

Let's think about what we can't do in Fukui.

	What can't we do in Fukui?
1	
2	
3	

(1) ディベートに進む前に

　本単元では，主に can と when の使い方が重要表現となっている。can を実際に使わせながら，自分ができること，できないことを表現させ，相手にも can を使ったりしながら質問できるようにしていく。3時間目では，ワークシート（資料1）を用いて，何ができるかを聞いていった。その際に，それがいつできるのかを教師が when を使いながら聞いていくことで，文法の定着にもつながっていく。また，この活動は，後のディベートにもつながっていく。福井か東京のどちらが良いかを選ぶ前に，福井でできること，またできないことを予め考えておくことで，東京でできること，できないことが出てきやすくなる。

　また，上記の活動の後，ディベートをする前の授業では，次の授業でディベートを行うことを予告し，クラスを半分に分け，どちらの立場に立つかを決めておく（自分で決めさせる方法もあるが，今回は教師が決めた）。そして，英作文シート（資料2）を渡し意見を書いてくることを宿題としておく。

資料２：英作文シート「どっちが良いか，福井か東京？」

Which is better, Fukui or Tokyo?

1－（　　）Name＿＿＿＿＿＿＿＿＿＿

福井や東京では何ができますか？　何ができませんか？　ちょっとでもできれば，「できる！」と言えばOK！

（例）We **can ski** in Fukui in winter.（私たちは福井で冬にスキーができる。）

★「～は東京できるけど，…は福井ではできない。」という文は便利。(We can ～, but we cannot ….)

```
                    使えそうな動詞（例）
run・・・走る      read・・・読む      swim・・・泳ぐ       eat・・・食べる
see・・・見る      make・・・作る      talk with～・・・・～と話す
play ・・・(球技などの) スポーツをする、楽器を演奏する（★楽器の前にthe を忘れない！）
```

―――――――――――――――――――――――――
―――――――――――――――――――――――――
―――――――――――――――――――――――――
―――――――――――――――――――――――――
―――――――――――――――――――――――――
―――――――――――――――――――――――――
―――――――――――――――――――――――――

評価シート

A：たくさん書こうとしている。(6 文以上)
B：まぁまぁ書けている。(4 文以上)
C：少し書けている。(3 文以上)
D：全く書けていない。(2 文以下)

評価

(2) ディベート

ディベートの実施にあたっては，以下の手順で行った。

①チーム内で相談し，自分のワークシートに多くの意見を記入させる。

②メモ用ワークシートを配布する。

③勝敗の決め方を知らせる。

④ディベートを行う。

⑤勝敗を告げる。
⑥英作文

　①では，宿題となっていたワークシートに書いた意見をチーム内（あるいはグループ内）で共有させ，ディベートに対する準備をさせる。こうすることで，より多くの意見を準備し，英語で書けなかった生徒や，あまり意見が出せなかった生徒も，多くの意見を持つことができ，より多くの生徒が参加できるようにさせることができる。また，②ではメモ用紙（資料3）を配ることで，相手側の意見を聴き取ることが，ディベートでは大切なことを意識させ，相手側の意見を利用して，自分たちの意見を言うことが効果的であることを伝えておく。
　③では，今回は，より多くの生徒が，より多くの意見を出したチームが勝ちとした。具体的に得点の付け方を説明し，チームで協力することが大切であることを伝えた。その後実際にディベートを行った。進め方は，正式なディベートとは違い，交互に発言権が移り，一つひとつ意見を言っていく方法を取った。こうすることで，準備に労力を割く必要がなく，多くの時間をかけてより多くの生徒に発言させることができる。時間が迫って来たら，「あと2人まで」などと告げ，ディベートを終了し，得点を数え，勝敗を告げる。

資料3：メモ用ワークシート

Which is better, Fukui or Tokyo?

福井と東京・何ができる？　何ができない？
（例）We can ski in Katsuyama in winter.

1- (　) No.(　) Name(　 　 　 　)

Fukui	Tokyo
can	can't
can't	can

資料4：生徒の英作文「どっちがいいか，福井か東京？」

> Fukui is better. We can eat a lot of delicious food. For example, we can eat koshihikari, Echizen crabs, Sosu katsudon and and Koshino rubies. We can see a lot of nature. For example, we have good mountains. So, we can ski in katsuyama in winter. We can also swim in the sea in Mikuni Beach in summer. We can watch great fireworks there in summer. But Tokyo doesn't have a lot of nature, so people can't ski in winter. We also have fun places. For example, we have Dinosaur Museum in katsuyama. We can see dinosaur fossils there. They're very interesting. We also have Maruoka castle, Shibamasa and Tojinbo. So, Fukui is better.

> Tokyo is better.
> Tokyo is bright at night. So we can go to shops at night. We can go to many shops in Tokyo, but we can't go to many shops in Fukui.
> Tokyo has Sky Tree, Tokyo Tower and Tokyo Dome. So we can enjoy in many places.
> Tokyo also has big airports and many trains. So they can go to many places easily by trains or aiplanes.
> We can meet famous people in Tokyo, but we can't meet those people in Fukui.
> So I think Tokyo is better.

その際，それぞれのチームの良かった点，悪かった点，どのような英語表現が良かったかなどを伝え，ディベートを振り返らせる。その後，英作文用紙を配布し，英作文を書く時間を設け，その日の授業を終えた（資料4参照）。今回の英作文は，ディベートの時の立場は関係なく，自分が本当の考えを書けばよいこととした。

(3) ディベートの振り返り

　ディベートを終え，時間の都合上，書かせて終わりという場合もある。だが，時間が許せば，英作文を集め，教師が集約し，生徒たちが他の生徒が書いた英作文を読む（peer reading）時間を作りたい。そうすることで，リーディング活動が加わり，ディベートを4技能が統合した活動にすることができる。教科書の1ページという少ないインプットと違い，より多くの生徒の作文を読むことで，大量のインプットを得ることができる。生徒が書いた英作文であるため，理解しやすいものが多く，様々な英語表現に触れることもできる。また，英作文を読ませることでそれぞれの生徒がどのような意見を持っているかもわかり，クラス内での意見の交流，共有を図ることもできる。

4．ディベートを行う際の工夫

　3で述べたディベートのやり方は，筆者の考えた方法であり，このディベートでは，様々なやり方や工夫ができる。生徒の英語力やクラスの実態，教師の狙いに合わせて行うとよいであろう。以下に，筆者が行ったいくつかの工夫を紹介したい。

(1) 自分の立場（チーム）の決め方

　チームの分け方は，ディベートを行う際，教師が悩むことの一つであろう。一番単純な方法は，教室の左右，前後，3班ずつなどと教師が指定して分けてしまうことである。また，クラス全体で行わず，班対抗戦のようにして，6班のクラスであれば，三つのディベートを行うこともできる。そうすることの利点は，準備が少なくてすむことや，より多くの意見が両方の立場から出ること，また自分の本当の意見とは違う立場に立った場合，違う視点で物事を見ることができることである。

(2) 得点の付け方／勝敗の決め方

　ディベートをする際に，得点の付け方は成功／失敗を分ける大きな要因になる。勝敗をつけることで，後で嫌な気分になってしまう生徒が出ないよう

に，教師はできる限り配慮したい。

　上で紹介したように，著者が行った方法は，より多くの人がディベートに参加するチームが有利になるようにしている。そうすることで，少数の英語の得意な生徒だけのディベートにならないようにすることができるし，勝敗の基準もきわめて単純明快になる。

　さらなる工夫としては，1回の発言で2文言えたら2点，説得力があると多くの生徒が認める意見を言った場合に2点，相手の主張を取り入れ，それを言い返した場合は3点とすることで，より複雑な文を言うようにしむけることができる。ディベートが進む中で，得点差が生まれた時などに，臨機応変に得点方法を変える（付け加える）ことで，ディベートがより盛り上がるし，生徒の英語表現が高まることも期待できる。

(3) ディベートの進め方

　筆者がディベートを行う際は，発言を交互に行うことにしている。また，誰からも意見が出ない沈黙を防ぐために，10（20）秒たって意見が出なければ，相手チームに発言権が移ると伝えてからディベートを始めている。こうすることで，緊張感を維持することができる。

　先に述べたように，より多くの生徒が発言をするチームが有利にすることで，チーム内で協力が生まれ，英語が苦手な生徒も参加しやすくなる。だが，ディベートが進むにつれ，自分が用意してきた意見が出尽くしたりして，意見がなかなか出なくなることもある。そういう時に，日本語でも意見を言うことを認め，生徒が日本語で意見を言った後で，教師が英語で言い換え，その生徒に英語で言わせたりすることで，英語の苦手な生徒も安心してディベートに参加することができる。また，それでも意見が出ない場合は，途中で作戦タイムを設ける。そうすることで，相手の言った意見を整理しながら，再度自分の意見を考え，まだ意見を言っていない生徒に発言を促すことができる。

　また，ディベートが終了し，勝敗を告げる時には，教師はディベートの勝ち負けだけで終わらないよう，ディベートを行った意義を（再度）説明したり，

勝ったチームに対しては多くの生徒が参加したことを誉めたり，負けたチームのよい点も取り上げるなどの配慮を行う。そうすることでディベートを温かい雰囲気で終えることができ，今後の積極的な取組にもつながっていく。

(4) 英作文を書く前に

　ディベートが終わった後，英作文を書かせる際に工夫することとして，まず一つには，自分の立場を変えてもよいと伝えることである。意見・考え重視の授業では，自分の意見を伝える力を育てることに意義がある。もしディベートを行った結果，自分が主張したのと違う立場に共感を覚えた場合は，それを正直に書かせる。自分の意見・考えを正直に書く方が，生徒にとっては負担が軽い。また，英作文に当たっては，先に示したメモ用紙を活用させる。考えを整理し，自分の意見を書く際に，メモを活かすことを伝えることで，より質の高い英作文を書かせることができる。

5. 最後に

　これまで示してきたように，中学1年生でも英語で簡単なディベートを行うことができる。また，ディベートを通して，多くの英語表現を知り，4技能すべてを駆使しながら，既習の語彙・文法を使わせることができる。中学1年生には無理と思うことなく，意見・考えを言わせるための一つとして，ディベートを利用したい。

（橋本 秀徳）

10. 生徒の考えを引き出すためのマインドマップの活用

1. はじめに

　生徒を引きつける興味深いテーマで言語活動を行うと，生徒は積極的に意見や考えを述べようとする。しかし，語彙力やコミュニケーション能力が不足しているために，十分に意見や考えを述べ合うことができない。マインドマップを活用することで，生徒の意見や考えを引き出したり，英語でのやり取りをスムーズにさせたりできるのではないかと考え，授業実践を行った。

2. 授業実践の目標と流れ

　New Horizon English Course 3, Multi Plus 2 の学習を通して，場所の紹介の仕方を学んだ後に行った授業実践について紹介する。

　本授業の目標は，「日本に住みたいと考えているALTの友人に，東京を勧めるか，それとも自分たちのふるさとである福井を勧めるか？」というものである。

　まず生徒たちは，ALTからその友人についての情報を得る。次にその情報を考慮に入れながら，どちらを勧めるかを考える。その際，東京のよさ，福井のよさそれぞれについて整理するためにマインドマップを用いる。そして最終的には，どちらを勧めるかその根拠も示しながらALTの友人に手紙を書くことになる。授業の流れは次のようである。

① ALTからその友人の趣味や日本でやりたいことを聞く。
② ペアで，東京でできることと福井でできることについてマインドマップを作成する。
③ クラス全体で意見を出し合い，大きなマインドマップを作成する。
④ 大きなマインドマップを見ながら，ALTの友人に自分ならどちらの場所を勧めるかをペアで伝え合う。
⑤ 大きなマインドマップを見ながらALTの友人に手紙を書く。

3. マインドマップの活用

本実践では，生徒の意見・考えの整理や発展を促すために，次のようにマインドマップを積極的に用いた。

(1) ペアでのマインドマップ作成

ALTの友人が日本でやりたいことや興味を持っていることなどについて話を聞いた後，東京と福井で彼が楽しめそうなことをペアで考えさせた。分からない語を辞書を使って調べたり，協力して英文を考えたりして，東京，福井それぞれについてのマインドマップを作成していった。

(2) クラス全体での大きなマインドマップ作成

ペアでのマインドマップ作成が終わったところで，クラス全体で考えを共有するために，ホワイトボードを使って大きなマインドマップを東京と福井の両方について作成した。マインドマップの作成に当たっては，ALTが生徒と対話し，出てきたアイディアをJTEが書き留めることにした。まずALTがひとりの生徒に発言を投げかけ，その生徒の答えをALTがクラス全体に投げかける。クラス全体は生徒の答えを受け，さらにALTの追加質問を聞き，情報を補足したりさらに別のアイディア付け加えたりする。このときALTは生徒の発言を励ましたり支援したりし，JTEはそのやり取りをもとに生徒に分かりやすい英語でマインドマップを広げていった。話題になっていることが書き足されていくので理解しやすく，また新しい表現も自然に学習することができたようである。

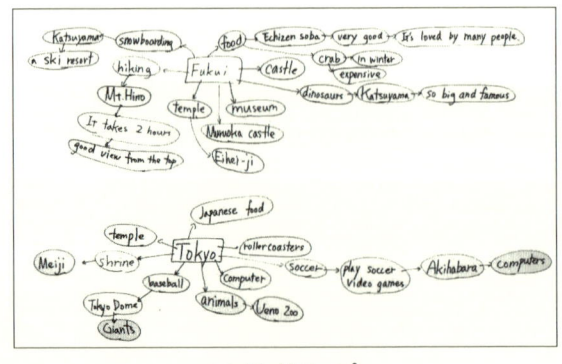

マインドマップ

【福井についてのマインドマップ作成時の様子】

ALT: Please tell me about Fukui. What can he do in Fukui?
S1: Hiking.
ALT: Where can he go hiking?
S2: Mt. Hino.
ALT: O.K. Mt. Hino. Good. How long does it take to go to the top of Mt. Hino?
S2: Two hours. Maybe.
ALT: How is the view from the top? Is it a good view?
Ss: Yes!
ALT: I see. He will be happy to know that. What else will he like in Fukui?
S3: Dinosaurs.
ALT: Where can he see dinosaurs?
S3: Dinosaur Museum in Katsuyama.
ALT: Is it a small museum?
S4: Big!
S5: Famous!
ALT: Oh, it's big and famous. Is it famous in Fukui or in Japan?
Ss: In Japan!
ALT: Wow!

(3) 大きなマインドマップを見ながら意見交換

　クラス全体で作成した大きなマインドマップを見ながら，「自分ならALTの友人に東京か福井，どちらを勧めるか。」というテーマでペアで意見交換させた。マインドマップの流れに従って話せばよいので，話す負担が軽く，また聞き手にとっても内容が理解しやすかったようである。また，クラス全体で意見を共有した後での意見交換であったため，マインドマップを参考に，さらに自分の意見を発展させようとする積極的姿勢が見られた。

(ある生徒の意見)

I will recommend Fukui to him. These are my reasons. First, he can eat delicious food like Echizen Soba and Echizen Crabs. I think he wants to eat crabs. Second, he can snowboard in Katsuyama because Katsuyama has a big ski area. It is Katsuyama Ski Jam. It's a lot of fun. Third, he can hike Mt. Hino. He can see so beautiful views there.

(4) マインドマップを見ながら手紙を書く

ペアでの意見交換後，生徒たちは大きなマインドマップを参考に自分の考えを書いていった。実際に手紙を届けることを伝えると，相手に興味を持って読んでもらえるように，辞書を使いながらていねいに書いていた。しばらくして，ALTの友人から返事が来た。それを見た生徒たちは本当に嬉しそうであった。

クラスマインドマップの様子

4．本実践の効果

　この授業を行った後にアンケートをとった。「ペアでのマインドマップ作成は今回の活動で役に立ったか。」という質問に対し，「とても役立った」，「役立った」と答えた生徒は全体の94％であった。また，「クラス全体でマインドマップを作るのは今回の活動で役に立ったか。」という質問に対して，「とても役立った」，「役立った」と答えた生徒は全体の90％であった。

　ペアやクラス全体でマインドマップを作成して意見を述べ合う活動を行う場合，仲間と一緒に考えるので，「自分の気持ちや意見を伝えたい。」という思いが強くなるようである。またマインドマップを使った授業では，キーワードで発言をしても構わないので，生徒たちは積極的に挙手していた。さらにALTの支援によって自分が言いたかったことを表現でき，また，それがマップ上に記入されていくので，生徒は強い関心を持ってマップ上の英文を

ペアで作るマインドマップは役に立ちましたか。	クラス全体で作るマインドマップは役に立ちましたか。	マインドマップを見ながら話すのはどうでしたか。
あまり役立たなかった 3 役に立たなかった 3 とても役立った 51% どちらかというと役立った 43	あまり役立たなかった 7 役に立たなかった 3 とても役立った 77% どちらかというと役立った 13	どちらかというと難しかった 17 難しかった 3 話しやすかった 53% どちらかというと話しやすかった 27

（平成24年7月12日　万葉中学校3年1組　30名）

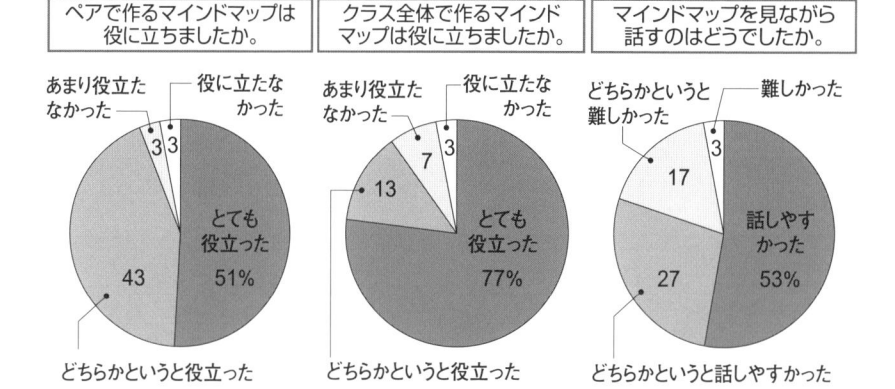

読んでいた。挙手をしない生徒たちもいたが，彼らも友達の意見に熱心に耳を傾け，マインドマップを見つめていた。

　「マインドマップのキーワードを見ながら話すのはやりやすかったか。」という質問に，「とてもやりやすかった」，「やりやすい」と答えた生徒は全体の80％であった。

　意見交換の場面で，生徒は一生懸命マインドマップを見ながら話していた。英語が不得意な生徒も，マップ上に書かれた語彙や表現が助けとなって自分の意見や考えを述べることができるよう，生き生きと活動に参加していた。活動のスタート時には単語でしか言えなかったことが，活動後には文章で表現できるようになり，生徒は達成感を感じたようであった。この達成感が生徒に満足感を与え，それが「話そう」という意欲につながったように思われる。

　マインドマップはキーワードからスタートし，次々に詳しい情報が書き足されていくので，マインドマップを順にたどりながら話せば，ある程度まとまりのある内容を述べることができる。このことも，生徒が「話しやすい」と感じた理由だったのかもしれない。今後は，賛成，反対の立場に分かれ意見を述べ合うディベートもマインドマップを活用しながら行ってみたいと考えている。

（中村　香織）

11. 意見・考え授受の活動が動機づけに及ぼす効果

1. はじめに

　中学生は，授業で自らの意見や考えを述べることに抵抗を感じている。思春期である彼らは，クラスメイトと自分の意見・考えを交換することに不安や負担を感じ，伝えたい意見・考えがあっても自分の英語力では表現できないとあきらめてしまうことがある。しかし，一方で，自らの意見・考えを聞いてもらいたいという気持ちも強く，一度生徒から意見・考えが出始めると，その後の英語学習に対する動機が高まる。ここでは，意見・考え授受の活動が動機づけに及ぼす効果を中学2年生の実践例二つをもとに述べていく。

2. 実践と検証

(1) 実践1：教科書の挿絵を用いた意見・考え授受の授業

　実践1では，本文に入る前の導入の段階で，生徒の意見や考えを引き出す活動を行い，それが生徒の読みの動機づけにどのような効果があるかを調べることにした。以下の指導では，*New Horizon English Course 2*, Let's Read 1 A Magic Box を用いた。この英文は，老婆から三つだけ願い事がかなうマジックボックスをもらった夫婦が，三つ目の願い事を残して王様にその箱を持っていき，王様は大臣たちに三つ目の願い事を考えさせるという話である。

　この話は長文であるため，いきなり本文を読ませようとしても，生徒は読もうとしない。そこで教科書に載っている挿絵を利用し，それについて意見・考えを交換させ，読みの動機づけを高めようと次のような手順で指導をした。

1) 指導手順
①挿絵についての意見・考えの構成
　生徒たちに教科書 34，35 ページの挿絵を見るように指示し，次のようなやりとりの後，挿絵から読み取れることをまず書かせた。各自で考える時間

を5分間設け，その間机間指導をし，生徒が英語で表現できるように支援を行った。なお，生徒の思考を助けるため以下のような補助発問を与えた。
- 「挿絵にいるのはどんな人物ですか。」
- 「あの箱は何。」

T: Please look at the pictures on pages 34 and 35. What can you see?
S1: A man, a woman and an old woman.
S2: ロバ？
Ss: （教室全体が笑う）
T: What does the old woman have?
S3: A box.
T: That's right! What is the box?
S1: A magic box.
T: Oh, why do you think so?
S2: タイトルに書いてある！
Ss: （教室全体が笑う）
T: OK. What else can you guess? I'll give you 5 minutes. Please write your ideas in English.
S2: 英語は無理。
T: You can use dictionaries. どうしても無理なら日本語でもいいよ。

②グループでの意見・考えの交換活動

　個人で考える時間を設けた後，グループ内で意見・考えをやりとりする活動を行わせた。グループのメンバー構成は生徒に任せる自由な形にした。このグループ活動は積極的に行われ，とくに英語が苦手な生徒たちも積極的に

活動に参加していた。

〈出てきた意見の例（生徒の意見そのまま）〉

> Kamomes are cute. ／They are surprised. ／They have big noses. ／マジックボックスの正体は実は玉手箱で，夫と妻が年をとる。／とても平和。／カラスが飛んでいる。／ウマかロバがいる。／実はこの箱はパンドラの箱だった!! 二人で農場管理でもムリ！／馬が stink

③本文の読みの活動

　グループ活動の後，教科書本文を読ませた。物語について各々が考えた内容が本文ではどう書かれているか早く知りたいという思いからか，一言も話すことなく本文を読んでいた。

2) 考察

　単元が終了した後，簡単なアンケートを取った（表）。その結果，クラスの3分の1がグループ活動後，物語を早く読みたいと感じていることが分かった。

表　グループでの活動後，物語を早く読みたいと思いましたか。

①読みたいと思った	②変わらない	③読みたくなくなった	④無回答
9人	10人	0人	7人

（回答26人中）

　さらに，授業中の生徒の様子を見ると，意見・考えを積極的に交換し，その後の読む作業にも真剣に取り組んでいた。このことから挿絵について意見を交換する活動が読みの動機を高めることにある程度効果があったことが窺える。田中・田中（2009）は，挿絵や写真などは，読み手に視覚的イメージを呼び起こし，具体的で面白いと感じさせ，テキストに対する読み手の興味を促す働きをもっていると述べているが，このことも読みの動機を高めることにつながったのかもしれない。

　反省点としては，この実践での課題は，発問が曖昧であったため，本文の

内容から脱線した意見が出てきてしまったことである。そのため，発問をより厳選し，生徒の興味をよりテキスト内容に引き付けるように工夫すべきであった。

(2) 実践２：生徒同士の学び合いによる英語学習動機づけ

　次に，Let's Read 3 Can Anyone Hear Me? を使った実践を紹介する。この英文は，ある村の神社跡に開いた不思議な大きな穴を，ある男が村から買い取り，人々にゴミをその穴に捨てるよう助言する。人々は自分たちのゴミをその穴に次々と捨て始め，やがて村がすっかりきれいになったある日，天から石が降ってきて……という，話のオチの部分が書かれていないお話である。

　このストーリーは，生徒にいろいろなことを考えさせる教材である。意見・考え授受の活動に適当な教材だと考え，次のような実践を行った。

1）実践の概要

　このストーリーは，教科書４ページ分に及ぶやや長いものである。そこで本文を以下の四つのパートに分け，その各々で次のような二つの質問を継続的に与えた。また，その都度質問の答えについてペアで意見交換させた。そうすることで，意見・考えを交換する機会を増やすとともに，テーマについて深く考えさせることができると考えたからである。また，ペア活動では，意見・考えをどのように表現したらよいか互いに知恵を出し合うことも期待した。

①四つのまとまり
　・pp.90〜91の２行目１ "He listened, but there was no sound" まで
　・p.91の３行目〜p.91の終わりまで
　・p.92
　・p.93

②発問
　次のような発問をし，本文を読ませ，各自の意見・考えをまとめさせる。

問1　If you're a person in the village, how much do you pay for the huge hole?

問2　Do you think that the man is a kind person?（"the man" とは p.91 で村人に提案をした人物のことである）

2）考察

　この実践ではほとんどの生徒が，自分自身の意見・考えを積極的に交換していたが，特に印象的だったのが，英語を不得意とする生徒たちである。実践1では，途中であきらめてしまう生徒もいた。しかし，今回は英語表現の教え合いを期待してペア活動の形にしたため，自分の考えをどのような英語で言えばよいか熱心に相談する姿が見られ，生徒同士での学び合いができていた。また同じ質問を繰り返し与えたが，ストーリーを読み進めるにつれて自分の考えが変化することもあり，さらにペアで意見交換をすることで，自分の考えとは違う意見・考えに触れる機会もあり，生徒たちにとっては充実感を感じる活動であったように思える。

　一方で，積極的に活動に取り組めない生徒もいた。内気な性格の生徒は，最初に述べたように意見・考えを交換することに抵抗を覚えているようだった。普段話をしているパートナーとの活動ではなかったためではないかと考えられる。そのようなペアは共同作業が困難となり，教師の支援が必要であった。

　実践の終了後，アンケートの形で次の質問を生徒に尋ねた。

・クラスメイトと意見・考えを交換することは楽しかったですか。

　24名中19名の生徒が楽しかったと答えた。物語を読ませたり教科書本文を読ませる際，意見・考えの交換をさせながら読ませることで，読みの意欲が活性化する可能性を示唆している。

3. おわりに

　ここまで意見・考えをやり取りする活動が，読みへの意欲を高める効果があることを授業での生徒の様子やアンケート結果から見ることができた。今後は，以下の点について指導を改善していきたい。

　今回の実践では，辞書を活用させたりクラスメイトと相談させたりして意見・考えを書かせた。普段から，辞書を使うことや生徒同士で教え合うことに慣れさせておくことが大切である。活動では，ペア活動やグループ活動の形態が使われるが，考慮すべき点として，普段から生徒同士の関係などを観察し，そのクラスの状況にあった形態を使う必要がある。

　また，生徒が英語で表現できるレベルを高めていくことである。最初は自分の意見や考えを単語1語で表現できるだけでもよいが，本文中のキーワードを効果的に使って考えを書く，さらに意見・考えを1文で表現するだけでなく，それをサポートする文を付け加えるなど，生徒の発達段階に応じた指導の工夫が必要である。

（大野木 亘）

12. 意見・考えを求める活動で学習者が感じる負荷を軽減するための工夫と支援

1. はじめに

　意見・考えを求める活動では，思春期特有の恥じらいもあり，負荷を感じる生徒が多い。しかも，意見・考えを英語で発表するように言うと，生徒はさらに大きな負荷を感じざるを得ない。ここでは，生徒が感じる負荷を軽減し，少しでも自信を持って英語を使うようにするにはどうしたらよいか，工夫や支援のあり方を紹介する。

2. 支援と工夫

(1) 雰囲気を大切にする

　やはり，何と言っても英語の授業は授業の雰囲気で決まる。お互いに高め合おう，より良く知ろう，しっかり理解しよう，相手に分かってほしい。こういった気持ちを意識させる必要がある。そのためには時にはよき聞き手・話し手について考える時間をとることが大切であろう。クラス全体で，よい聞き手とはどのような聞き手か，よい話し手とはどのような話し手かを徹底的に話し合い，具体的な聞き手像，話し手像をイメージさせる。そしてそのイメージを箇条書きにして示し，折に触れ思い出させる。

(2) 教材内容と生徒（生徒の生活世界）との距離を縮める

　教材内容が生徒の実生活と大きく離れている場合，生徒は全くイメージが持てず，内容理解も不十分になる。このようなとき教材内容を自分のこととして捉えさせることで，生徒たちの生活経験や背景知識が反映され，理解が深まり，意見も出やすくなる。つまり，ポイントは教材内容をいかに生徒の実生活（生活世界）に近づけるか，いかに here-and-now translation を行わせるかである。

(3) 最初は穴埋めやシンプルな答え方から

　生徒に意見・考えを英語で述べさせるとき，いきなり文章で述べるように言うと，生徒はかなり大きな負荷を感じる。そこで，単語一語から始めて徐々に文章にさせていく。

　例えば，最初は Yes/No question や，単語レベルの短い答え方が許される質問をする。また，文で答えさせたいときには，答えてほしい部分だけを下線や（　）で示し，そこだけを埋めさせる。生徒にとってみれば，空欄を埋めただけで意見・考えを述べることができ達成感を感じる。慣れてくれば，最初から文で答えさせてもよいだろう。

(4) グループで取り組む

　生徒によっては何を言ってよいか分からない者や，たとえ言いたいことがあったとしても，それをどのようにして英語で言えばよいのか分からない者もいる。このような場合，グループ活動が効果的である。

　4，5人のグループを作らせ，友達同士で教え合わせることで，生徒の負荷はとても軽くなる。また，グループで意見を出させることで，教え合いによる底上げや「三人寄れば文殊の知恵」のような効果が生まれる。また，英語が苦手な生徒でもそのアイディアが認められれば達成感を感じるし，一方英語が得意な生徒はその英語力が認められるのでやりがいを感じる。生徒がそれぞれの得意な部分を生かしながら成長することを目指すことが大事である。

　ただ，グループ学習には気をつけなければならないこともある。それは，個々の生徒が十分に力を発揮しない危険性である。活動を他人任せにしたり，活動から手を引いたりする生徒も見られるので，そのような場合，単元のどこかに必ず個の活動を入れることが必要である。

(5) 黒板を活用する

　ある生徒が意見・考えを英語で述べたとき，教師が意見・考えのポイントを板書することで，意見・考えを求める活動に弾みがつく。また，板書する

ことで，発表した生徒は自分の意見・考えを改めて確認し，自分の英語の不十分であった点にも気づく。さらに，板書は他の生徒にとって英語での表現の参考になる。

このように，生徒の意見・考えを板書することで，①聞き漏らした英文を確認できる，②英語での言い方が分かる，③内容に意識がいく，④意見を述べた生徒が認められる，などの効果が得られる。

3．授業実践例
(1) 教材内容を自分のこととして捉えさせる

（2年生実践：Do you want to live in Fujian Tulou? *New Horizon English Course 2*, Multi Plus 2 A Town in China）

指導過程の①では，Fujian Tulou のよい点と悪い点について考えさせることで，本文の読みを動機づける。次に，指導過程②では，「Fujian Tulou にどれくらいの間住みたいか」と尋ね，教材内容を自分のこととして捉えさせる。これらの工夫により，生徒たちは書いてある事実をただ単に受け止めるだけではなく，Fujian Tulou の集団での生活についても思いをはせながら，教材をなお深く読み込んでいる様子が見られた。

①Q：What are the good and bad points of Fujian Tulou?
【回答例】
[Good]
・They can make many friends because they live with many people.
・They are safe.
・Their houses are huge, so they can share a huge space to play.
[Bad]
・To live with many people is troublesome because we must follow some rules.
・They are not free.
・Their life in Fujian Tulou is very noisy.
・They cannot relax.

- Post officers will be busy.
- Maybe their rooms are dirty.
- They often have troubles.
- We might get lost.
- To go downstairs to get food is troublesome.
- To clean all their rooms is very hard.

②Q：How long do you want to live with 2B classmates in Fujian Tulou?

【回答例】

- Three hours：

    I want to go sightseeing, but I don't want to live there because many people live there. I don't like noisy places and I must follow some rules.

- One day：

    I like freedom. I don't like to live with many people, and I love my room.

- One day：

    I can't practice the piano there, I want to relax.

- Two days：

    I don't want to live anywhere else. I can relax only in my home.

- Three days：

    Living together with 2B classmates is fun.

- Three days：

    The houses are a lot of fun, but I like spending time alone or with one friend.

- Two weeks：

    We can't relax, but there are many rooms and big spaces, so we can do some things.

- Two weeks：

    Living with my friends is fun. When I'm free, I can talk with my

friends. If my friends aren't there, I want to live there for two days.
・A month：

　A week is very short, but a year is very long, so a month is enough.
・A month：

　I can learn about Fujian Tulou's culture and history. It looks interesting.

(2) 穴埋めから意見・考えを広げる

（2年生実践例：The Sugarcane Field *New Horizon English Course 2*, Let's Read 2 Try to Be the Only One）

　この実践例では，指導過程の②で一部をブランクにした文を示すことで，聞き取りのポイントを明確にし，さらに本文内容についての意見・考えが出やすいように工夫をした。また，指導過程の⑥でも同じくブランクを空けた文を示し，意見・考えが生徒たちから出やすいように工夫をした。

《教科書を開く前に》

①Q：What do you know about Okinawa?

【回答例】
・It's warm in Okinawa.　　・Okinawa has the beautiful sea.
・It had a war.　　　　　　・It has the traditional culture.

《教科書を開く》

②（板書）This is a (an)＿＿＿ story because ＿＿＿.

　Please listen to the CD and fill the blanks.

【回答例】
・This is a sad story because Tsutomu's parents left him.
・This is a beautiful story because he studied very hard, and he is now proud of his singing.

③Q：Who understands you the best?

④Q：What do your parents do for you?
　　　What do you do for your parents?

⑤ Q：What are you proud of?
　　　What is your motto?
⑥（板書）I think Aragaki Tsutomu is a（an）___ man.
　　　　I feel this is a（an）___ song. I feel this song is about ___.
　　　　We can know about ___ through this song.
Q：How do you feel about this song the "Sugarcane Field"?
《CDを聴く》
【回答例】
・I think he is a kind man because his voice is very beautiful and warm.
・I feel this is a beautiful song because the voice and melody are beautiful.
《歌詞を見せながら，もう一度CDを聴く》
　【回答例】
・I feel this song is about his father and the war.
・I feel this song is about his brightness and sadness.
・We can know about the sadness of the war in Okinawa.
・I think he is a strong man because he didn't lose his heart.
・I think he is a wonderful man because he overcame hardship.
・We can know that warm family is important through this song.
・There are the words "知らないはずの父の手に抱かれた夢を見た."I think this is his wish for his father.

4．授業実践を振り返って

　生徒はいろんなおもしろい発想を持っている。だからこそ，それを英語で表現し，みんなで共有する楽しさを味わってほしい。そのためには，まず生徒が英語で意見・考えを言いやすくなる学習環境を整えることが不可欠である。生徒にとって，より楽しく，より充実した英語授業になるよう，今後ともできる限りの工夫や支援を考え，また実践していきたい。

（遠藤　光彦）

【第2章】
高等学校での指導の工夫と実践例

1. 授業の様々な場面で生徒の意見・考えを引き出す工夫

1. はじめに

　意見・考えを求める授業を行うことに対し，教師が抵抗を感じる理由の一つは，レベルが高過ぎ自分の生徒には無理だと考えがちなことである。また，どうすれば生徒の意見・考えを引き出せばよいのかわからないということももう一つの大きな理由であろう。しかしながら生徒の意見・考えを引き出すことはそんなに難しいことではない。授業のいろいろな場面で意見・考えを引き出すことは可能である。例えば大下（2009b）は，意見・考えのやりとりを行うことのできる授業場面として，以下の六つを示している。
　①授業のウォームアップで意見・考えを求める
　②目標言語材料に即して，意見・考えを取り上げる
　③教科書本文に入る前の Pre-reading 活動で意見・考えをやりとりする
　④教科書本文の内容について意見・考えを求める

⑤レッスンで扱われている話題について意見・考えを求める
⑥投げ込み的に意見・考えを求める

　以上のうち，①〜⑤は，教科書を使いながら行う日々の授業の中で行うことができそうである。言うまでもなく教科書は授業の中心となる教材で大事に扱いたい。そこで本稿では，特に高校での英語授業の①〜⑤の場面で，教科書を用いてどのように生徒の意見や考えを引き出すか，その実践例を紹介する。

2．実践例
(1) 教材
　使用する教科書は，*PROMINENCE English Course II*（東京書籍）であり，Lesson 7 Why Don't We Ride Bikes? を対象とした実践である（教科書本文は，資料1を参照）。

(2) 内容
　このレッスンで扱われている英文は，自転車の歴史とその機能がテーマの説明文である。このレッスンは五つのパートから構成され，各パートの内容は次の通りである。Part 1 では，木製二輪歩行器に始まり，自転車の形状が時代とともに変化してきた歴史が述べられている。Part 2 では，自転車が自動車産業や飛行機産業の発展に寄与したことが説明され，Part 3 では，自転車が19世紀後半の女性解放を促したことが紹介されている。Part 4 では，自転車はエネルギー効率がよく，環境問題解決策の一つになるだろうということが述べられ，最後の Part 5 では，自転車はストレス解消に役立つうえに，健康の維持・増進に役立つということが主張されている。

(3) レッスンの目標
　このレッスンでは，次のような指導目標を立てた。
・自分の意見や考え，経験等を他者に伝えようとする。

・自転車の歴史，自転車と環境問題との関連，自転車が人々に与える影響等，英文の概要を把握した上でさらに深く読むことができる。
・本文の内容を簡潔な英語でまとめるとともに，自転車が人々に与える影響について自分の考えをまとまりのある英語で書くことができる。
・新出の語彙や文構造などについて理解を深めるとともに，正しい言語形式の使用に習熟することができる。

(4) 意見・考えを求める活動
①レッスンに入る前の活動で，意見・考えを求める
　本文内容への関心を高めるため，以下の対話文を聞かせた。これは，教師用指導書に付属の音声CDに収録されているものである。

Bob： How do you come to school every day?
Yuki： I use a bike.
Bob： A bike? But your house isn't close.
Yuki： Yeah, it takes about thirty minutes by bus.
Bob： Then it must take you a lot longer by bicycle, about forty minutes, right?
Yuki： Oh, no, only about twenty-five minutes.
Bob： Impossible!
Yuki： Elementary. Buses and cars go the long way around, but with a bicycle I can take a short cut.

　この対話文を聞かせた後，以下のような質問をした。
　(a) How does Yuki come to school?
　(b) How long does it take for Yuki to come to school by bike?
　(c) Why can Yuki get to school so quickly?
　(d) Do you remember when you learned to ride a bicycle?
　(e) Do you like to ride a bicycle?

(f) Do you think bicycles are better than cars?

　(a)〜(c)は対話の内容から得られる事実情報を問う質問であるが，対話の最後のYukiのせりふを聞かせずに(c)の質問をすると，それは話の流れを推測して答えさせる質問となる。答えの自由度が高まるため，生徒にとっては考える意欲や表現意欲をかき立てられるものになる。また，(d)〜(f)は自分のことや自分の考えについて相手に話す活動で，ここでは言語形式の正確さよりも，内容の広がりや深まりを重視する。(c)〜(f)の質問のように，推論や想像を促したり意見・考えを求めたりすると，自分の言葉で表現しなければならないため，生徒自身の英語力が活性化される。このような質問を地道に与え続けていくことで，生徒の授業への取り組みがより主体的なものへと変容する。

②授業のウォーミングアップで意見・考えを求める
　授業のウォーミングアップとして，教科書内容に関連づけて教師が身近なことを生徒に話すことで，意見や考えを求めることができる。ここで紹介するのは，Part 4に入る前に行った実践である。まず，実際に自動車販売店からもらってきたカタログを見せながら，次のように生徒に話をする。

　　Yesterday, I went to a car shop because I wanted to buy a new car. Here, I've got two brochures. One shows a large-sized car, and the other shows a compact car. Which car should I buy? Please give me some advice.

　次に，数名の生徒を指名し，答えを言わせる。"I think you should buy a compact car."とある生徒が答えたとすると，"Why do you think so?"と聞き返し，理由を言わせる。このやりとりを他の生徒に聞かせておき，次に別の生徒に"He said I should buy a compact car. What was his reason?"と尋ね，はじめの生徒が話した内容を言わせ，その後"Do you agree with

him?" と賛否を尋ね，さらに "Why?" と聞いてその理由を言わせる。
　これを繰り返すことで，他者の発言を聞きその内容を自分の言葉で言う，それに対する意見を述べる，賛否の理由を述べる，といったリスニングとスピーキングの活動を実現することができる。
　また，ペアやグループで話し合いをさせるのも効果的である。「車を買いたいと思っている人に，的確な理由をつけてアドバイスをする」というタスクを与え，ペアやグループで話し合いをさせる。そうすることで，生徒たちはその目的を達成するために，協働して英語を使うようになるからである。このように，授業のはじめに意見・考えを求める活動を行うことで，生徒の授業への関心や意欲を高めることができる。

③本文中の新出語の扱いの中で意見・考えを求める
　上の②では，"Which car should I buy?" という質問を与えて，意見・考えを口頭で述べさせる活動の例を紹介した。ここでは，これに引き続いて行った，新出語の学習の中で意見・考えを表出させる活動の例を紹介する。
　Part 4 には，"...traveling by bicycle is more energy-efficient than traveling by horse, car, or even walking." という文がある。この部分に注目し，以下のような活動に取り組ませた。
　まず，efficient は新出語であるので，それについて理解させる必要がある。そこで，上の②の活動の後に，次のように英語で話をした。

> Thank you for giving me advice. Some of you advised me to buy a compact car. One of the reasons is that a compact car uses less gasoline. A compact car is more energy-efficient than a large-sized car.

　さらに，"A compact car is more energy-efficient than a large-sized car." の文を板書し，再度理解を促した。この時点で，生徒たちは energy-efficient の意味を理解し，それが more energy-efficient と活用される語であることに気づくはずであるが，さらに以下のような質問を与えた。

> Which is the most energy-efficient means of transportation?
>   a) a car   b) a bicycle   c) walking   d) running

そして生徒に，自分の意見・考えが反映するようなワークシートを与える。ワークシートには，＿＿＿ is the most energy-efficient means of transportation. というようにブランクの付いた文が書かれており，生徒はその文を完成させる。その後，クラス全体に "Who thinks a car is the most energy-efficient?" と尋ね，自動車・自転車・ウォーキング・ランニングのそれぞれについて，生徒の意見を集約する。そして，次に「教科書本文の筆者はどのように考えているのだろうか」と問いを続けることで，本文の読みへの動機付けを効果的に与えることができる。

④本文内容に関する質問で意見・考えを求める

　教科書本文に関する質問を与える場合，そこに書かれている事実情報を確かめるだけでなく，生徒に意見・考えを求めるべきである。Part 4 にある以下のパラグラフを読ませる場合，次のような問いが考えられる。

〈本文〉 Everyone should think seriously about using cars less to keep the environment clean. For example, cars are the main cause of air pollution, but bicycles produce almost none. Cars also produce noise pollution, but again bicycles produce almost no noise. Bicycles may well be the answer to some environmental problems.

〈質問〉
(a) Does the writer think a bicycle is environmentally friendly?
(b) What does the writer think we should do?
(c) Do you think it is possible?

　(a) と (b) は，教科書本文から筆者の考えを読み取らせる問いである。一

方，(c) は，筆者の考えが可能かどうかを生徒に判断させる問いである。生徒は Yes か No のいずれかで答えるが，その後さらに"Why?"と理由を尋ねることで，生徒により深く考えさせることができる。

⑤レッスンを読み終わった後のライティング活動
　レッスン本文を読み終えた後に，次のような指示を与えてライティングに取り組ませた。

Suppose you are working in a group to promote the use of bicycles. Now you have to write a passage to encourage more people to ride bicycles. Your passage should have three different reasons why bicycles will be good for them. It should also be as long as 120 words. Of course, don't forget to put an opening sentence and a closing one.

　まず次のような用紙を配布し，opening sentence と closing sentence，三つの理由とそれを支持する考えを書かせた。その後，1st draft を書かせ，生徒同士のフィードバック（内容に関するもの），教師によるフィードバック（内容と言語形式に関するもの）を行った後に，final draft を書かせた。

```
Opening sentence
Reason 1.
     Supporting ideas (1)
                    (2)
Reason 2.
     Supporting ideas (1)
                    (2)
Reason 3.
     Supporting ideas (1)
                    (2)
Closing sentence
```

Final draft には，英文の他にイラストなどを描くことも認め，全体のレイアウトを工夫するようにとの指示も与えた。そして，最終的にできあがったものをすべて印刷し，冊子にして生徒全員に配布した（資料2）。このようなやり方で，生徒全員が互いの作品を読み合うことができるようにした。

3．おわりに

　意見・考えを求める活動は，特別でも難しいことでもない。以上の実践例で示したように，生徒の意見・考えは，通常の授業の中の様々な場面で，少しの工夫をすることによって，引き出すことが十分に可能である。そして，何より大事なのは，生徒の意見・考えを引き出すことで授業が活性化し，生徒のコミュニケーションへの関心・意欲を高めるのに貢献するということである。このような効果を得ることができる意見・考えを求める活動を大いに取り入れるべきであろう。

（山内 悟）

《資料1》

Part 1

　The history of the bicycle goes back to 1817 in Germany. Baron von Drais invented a wooden walking machine with two wheels. It was moved forward in a kind of gliding walk, by pushing one's feet against the ground. The question was whether it would become a useful tool or not. About fifty years later, in 1865, a new improved type appeared. It had pedals attached directly to the front wheel.

　In 1870 the first all metal machine appeared. It had a large front wheel, which made the ride smoother than the earlier types. The front wheel became larger and larger, as people realized that the larger the wheel, the faster you could go. This was the first machine to be called a bicycle, or "two wheels."

In 1885 a bicycle with two same-sized wheels and two different-sized gears was created. With this new type of bicycle, a rider could go as fast as on a bicycle with a large front wheel. This useful machine was the first modern bicycle. It was safer to ride than the earlier ones.

Part 2

The bicycle was invented with technologies that had already existed, but it has helped develop newer areas in turn, such as cars and planes. The following technologies used in bicycle production were important for producing cars: air-filled tires, ball bearings, and mass production. Gottlieb Daimler of Germany was the first to use a gasoline engine to power a bicycle. Therefore, it is natural that bicycle repair shops became the first gasoline stations.

Bicycle technologies played an important part in early airplane production. The famous Wright brothers ran a small bike repair shop in Dayton, Ohio. They began repairing bicycles in 1892 and made their own original bicycle in 1896. Then in 1903, they built the Wright Flyer using familiar tools and parts. The sprocket and chain drive, which shifted the power of the engine to drive the propellers, is the best example. Another example is the propeller support, which originally was a part used as a bicycle frame.

Part 3

The bicycle changed the world in the late nineteenth century. Some believe that the coming of a bicycle that women could ride freed them. Before that, women had to ride heavy adult-sized tricycles, which were only good for taking a ride around the park. It was difficult for women wearing the heavy skirts of that time to ride a bicycle with a large wheel. Now they could ride this useful transportation machine and still keep their legs covered with long skirts.

Thanks to the bicycle, women's fashions became simpler, so they could move around more easily. In 1896 Susan B. Anthony said, "The bicycle has done more for the freeing of women than anything else in the world." The bicycle also had a great effect on the way people chose their partners. Before the invention of the bicycle, most people married people who lived within ten miles of them. The invention of the bicycle allowed people to meet partners who lived over 100 miles away.

Part 4

The bicycle has become the most energy-efficient means of transportation in less than 200 years since its invention. In terms of energy expended and distance covered, traveling by bicycle is more energy-efficient than traveling by horse, car, or even walking. Of course, the fuel for a bicycle is the food the riders eat. A bicycle rider can cover five kilometers on 100 calories, about the number of calories in a banana. One hundred calories' worth of gasoline could take a light-weight car only 100 meters.

Everyone should think seriously about using cars less to keep the environment clean. For example, cars are the main cause of air pollution, but bicycles produce almost none. Cars also produce noise pollution, but again bicycles produce almost no noise. Bicycles may well be the answer to some environmental problems.

However, the story doesn't end there. Through a shift from car use to bicycle use, your health will surely improve, too.

Part 5

Bicycles can give you a sense of freedom that you don't get when you drive a car. Riding a bicycle can improve your mood. It can help get rid of stress after a hard day. If you ride one to and from work, you will be helping yourself stay fit and feel refreshed.

Riding a bicycle is excellent exercise for everyone because it is not too hard on the heart. It will get your heart pumping at a rate that is the same as most aerobic exercise.

Riding a bicycle will make you stronger and improve your level of coordination. This means you will be less likely to be injured after a trip or fall that may be serious. You will also be less likely to feel pain after you work out.

You have now learned that the bicycle has an interesting past and an exciting future. Why don't you ride a bike to keep fit, stay in a good mood, save energy, and help protect our environment?

《資料２》

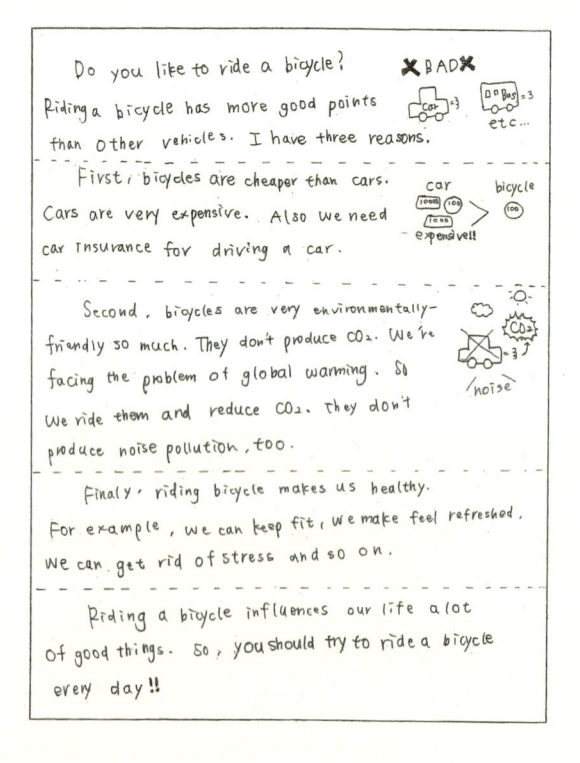

> Do you like to ride a bicycle? ✗BAD✗
> Riding a bicycle has more good points than other vehicles. I have three reasons.
>
> First, bicycles are cheaper than cars. Cars are very expensive. Also we need car insurance for driving a car.
>
> Second, bicycles are very environmentally-friendly so much. They don't produce CO_2. We're facing the problem of global warming. So we ride them and reduce CO_2. They don't produce noise pollution, too.
>
> Finaly, riding bicycle makes us healthy. For example, we can keep fit, we make feel refreshed, we can get rid of stress and so on.
>
> Riding a bicycle influences our life a lot of good things. So, you should try to ride a bicycle every day!!

2. 意見・考えに焦点を当てたリーディング指導
―4技能統合の可能性―

1. はじめに

　高等学校では，平成25年度から新学習指導要領のもと，「コミュニケーション英語」や「英語表現」といった新しい科目が実施されている。「コミュニケーション英語」では，情報や考えなどを理解したり伝えたりすることが，「英語表現」では，事実や意見などを様々な観点から考察することや，論理展開や表現方法を工夫しながら伝えることが求められている。

　また，使用語彙数の増加に伴い，多くの教科書で英文量が増えている。処理すべき英語の量が増えるのに加え，英語によるコミュニケーション活動も求められるため，多くの教師にとっては，どのように授業を進めてよいか頭を抱えてしまう状況かもしれない。

　本稿では，筆者が新課程の「コミュニケーション英語Ⅰ」で実際に行った実践を紹介し，リーディング指導を行う際に意見・考えに焦点を当てることで，4技能が統合した授業展開が可能であることを示す。

2. 指導例

(1) 教材

　使用する教科書は，*ELEMENT English Communication I*（啓林館）であり，Lesson 2 Christian the Lion での実践である（教科書本文は，資料1を参照）。

(2) 内容

　このレッスンは，ライオンと人間との友情がテーマの物語文である。四つのパートから構成されており，各パートの内容は次の通りである。〈Part 1〉ロンドンのデパートに買い物に来た John と Ace が，ライオンの赤ちゃんが売られているのを見つけ，それを買うことにした。〈Part 2〉Christian と名

付けられたライオンは，John と Ace にかわいがられ，いつも一緒に仲良く過ごした。〈Part 3〉体が大きくなり危険となったため，Christian は野生の生活に返されることになった。〈Part 4〉離ればなれになって1年がたち，John と Ace は Christian に会いに行った。Christian は2人のことを覚えており，彼らは再会を果たした。

(3) 意見・考えを求める場面と4技能統合

このレッスンでは，意見・考えを求める場面として次の三つの場面を設定した。
① 教科書本文の導入で意見・考えを求める
② 話の展開を推測させる
③ 教科書本文の続きを推測させる

この三つの場面で，どのように4技能の統合が実現したのかを例を交えながら示す。

① 教科書本文の導入で意見・考えを求める

次に，次のような英文を読ませる。これは，教科書本文の Part 1 と Part 2 をリライトしたものである。

Do you like animals? When you go to a department store and find some animals sold as pets, which do you want to buy, a dog, a cat, a hamster, or a bird?

John and Ace were friends, and they lived in the same house in London. They went to a department store to buy Christmas presents for their families. They found a baby lion for sale. The baby lion was very cute but looked really sad. They felt sorry for the lion in a small cage and decided to buy it.

The lion was named Christian. The two men and Christian became good friends. Christian always wanted to play with John and Ace. Christian also loved to go out. John and Ace took him for a walk. He pulled on his lead like a little dog. They ran and played with a ball together in a field for hours. "I can't imagine life without him," John said with a smile.

At first, people were surprised to see a lion in the city of London. But they soon found that Christian was a lovely little friend. However, Christian was growing up very fast. John and Ace felt that they wouldn't have a happy time with Christian for such a long time. (211 words)

これを読ませた後に，以下の質問に答えさせる。
(a) What did John and Ace buy at the department store?
(b) How did they have a good time with the baby lion?
(c) If you were to see a person walking with a baby lion, what would you say?
(d) Would you like to have a baby lion as a pet?

(a) と (b) は事実を尋ねる問いで，英文中から答えを導き出すことができる。一方，(c) と (d) は意見・考えを尋ねる問いである。(c) は本文中の John や Ace のようにライオンを散歩させている人を見たら何と言うか（どうするか），(d) はライオンの赤ちゃんをペットにしたいかを尋ねるものである。例えば (d) の場合，答えが Yes/No のどちらであってもその理由は様々あると考えられるため，生徒が自由に意見を出し合える雰囲気を作り出すのに効果的な問いである。ペアやグループでやりとりをさせたり，クラス全体で考えを共有する場を作ったりすることで，いろいろな意見・考えが出され授業が活発になることが期待できる。

このように，意見・考えを求める発問をし，ペアやグループでやりとりをさせることで，リーディングとスピーキング・リスニングの活動が統合的に行われることになる。

②話の展開を推測させる

　以上のやりとりの後，次のような課題に取り組ませる。

| What do you think happened to Christian and the two men? |

　これは，上で読ませた英文の最後の部分 "John and Ace felt that they wouldn't have a happy time with Christian for such a long time." から，Christian のその後を推測して独自のストーリーを作るというものである。それを書かせることによって，ライティングの活動が行われることになる。

　次に，これをペアで交換したり，グループ内で回覧して読ませたりすれば，リーディングの活動になるし，相手に対して読み上げるようにさせればスピーキングやリスニングの活動になる。また，次のようなメモを書かせるようにすればライティングの活動も入れることができる。

Name	Memo

　上の活動の後に次のように尋ねることによって，さらに新たな意見・考えを出させることもできる。

| Whose story is the most interesting to you? Why? |

　このように，教科書本文の Part 3, 4 を読む前にその内容を推測させたり意見交換をさせたりすることによって，「本当は Christian のその後はどうなったのだろう」という疑問が生徒の中に生まれる。そしてこれが読みの動機付けとなり，生徒のリーディングに向かう姿勢は積極的なものになる。

③教科書本文の続きを推測させる

　Part 4 は，離ればなれになった John, Ace と Christian が再会し互いの友情を確認し合うという場面で終了する。しかし，Christian は野生生活の

中に残り，JohnとAceはロンドンに戻らなければならない。生徒の中には，その後の彼らのことが気になる生徒もいるはずである。教科書本文には彼らのその後が書かれていないので，次のような質問をすることで，生徒たちの好奇心を刺激し，意見・考えを引き出すことができる。

> Do you think this was the last chance for John and Ace to meet Christian? What do you think happened to them after this?

ペアやグループでやりとりをさせた後に，②で行ったのと同じように，物語の続きを書かせる。そして，書かせた後は，やはり互いの意見を読み合ったり聞き合ったりする活動を実施する。

このように，教科書本文に対する生徒の問題意識を高め，生徒の意見・考えを引き出す中で，リーディング活動をリスニング，スピーキング，ライティングの技能と統合することが比較的容易になるのではないだろうか。

3. おわりに

学習指導要領で「英語の授業は英語で行うことを原則とする」とされて以来，高校の教員は大きな不安を感じてきた。しかし，忘れてはならないのは，コミュニケーション能力を高めるには英語使用が欠かせず，その英語使用を生徒に促すために授業を英語で行うことが求められているということである。

では，生徒が英語を使って活動するためには何が必要なのだろうか。それは，本稿で述べたように「意見・考え」を生徒にやりとりさせることだと考える。生徒の意見・考えを刺激し続けることによって，生徒はコミュニケーションを行う理由や必然性を強く意識するからである。

生徒に意見・考えを述べさせたり書かせたりすることは，英文を読ませる時の問いや指示を工夫すれば，それほど難しいことではない。また，感じたことや考えたことなどを話したり書いたりさせることで，聞いたり読んだりする活動も必然的に行われることになる。つまり，意見・考えを中心に据えて授業を展開することで，4技能が統合されたコミュニケーション活動の実践が可能になる。

(山内 悟)

《資料1》

Part 1

　Shoppers filled a big London department store one day in 1969. John and Ace shared a house in London. They were shopping then for Christmas presents to send to their families in Australia.

　While they were shopping, they found a small cage with a baby lion in it for sale! "I've never seen a lion at a department store!" Ace cried out in surprise.

　The baby lion was cute but looked really sad. They felt sorry for the lion in such a small cage. Finally John said, "Let's buy him."

Part 2

　The male lion was named Christian. In just a few days, Christian came to like his new life with John and Ace. The two men and Christian got along really well. If one of the men was talking to the other, Christian would touch him gently to show that he wanted to play with them.

　Christian also loved to go out. John and Ace bought a special collar for him. When they walked with him, he pulled on his lead like an excited little dog. They also ran and played with a ball together in a field for hours. "I can't imagine life without him," John said with a smile.

　At first, people were surprised to see a lion in the city of London. However, they soon found that Christian was a lovely little friend. Lots of people, including newspaper photographers and television reporters, came to see him.

　However, Christian was growing up very fast. John and Ace felt that their happy life wouldn't last long.

Part 3

　One day, Christian found a belt in the house and picked it up in his teeth. Ace tried to take the belt from him, but for the first time he angrily showed his sharp teeth. Ace was shocked, and that reminded him that Christian was a wild animal.

A few days later, the two men met George, an expert on lions from Africa. George said that Christian should join other lions in the wild. John and Ace knew that a life in the wild was best for Christian, so they finally agreed with George's idea.

The three men went to Kenya to set Christian free. They also needed to train Christian to live in the wild. Christian, then, met his new lion friends and learned their ways of living.

Their last day arrived quickly. John and Ace spent one last fun day with Christian. The next morning they left early without saying goodbye.

Part 4

One year later John and Ace came back to Africa. George said to them, "He's been fine with the other lions. He loves his new life and behaves like a wild animal." The two men were also told that it would be too dangerous to get near Christian now.

When they came to a field, a lion appeared. It was Christian! Suddenly he started to run toward them. In such a situation, anyone would shout, "Watch out!" in fright. Christian, however, placed his big paws on Ace's chest and started licking his face! He did the same to John.

"I can't believe it. He remembers us!" said Ace.

"I knew he wouldn't forget us. I just knew it," said John.

Later, Christian even took his old friends to see his new family. The men realized that true friendship and love have no limits.

3. 大学進学を目指す生徒を対象に行う意見・考えを問う活動を取り入れた授業実践
―教科書付属の質問・課末課題の活用―

1. はじめに

　大学への進学を目指す生徒を対象にして英語の授業を行う教師は，大学入試で求められる深い読みを促すために教科書本文をどのように扱うべきか，大学入試をイメージしながら「英語の授業は英語で」をどのように実現するか，訳読に偏り単調になりがちな授業からどのようにして抜け出すか，入試で問われる文法・語法の説明をどのように授業に組み込むかなど様々な課題に直面しながら日々の授業を行っている。
　このような状況の中で，「意見・考えを問う活動を取り入れた授業」に取り組むことは，教師にとっては新たな負担をわざわざ背負い込むように感じられて，なかなか実施には至らないのが現実かもしれない。
　本稿では，授業に生徒の意見・考えを問う活動を取り入れることは，教師にとってさほど大きな負担ではなく，むしろ日々教師が直面している上記の課題に対する解決の糸口を得ることに繋がるのではないかということを，PPOMINENCE English II（東京書籍）を用いた授業実践を通して提案する。

2. 本実践における生徒の意見・考えを問う活動について

(1) 目指す効果
・読む意欲を高め，深い読みを促す。
・生徒の英語による発話に対する動機づけを高める。
・生徒同士や教師と生徒間で意見・考えを共有する活動を通して，生徒が英語で発話する機会を増やす。
・授業を活性化させる。

(2) 準備に当たって
・教師の手間や労力をできる限り省くために，各パートの文頭に示されている本文を理解するための指針，教科書欄外の問い，課末に準備されている活動などをワークシートに取り入れ有効活用する。

(3) 意見・考えを問う問いの与え方
・1時間目の授業では，授業中に配布する別紙ワークシート（資料1）により問いを与える。
・2時間目以降の授業では，授業前日に配布する予習シート（資料2）で問いを事前に与えておく。問

資料1

資料2

177

いの内容によっては日本語で尋ねたりヒントを与えたりする。
・生徒の意見・考えを共有する活動の中では，英語を基本として口頭で問いを与える。

(4) 生徒に意見・考えを表現させる方法
・1時間目の授業では，授業中に制限時間を設けて，別紙ワークシートに英語で書かせる。
・予習シートに示された問いに対しては，宿題として別紙ワークシートに英語で書かせる。
・自分の意見・考えをペアやグループあるいはクラス全体で共有する活動を行わせる。

3．レッスン全体の流れ

1時間目
・1レッスン全体を読み，内容を問う問いに答えさせる。
・音読活動をする。
・意見・考えを問う問いを与え，その場で書かせ回収する。
・Part 1の予習シートを配布する。

2時間目〜3時間目：Part 1 を以下の手順で行う。（実践例参照）
・事前に提出させた生徒の意見・考えを共有する活動を行う。
・音読活動をする。
・内容理解を深める活動を行う。
・次のパートの予習シートを配布する。

4時間目〜7時間目
・Part 2 〜 Part 4 までを Part 1 と同じ手順で行う。

8時間目〜9時間目
・課末問題を行う。

4．実践例
(1) 教材
PROMINENCE English Ⅱ　（東京書籍）Lesson 1　Mottainai

Part 1

　About thirty years ago, Wangari Maathai planted seven trees in Kenya, which was the beginning of the Green Belt Movement. Since then, many people, mostly women, have planted more than thirty million trees across Kenya, and they have shared their movement with many other countries in Africa. In 2004, Wangari Maathai became the first African woman to receive the Nobel Peace Prize.

　Professor Maathai visited Japan in February, 2005, and then she learned about the concept of *mottainai*. She thought it would be an important message to the world. She liked the spiritual meaning of *mottainai*. What she also liked is that this one term expresses the idea of the 3 Rs, which have been the slogan of the Green Belt Movement for many years. The 3 Rs tell us to *reduce* what we use, to *reuse* everything we can, and to *recycle* what we cannot use again. Professor Maathai thought she had to address the serious problems of the ecosystem on which we all depend and tell us what we are to do to save it.

(2) 授業の手順（2時間配当）
1時間目
①前時に与え提出させている When did you feel *mottainai*？に対する生徒の意見・考えを共有する活動（20分）

［具体的活動］
・ペアになってお互いの意見を共有する。
・何人かの生徒の作品を選んで印刷したシート（資料3）を配布し，クラスに披露した後，それらについての意見や感想を何人かの生徒に発表させる。

```
Let's Share Your Friends' Ideas

         Lesson 1   Mottainai

When did you feel mottainai?

Aさん
 ● I felt mottainai when I had wasted my time watching TV and reading comics
   during the last final exam week.

Bさん
 ● I felt mottainai when I had made a careless mistake in a math test.

Cさん
 ● I felt mottainai when I had dropped ice cream on the floor at the school festival.
```

資料3

［ねらい］
・当課のテーマである「もったいない」という言葉の意味を考えさせる。
・生徒が英語を発話する動機と機会を与える。

［工夫］
・生徒が答えやすいように I felt *mottainai* when I had ＋過去分詞で始めるよう指示する。
・生徒が考える際のヒントとなる語句のいくつかを，課末の活動である Communication Activity A の内容から取り，ワークシートのボックス内に示す（資料1）。後の課末活動との連動も図る。

［意見・考えを共有する活動例］

・Aさんの意見：I felt *mottainai* when I had wasted my time watching TV and reading comics during the last exam week. に対して，教師は次のような発問を行う。

▶教師の発問：Do you have a similar experience to A-san's?

▶生徒の答えが Yes の場合：Why do you think we want to watch TV or read comics instead of studying for exams even though we know we are wasting time? と再度発問して生徒の意見・考えを求める。

▶生徒の答えが No の場合：Don't you feel *mottainai* when you waste time? Or didn't you ever spend any time on watching TV or reading comics during exam times? と再度発問して生徒の意見・考えを求める。

・Bさんの意見：I felt *mottainai* when I had made a careless mistake in a math test. に対して

▶ B-san's opinion is very interesting. Why did B-san feel *mottainai*?

What did she lose? と発問して生徒の意見・考えを求める。
・Cさんの意見：I felt *mottainai* when I had dropped ice cream on the floor at the school festival. に対して
▶ What do you think C-san did after dropping ice cream? と発問して生徒の意見・考えを求める。

［生徒の反応から考えられる効果］
・生徒はクラスメートの「もったいない」に対する考えが物に対してだけではなく，時間やテストの点数にまで及んでいることを知り，本課の「もったいない」というテーマに興味を深めた。
・教師からの発問に対して，不完全な英語ではあるが，積極的に答えようとする姿勢が見られた。特にCさんの意見に対して行った発問では想像力を発揮した答えが聞かれ，英語で発話する動機づけとクラスの雰囲気の活性化に役立った。

②モデルリーディングを聞き，その後音読練習をする。（10分）
③内容理解に繋げる活動
［具体的活動1］：事実内容を問う質問をする。（10分）
・以下の質問の答えを確認する。
▶ What did Maathai do about thirty years ago?
▶ How many trees have been planted across Kenya since then?
▶ In 2004, what did Maathai become?

［ねらい］
・第1段落の概要をとらえさせる。

［工夫］
・予習シートに上記の質問を記載し，前もって考える時間を与える。
・予習シートに注意すべき語句や語法について簡単な解説を載せておき，質問に答えやすくする。

［具体的活動2］：自らの意見・考えについてさらに深く考える。（10分）
・下記の質問をする。
▶ Why did Maathai get interested in the word *mottainai*?

生徒の答えの多くは以下のようであった。
▶ Because she thought it would be an important message to the world.
▶ Because she liked the spiritual meaning of *mottainai*.
▶ Because this one term expresses the idea of the 3 Rs, which have been the slogan of the Green Belt Movement for many years.

どれも答えとして正しいと言えるが，下線部の具体的内容を把握しない限り，それぞれの答えの意味を理解したとは言えない。そこで，質問の答えを板書し，答えの中に含まれている下線を施した語句の具体的な内容が，文中のどこに書かれているかしばらく時間を与えて考えさせる。結論としてPart 1 には具体的な記述はなく生徒はかなり戸惑うことにはなるが，その活動を通して生徒は本文を深く読むことになる。具体的な記述は Part 2 以降に述べられていることを告げて，次のパートに対する読む意欲を刺激する。

［ねらい］
・第2段落の内容に対する深い読みを促す。
・次のパートへの興味を喚起する。

［工夫］
・教師が問いを考える手間を省くために，質問を作るにあたっては，本文を理解するための指針として文頭に与えられている「マータイさんが『もったいない』という言葉にひかれたのはなぜでしょうか。」という問いを利用する。「本文を理解するための指針」としての問いなので，教師は安心して発問できる。
・質問は事前に予習シートで示しておき，生徒に考える時間を与える。

2時間目

［具体的活動3］：文法・語法上の要点の説明や和訳活動を行う。(30分)
①第1段落に関しては，予習シートの文中で網掛けをした語句についてのみ説明をする。文法・語法に関する説明は簡潔に日本語で行う。
②第2段落については，下線を施した2文の和訳活動を行う。教師は，事前に提出された予習シートに目を通し，生徒にとって意味を取りづらいと思

われる文や，学習すべき文法・語法を含む文に対する生徒の理解度を事前にチェックしておき，必要ならば重点的に説明する。

[ねらい]
・大学受験に求められる文法・語法に関する説明や和訳を簡潔明瞭に行うことで，正確に英文を理解する能力を育成する。

[工夫]
・文法・語法に関する説明項目はできる限り絞込み，和訳をする文はレッスンの文法的学習項目を含む文を中心に2文程度に抑える。

[具体的活動4]：意見・考えを共有する活動。(20分)
・事前に与えてあった「3Rsのうち，あなたがしている（できると思う）活動を一つ選び，その内容を具体的に英語で書いてみよう」という問い（資料4）に対して生徒の作品からいくつかを選んで印刷したワークシート（資料5）を配布した後，それぞれの意見・考えについて教師が何人かの

```
                Tell Us Your Idea!
       Class_____ No_____ Name_____
                 Lesson 1   Mottainai
Part 1
Q3: 3 Rs のうち、あなたがしている(できると思う)活動を1つ選び、その内容を具体的
    に英語で書いてみよう。
         ┌─────────────────────────────────┐
         │ ヒント：recycling newspaper and magazines │
         │        reusing milk bottles and beer bottles │
         │        reducing wrappings        │
         └─────────────────────────────────┘
```

資料4

```
             Let's Share Your Friends' Ideas
                 Lesson 1   Mottainai
Part 1
Q3: 3 Rs のうち、あなたがしている(できると思う)活動を1つ選び、その内容を具体的
    に英語で書いてみよう。

Aさん
● I put caps of PET bottles into boxes at school. They recycle them to get money for
  the polio vaccine.

Bさん
● I ask my mother not to throw away boxes made of paper-board. Some of them are
  very beautiful and useful. I reuse them for containers to put my stationeries,
  handkerchiefs, and so on.

Cさん
● When my mother goes shopping at the supermarket, she takes her own bag to
  put her shopping in. It can reduce the number of plastic bags we use. I will take
  my own bag when I go shopping by myself.
```

資料5

183

生徒に発問し答えを求める活動を行う。
[質問例]
・Aさんの意見：I put caps of PET bottles into boxes at school. They recycle them to get money for the polio vaccine. に対して
▶ Do you know how many caps of PET bottles you need to buy the polio vaccine for one person? と尋ねる。
・Bさんの意見：I ask my mother not to throw away boxes made of paperboard. Some of them are very beautiful and useful. I reuse them as containers to put my stationaries, handkerchiefs, and so on. に対して
▶ Those who reuse boxes like B-san, please raise your hand.
Only three of you reuse boxes like B-san. We should be more eco-conscious. と教師が述べた後で再利用すると答えた3人の生徒に対してWhat do you reuse boxes for? と尋ねる。
・Cさんの意見：When my mother goes shopping at the supermarket, she takes her own bag to put her shopping in. It can reduce the number of plastic bags we use. I will take my own bag when I go shopping by myself. に対して
▶ Many of you buy food and drink at a convenience store on the way to school. Can you tell the clerk that you don't need a plastic bag? と尋ね、その答えの理由を発表させる。

[ねらい]
・the Green Belt Movementのスローガンでもある3Rsに対する理解を深める。
・生徒が英語で発話する機会を増やす。

[工夫]
・3Rsについて具体的に英語で書く活動を容易にするために，Part 1のQuizから取ったヒントを与えた。(資料4)

[生徒の反応から考えられる効果]
・予習シートに意見・考えを問う質問を示したことで，生徒に答えを考える

時間を与えることができたので，英語が苦手な生徒でも比較的安心して授業に臨み，英語を発話する活動をスムーズに行うことができた。
・自らの意見・考えについてさらに深く考える活動は生徒に戸惑いを生じさせたが，結果として生徒が本文を深く読む姿勢を引き出すことができた。
・大学受験に求められる文法・語法に関する説明や文法的学習項目を含む文を和訳する活動と生徒の意見・考えを問う活動の両者を1時間の授業の中に取り入れることは，授業に対する生徒の集中力と読む意欲を高めた。

5．まとめ

　教科書の各パートの最初に示されている本文を理解するための指針，教科書欄外の問い，課末に準備されている活動をワークシートに取り入れ，うまく利用すれば，案外手間をかけずに生徒の意見・考えを導き出す活動ができる。1時間の授業に生徒の意見・考えを問う活動を一つ取り入れるだけでも授業は活性化し，さらに生徒の読む意欲を高めると共に深い読みを促すことにもつながる。生徒の意見・考えを問う活動と文法・語法の説明や和訳をする活動をバランスよく配置した授業実践を日々行うことが，大学への進学を目指す生徒を対象にして英語の授業を行う教師が日々直面している課題を解決する一つの方策ではないかと考える。

（笹嶋　健雄）

4. より豊かな自己表現を引き出す工夫
―生徒の意見・考えに注目して―

1. はじめに

　生徒に英語で自己表現させてもうまく表現できない，表現に深まりが見られないという声をよく耳にする。また，英語で表現させるのは生徒には難しすぎるのではないかという声も聞く。確かに生徒が英文を読んで，すらすらと英語で意見を述べたり，書いたりすることはなかなかできることではない。しかし，それは生徒が考えることや自分の考えを表現することに慣れていない，どう書けばよいのか分からないといった点が問題なのであり，生徒にその能力がないということでは決してない。教師が段階を踏んで指導すれば少しずつ表現することができるようになる。教科書を使用した授業においては，発問を通して生徒にさまざまな視点を与え，考えを深める機会を設ければ，生徒は意見・考えを表現できるようになると筆者は考えている。
　そこで本稿では，発問を通して教科書本文の理解を促す授業の中で，生徒がどのように意見・考えを表現できるようになっていったのか，筆者の実践例をもとに報告する。
　本授業では，田中・島田・紺渡（2011）の定義による次の3種類の発問を使用した。それぞれの発問とその役割は以下の通りである。最初に与える発問は事実発問（fact-finding questions）であり，テキストに書かれている情報を正確に理解することを目的としている。次に推論発問（inferential questions）を与える。これはテキストには直接書かれていないことを推測させ，英文を深く理解させる発問である。最後に評価発問（evaluative questions）を与える。これは，読み手の意見や考えを尋ね，読んだ英文をより客観的に判断させたり評価させたりする発問である。例えば，"Do you agree with the author?" や "Do you think English is a world language?" といった問いが含まれる。生徒の意見や考えを引き出すのは推論発問と評価発問となる。

２．本授業の概要と留意事項
(1) 単元の概要について
　今回取り上げる教科書の単元の流れは，以下の通りである。
① Pre-reading 活動：本文に関連する話題を提示し，スキーマを活性化させる。
② Part 1～4 の内容理解：事実発問や推論発問を通して本文を理解し，さらに評価発問を通してより深く理解させる。
③ Post-reading 活動：最初に通し読みで投げかけた発問を再度問い，生徒に自分の考えを表現させる。

(2) 教科書１パートの基本的な流れ
　今回取り上げる教科書のレッスンは，四つのパートから構成されるが，一つのパートを扱う授業の流れは以下の通りである。①重要語彙を確認する。②本文の音声をＣＤで聞く。③本文を読み，事実発問に答える・確認する（ペアで確認⇒クラスで確認）。④推論発問に答える・確認する（ペアで確認⇒クラスで確認）。⑤構文を確認し，分かりにくい英文は日本語に直す。⑥評価発問に答える（ペアで確認⇒クラスで共有）。⑦音読を行う。

(3) 授業実施の際に留意した事項
　今回の授業では，以下のことに注意しながら授業を行った。
①事実発問はそのパートで生徒に最終的に理解させたいメッセージに導くような発問を与える。言い換えれば，メインメッセージと直接関係のない部分は問わない。
②生徒が教科書本文の内容を正確に理解し，意見や考えを形成するための足場づくりとして発問を位置付ける。各パートの事実発問は推論発問につながるように，また事実発問や推論発問は評価発問につながるように作成する。さらに，各パートのそれぞれの推論発問や評価発問が生徒の考えの深まりを助け，最終的に Post-reading 活動につながることを意図している。
③ペアでまたクラス全体で各発問を確認する時には英語で行う。またワーク

シートに書き込む際も英語で書き込む。
④推論，評価発問について答える際は，まず考えをメモ程度に書き留め，そのうえで口頭で意見交換をさせる。そして，活動の後に意見を書かせる時間をとる。

3. 具体的な実践
(1) 使用教材
　授業で用いた教科書は，高校の検定教科書 *Provision* II（桐原書店）で，Lesson 7 の World Englishes を扱っている（本文は資料①に掲載）。この英文は，世界の共通語としての英語の役割と重要性について述べた説明文である。

(2) 使用した発問
　以下は Part 1 で使用した発問である。このような発問を Part 1 から Part 4 まで行い，少しずつトピックに対する理解や考えを深めていった。以下に Part 1 で使用した発問と評価発問に対して生徒が書いた英文と，Part 4 が終わった段階で実施した Post-reading 活動における生徒の英文を掲載した。生徒の表現内容や量がどのように変わったか注目していただきたい。

〈事実発問〉
1) According to John Adams, what would happen to English in the next and succeeding century?
2) How long did it take until what John Adams had said was proved right?
3) According to some experts, how many people speak English in one way or another in the world now?
4) How many people are native speakers of English?
5) How many people who use English as a second or foreign language are there in the world?

6) How many languages supposedly exist on earth?
7) Which language can be labeled "a global language"?

〈推論発問〉

8) The number "one billion" for English speakers is not surprising since…
   ① English is used in the United States, Britain, and Canada.
   ② people in some countries speak English as a second language.
   ③ Chinese and Spanish are spoken by more people.
9) Why is English the only language that can be labeled "a global language"?
10) How many people speak Chinese? Why can't it be called a global language?

以上のような発問を通して，本文を理解させた上で最後に次のような評価発問を投げかけた。以下は発問と生徒の回答である。

〈評価発問〉

Which information in Part 1 makes you surprised?

<Students' answers>　生徒が書いた原文通り

生徒A：I was surprised to know that Chinese or Spanish is more used than English. But I think it is because China has a large population. So I can't be called a global language. I think English is used in many countries and English is similar to much languages that are used all over the world.

生徒B：I was surprised that 1.5 billion people use English. I knew that there are many English speakers in the world. However, the number is much more than I expected.

生徒 C：I was surprised to know that 1.5 billion people use English. English don't use only one country. So it is used in many countries. I think English is the most famous language in the world. People who using English will be increase all the time.

　教科書本文の表現を利用したり，本レッスン以外で学習した構文や表現を使用したりして意見を書いている。「このパートで書かれている情報の中で驚いたことは何か」という問いに対しての回答であることから，本文中の表現を多く使うことを予想していたが，それほど多くの表現は使っていなかった。
　Part 2から Part 4 まで，引き続き Part 1 と同じように，事実発問，推論発問，そして評価発問を尋ね，生徒の読みを深めながら，意見や考えを引き出すことを心掛けた。
　以下に，Part 2 ～ 4 までで使用した評価発問のみを示す。

〈Part 2 での評価発問〉
　The author thinks dominance of English will last while we live. Do you agree with the author?
〈Part 3 での評価発問〉
　Behind the idea of World Englishes, there seems to be an idea that languages change in the course of time. Do you agree with it? Or do you think there should always be a standard English which will not change forever?
〈Part 4 での評価発問〉
　あなたは次のような意見に同意しますか。英語で答えなさい。「コミュニケーションができれば完璧な英語でなくてもよい。」

　Part 4 の終了後，次に示すような Post-reading 活動を行った。このレッスンの学習内容のまとめとして，生徒に最後に書かせた表現活動である。

〈Post-reading Activity〉
　シンガポールの首相 Lee Hsien Loong が自国で話されている英語の状況に関して行ったスピーチの一部を読んで，質問に答えなさい。

　It is important for all of us to speak good English, because English has become the lingua franca of international business. Moreover, in a multiracial society like Singapore, English is the common language that all races in Singapore share. So I believe we should all make the effort to speak good English – at home, at work, or in social meetings. Speaking good English does not mean using English in the same way as Americans and British people do. We can speak English in our own way, but we should speak in a proper way.

質問：上記の英文でもわかるように，シンガポールでは，Singlish と呼ばれるイギリス英語やアメリカ英語とは用法も語彙も違うものが含まれる英語が広く使われている。シンガポール政府はそのような Singlish ではなく，イギリスやアメリカ英語と同じではないにしても，適切な英語をシンガポールで使用すべきだと考えていますが，あなたはどう思いますか？

　この Post-reading 活動における生徒の英語での表現は，次に示す通りである。なお，生徒の原文をそのまま掲載している。

〈Students' answers〉生徒が書いた原文通り
生徒 A：I don't think Singapore's government is trying to get rid of Singlish and believes its people should use "correct" English. There are two main reasons why I think so. First, I think it is very difficult for them to change. It is because Singlish is use many years ago. So I think Singlish is more useful than English. Second, I think it is one of the local treasures. It is true that if Singapore's government get rid of Sin-

glish, they will be able to communicate with people all over the world. But it will not be perfect. Local treasure is completed in a lot of time. So I don't think Singapore government is trying to get rid of Singlish and believes its people should use "correct" English.

生徒B：I think people in Singapore should use correct English. I have two reasons.

　Firstly, English is a way of communicating with others. They may talk with people in their country by using Singlish, but they may not be able to communicate with foreign people. English is a global language, so they should use correct English to be able to use it in foreign countries.

　Secondly, if English is used more locally, it will become other language. I think they don't have to use English if English is changed completely. They have their own language. For these reasons, I think Singlish should be get rid of.

生徒C：I disagree with this opinion. Because changing the English norm of Singapore is very difficult. Also, Japan have a dialect. So it is difficult to understand other region language. But dialect is good thing in each region. And we can have attachment to our region. I like to our dialect, too. We can learn about other dialect. We think we are normal speakers. So we think it is strange when we hear other dialect. I think it is very interesting. We can't understand other dialects. But dialect is very important thing in each region. So I think we should protect each dialect.

　このように，生徒の表現を見てみると，全体的に生徒の考えが深まり，表現内容が豊かになっていることがわかる。書く時間はたった10分強しか持

てなかったことと，Post-reading 活動が学期末考査など期間を置いて実施されたこともあり，正確ではない英語表現が目立ち，教科書内容への言及はそれほど多くなかった。しかし，それでも，日本の方言を引き合いに出して言葉の多様性の大切さを主張し反対したり，実際の使用場面での困難さを理由に賛成したりするなど，それまでの読解活動を通して考えたことをもとに，多様で深い意見が見られた。生徒なりにしっかりと Post-reading 活動に取り組めたようである。Part 1 で書かせた英文と比較すると，今回の英文は内容的に深まりがあり，表現も多彩で英文の量も多い。意見・考えを問われることで，生徒たちは本レッスンの内容についてしっかりと考え，それが多様な表現につながったと思われる。

4．授業実施後の感想

このように本実践では，事実発問，推論発問，評価発問の順に発問を行い，内容理解を深める中で，最終的に意見や考えを尋ねる活動へと展開していった。担当している生徒たちの英語力はあまり高くないが，このように段階的に発問を与え，課題意識を持たせて何度も本文に向き合わせることで，生徒は自分の意見・考えを構成し，それを英語で表現できるようになったのではないかと考えられる。

今回の実践は，私自身にとっても有益なものであった。生徒たちの積極的で意欲的な反応に後押しされて，教科書が魅力的なものに感じるようになり，「今回の教材はどう料理しようか」と教材研究が楽しみになった。そして，今度は生徒がどんな反応を見せてくれるだろうかと授業を行うのを心待ちにするようになった。

（辻 智生）

《資料1》

Lesson 7 World Englishes   Part 1

　In 1780 John Adams said, "English is destined to be in the next and succeeding centuries more generally the language of the world than Latin was in the last age or French is in the present age." It took close to 200 years before he was proved right.

　No exact statistics exist concerning the number of people using English in the world. However, it is said that more than one billion people speak English. According to some experts, 1.5 billion people use English in one way or another, of which 400 million use it as their native language, while the remaining use it as a second or foreign language. The figure "one billion" itself is not particularly surprising, compared with the number of speakers of, say, Chinese or Spanish. Nevertheless, the fact that, out of 3,000 or 5,000 languages supposedly existing on earth, English is the only language that can be labeled "a global language" is worth mentioning. At present, the status of English in the map of world languages is quite unique.

5. 高校教科書における意見・考えを重視した発問・活動
―コミュニケーション英語Ⅰの分析調査―

1. はじめに

2009年に告示された新学習指導要領により，2013年度から高校では英語の科目が大幅に変わった。現行の「英語Ⅰ, Ⅱ」「OC Ⅰ, Ⅱ」「リーディング」「ライティング」は再編成され，「コミュニケーション英語基礎」「コミュニケーション英語Ⅰ, Ⅱ, Ⅲ」「英語表現Ⅰ, Ⅱ」「英語会話」となった。その中でも特に注目を集める科目が「コミュニケーション英語」である。「コミュニケーション英語」は現行の「英語Ⅰ, Ⅱ」「リーディング」を再編したものであり，聞く・話す・読む・書くの4技能を総合的かつ統合的に育成していくねらいがある。

そして，新しい科目として始まる「コミュニケーション英語」の授業を教師とともに支えるのがその教科書である。本調査では，「コミュニケーション英語Ⅰ」の教科書をいくつか選び，それらの教科書にはどのような発問や活動が含まれているのか調べ，調査結果からどのような傾向が読み取れるかを考察する。

2. 背景

「コミュニケーション英語」は「英語Ⅰ, Ⅱ」および「リーディング」を再編成した科目であることから，先行研究としてリーディング教科書に関する研究と英語Ⅰと英語Ⅱの教科書に関する研究を参照することにした。深澤（2008）は，平成12年版高等学校英語リーディング教科書6冊に含まれる英問英答の読解発問を，Nuttall（1982, 1996）の分類（後述）に従って調査した。その結果，「文字通りの理解を求める」タイプの発問がすべての教科書で過半数を占め，一部を除き，その割合が70％を超えていた。このタイプの発問は教科書本文から語句をそのまま抜き出せば解答となり，発問のしやすさと答えやすさが特徴である。一方，本文から情報を集めたり推測したりする

ことが求められる「再構成・再解釈を求める」「推論を求める」「個人的な反応を求める」タイプの発問は少ない。これはほぼすべての教科書に共通しており，本文から情報を抜き出す発問は多いが，本文の情報をもとに学習者が推論を行う，または学習者が意見や考えを述べる発問は少ないという傾向が見られた。

　その後，深澤 (2010) は，深澤 (2008) と同様の方法で，平成19年度ならびに20年度版の高校英語のリーディング教科書5冊の発問を分類した。その結果，以前の調査結果と比較して，全体の発問数が増加し，発問のタイプも多様化したことがわかった。前の調査では平均76.2%の割合であった「文字通りの理解を求める」発問は今回の調査では平均50.6%と減少した。また，「再構成・再解釈を求める」タイプの発問は前調査と比較し2倍になり，前調査では1.5〜3%とほとんど現れなかった「個人的な反応を求める」タイプの発問は，平均16.9%になった。これらの研究結果から，生徒の思考を促し，教科書本文の理解をより深める発問が徐々に重要視されてきていることが分かる。

　大下 (2009b) は，高校英語の「英語I」「リーディング」の教科書に含まれている発問やコミュニケーション活動の質について調査を行い，どの程度意見・考えを求める発問や活動があるのかを，中学と高校それぞれの教科書について調査を行った。本稿では高校の教科書についてのみ参照する。分析対象は「英語I」の教科書6冊と「リーディング」の教科書6冊で，双方で意見・考えを求める活動があることが確認された。しかし，その数は教科書や活動のタイプによってばらつきがあり，全体としては意見・考えを求める質問やコミュニケーション活動は十分確保されているとは言えないと結論づけている。

　以上三つの先行研究の結果を示した。しかしながらこれらの先行研究で分析対象となった教科書は旧学習指導要領に基づくものである。平成25年度からは，高校では新学習指導要領に基づいた授業が行われ，新しい教科書が使われている。新学習指導要領では生徒が自分の意見・考えを述べることが重視されているが，こうした方針は新しい教科書にどのように反映されてい

るのか，7種類の新教科書「コミュニケーション英語Ⅰ」を対象に分析調査を行った。

3．調査対象

本調査では調査対象として，高校で使用される27冊の検定教科書「コミュニケーション英語Ⅰ」のうち以下の7冊を選んだ。

PROMINENCE Communication English I （東京書籍）
UNICORN English Communication I （文英堂）
CROWN English Communication I （三省堂）
Genius English Communication I （大修館）
ELEMENT English Communication I （啓林館）
MAINSTREAM English Communication I （増進堂）
POLESTAR English Communication I （数研出版）

各教科書はそれぞれ10のユニットと章末問題，及び読み物等の補充教材で構成されている。各ユニットにはパートごとに読解発問が含まれ，章末問題には本文の理解を確かめる読後発問や文法問題，また，ペアワークなどのコミュニケーション活動が含まれている。

以上のことから，調査対象として読解発問，読後発問，コミュニケーション活動の3種類を選び，それぞれその質ごとに分類を行った。なお，調査の対象とした発問および活動は英語によるもの，日本語によるもののいずれも含まれている。

4．調査対象の分類方法

(1) 読解発問，読後発問

今回の調査では，表1に示すNuttall (1982, 1996) による分類を用いて，読解発問・読後発問のタイプの分類を行った。Nuttallの分類にはこのほか「読解方略を意識させる」というものもあるが，今回は分類方法の中に含め

表1：Nuttall（1982, 1996）による発問タイプの分類

Type 1: Questions of literal comprehension	（文字通りの理解を求める発問） 発問の答えが文中に存在する発問。単語や表現をそのまま抜き出して解答とすることができる。例）When did Leila have an accident?
Type 2: Questions involving reorganization or reinterpretation	（再構成・再解釈を求める発問） 発問の答えを導くために，文中の単語や表現を情報として使わなければならない。例）How old was Yusof?（本文中の his third birthday, the week before がヒントとなる）
Type 3: Questions of inference	（推論を求める発問） 文中の表現や文全体の雰囲気などから類推を行い，答えを考えなくてはならない発問 例）Why was Rahman proud of his son?
Type 4: Questions of evaluation	（評価を求める発問） 読んだ文について，読み手がその評価を行う発問 例）Was the author's argument strong enough? Why or why not?
Type 5: Questions of personal response	（個人的な反応を求める発問） 読んだ文で取り上げられているテーマや，登場人物の行動などについて読み手の意見を求める発問 例）What is your opinion of X's behavior?

ていない。なお今回の調査対象となっている「意見・考えを重視した発問」は，Nuttall の分類では Type 3, Type 4, Type 5 に当たる。

(2) コミュニケーション活動

コミュニケーション活動については，表2に示す大下（2001）による四つのタイプに基づき分類を行った。四つ目のタイプである人間的活動は三つ目の解釈的活動とほぼ同様のものであるが，生徒の情意を刺激し，より強い自己投入を促すという点で区別される。この分類に従えば意見・考えを求めるコミュニケーション活動は解釈的活動，人間的活動に当たる。

表2：大下（2001）によるコミュニケーション活動のタイプ別分類

操作的活動 (manipulative activity)	模倣反復やパタン・プラクティスのような機械的操作の活動。メッセージに対してはほとんど注意が向けられない。 （例）Look at the list below, and make a sentence as in the example. (List: family, good friends, good health, money) Ex. Family is the most important thing to me.
情報処理的活動 (procedural activity)	正確に情報を引き出したり，表出したりする情報授受の活動。 （例）Listen and answer the questions. 'This is Mr. Smith. He got married five years ago and is a father of two sons. He loves his family very much. He thinks his family is the most important thing of all.' Q1: How many years ago did Mr. Smith get married? Q2: How many sons does he have? Q3: What is the most important thing to Mr. Smith?
解釈的活動 (interpretive activity)	得た情報に対して自分なりに解釈を加えたり，その解釈（意見や考え）を交換したりする活動。 （例）From the list below, choose which is the most important thing to you and explain the reason why. (List: family, good friends, good health, money)
人間的活動 (humanistic activity)	学習者が情意面で，強いインパクトを感じる活動 （例）From the list below, choose which is the most important thing to you and explain the reason why. To me, money is the most important thing, because I can buy anything if I have a lot of money. I can even buy friends with money. You must agree with me. (List: family, good friends, good health, money)

5．調査結果

(1) 読解発問

　調査対象である教科書7冊の読解発問のタイプ毎の割合は表3のようになった。図1は，タイプ別の割合をグラフにしたものである。

　本文中の語句を抜き出せば答えることができるType 1, Type 2の発問の割合は，各教科書ともほぼ同じで，この二つのタイプで全体の8割を占める。また，Type 3やType 5の発問は教科書間で数にばらつきがあるが数が多いとは言えない。特にType 4の発問はどの教科書でも見つけることはできな

表3：読解発問のタイプ別の数と割合

教科書	Type 1	Type 2	Type 3	Type 4	Type 5	計
A	75 (43%)	53 (30%)	21 (12%)	0 (0%)	26 (15%)	175
B	57 (53%)	42 (39%)	6 (6%)	0 (0%)	2 (2%)	107
C	62 (44%)	42 (30%)	17 (12%)	0 (0%)	20 (14%)	141
D	48 (42%)	62 (55%)	3 (3%)	0 (0%)	0 (0%)	113
E	35 (26%)	73 (54%)	22 (16%)	0 (0%)	5 (4%)	135
F	32 (29%)	55 (49%)	17 (15%)	0 (0%)	8 (7%)	112
G	60 (54%)	38 (34%)	8 (7%)	0 (0%)	6 (5%)	112
計	369 (41%)	365 (41%)	94 (11%)	0 (0%)	67 (7%)	895

表4：読後発問のタイプ別の数と割合

教科書	Type 1	Type 2	Type 3	Type 4	Type 5	計
A	22 (24%)	63 (68%)	6 (7%)	0 (0%)	1 (1%)	92
B	0 (0%)	283 (87%)	44 (13%)	0 (0%)	0 (0%)	327
C	0 (0%)	113 (100%)	0 (0%)	0 (0%)	0 (0%)	113
D	0 (0%)	119 (87%)	18 (13%)	0 (0%)	0 (0%)	137
E	0 (0%)	204 (95%)	10 (5%)	0 (0%)	0 (0%)	241
F	0 (0%)	278 (100%)	0 (0%)	0 (0%)	0 (0%)	278
G	0 (0%)	276 (94%)	13 (4%)	0 (0%)	6 (2%)	295
計	22 (41%)	1336 (92%)	91 (6%)	0 (0%)	7 (0%)	1456

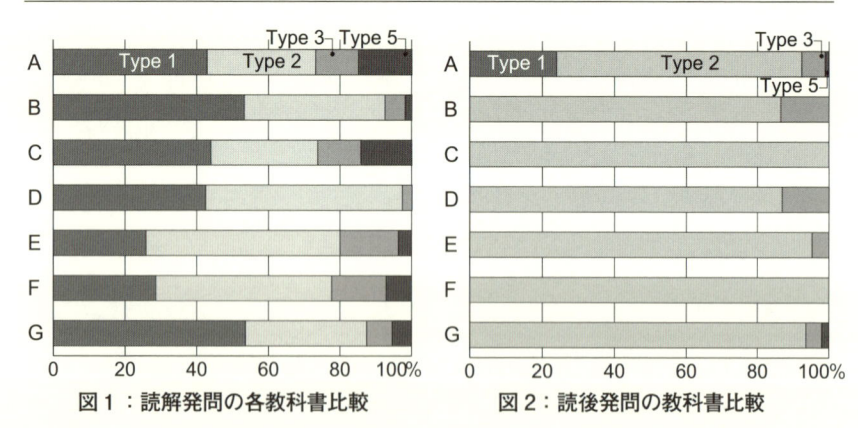

図1：読解発問の各教科書比較

図2：読後発問の教科書比較

かった。

　読解発問は，基本的に一つのユニットについて10問程度あることから，各教科書で100問程度が準備されていることがわかった。その数を大幅に上回る教科書では，推論を促す発問や，生徒の意見や考えを求める発問が多い。

また，Type 3 や Type 5 の少ない教科書は Type 1 や Type 2 の数が多い傾向があった．

(2) 読後発問

読後発問のタイプは表4のような結果となった．

読後発問においては，Type 2 の発問が全体の9割を占める結果となった．これは読後発問が主に T or F Questions や本文の要約から成ることが理由であると考えられる．これは同時に，本文から答えを抜き出す Type 1 の発問があまり現れない理由にもなっている．Type 3 の発問は，二つの教科書で13%見られるものの，それ程多くはない．なお，読解発問と同様，Type 4 の発問は見られなかった．

(3) コミュニケーション活動

コミュニケーション活動のタイプは表5のような結果となった．

コミュニケーション活動においては，情報処理的活動が50%，解釈的活動が42%と，大きな割合を占めていることがわかる．しかし，教科書別に見ると情報処理的活動の方が多いもの（A, B, E），解釈的活動の方が多いもの（D, F, G），また，双方同じくらいの割合を占めるもの（C）とに分かれる．教科書によって活動の数にばらつきがあるが，活動の総数が少ない教科書ではコミュニケーション活動が章末のみに見られ，一方の総数の多い教科書では章末だけでなく，パートごとに本文の読解発問と並行してコミュニケーシ

表5：コミュニケーション活動のタイプ別にみる数と割合

教科書	操作的活動	情報処理的活動	解釈的活動	人間的活動	計
A	0 (0%)	27 (66%)	12 (29%)	2 (5%)	41
B	0 (0%)	108 (79%)	26 (19%)	3 (2%)	137
C	0 (0%)	32 (52%)	30 (48%)	0 (0%)	62
D	0 (0%)	11 (24%)	28 (61%)	7 (15%)	46
E	0 (0%)	38 (68%)	15 (27%)	3 (5%)	56
F	0 (0%)	1 (4%)	18 (82%)	3 (14%)	22
G	10 (11%)	9 (10%)	63 (72%)	6 (7%)	88
計	10 (2%)	226 (50%)	192 (43%)	24 (5%)	452

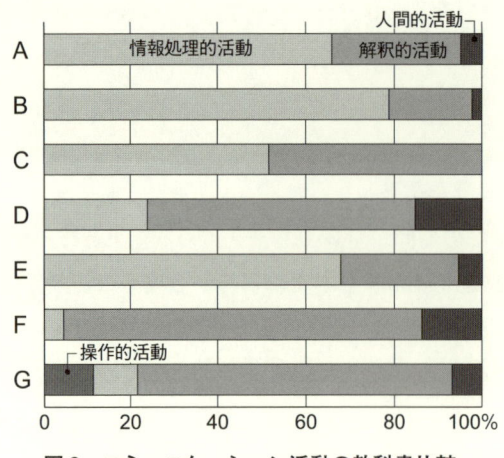

図3：コミュニケーション活動の教科書比較

ョン活動が設定されている傾向が見られた。

また全ての教科書において，ほぼ全てのレッスンにおいて解釈的活動が含まれている。このことから，自分の意見や考えを表現する活動がある程度確保されていることがわかる。しかしながら学習者の強い自己投入を求める人間的活動は，全くない教科書もあり，全体として5％にとどまった。

6．まとめ

　今回の調査では，高校の「コミュニケーション英語Ⅰ」の教科書に学習者の意見・考えを引き出す質問やコミュニケーション活動がどの程度あるかを調査した。読解発問や読後発問における Type 3 や Type 5，コミュニケーション活動における解釈的活動や人間的活動の数は，全体で見るとそれほど大きな割合を占めていないことがわかった。先に参照した先行研究での「リーディング」や「英語Ⅰ」の教科書分析の結果と比べても，あまり大きな変化はないように感じる。しかし，コミュニケーション活動については学習者の推論や意見・考えを求めるものがある程度見られるようになってきている。授業のたびに学習者の心に何かを残すような発問や活動が今後ますます多くなることを期待したい。

（畑　真理子）

6. 短編読み物を用いて意見・考えを発展させる授業の指導プロセス—「考える」前に「感じて」いるか？—

1. はじめに

　コミュニケーション英語Ⅰの教科書巻末には，旧課程の英語Ⅰ教科書と同様に，読み物教材が通例 Supplementary Reading として掲載されている。それらは，新規の文法事項の指導からは離れて，これまでに培った英語力で「物語そのものを味わい，その経験の中に何かを見つける機会」とすべきである。しかしながら多くの場合，学年末試験が終了した時期でもあり，このような短編物語は成績評価には入らず，単なる速読教材として位置づけられている。つまり未習の文法項目を含まないがゆえに，話の筋だけ英語で確認できればよしと言う程度におざなりに扱われるか，あるいはまったく触れられずに終わるかのいずれかの場合が多いのである。

　しかし，筆者はこれらを必ず使用している。授業後にわざわざ教卓のところまで来て「先生，今回の話はよかった」とか，年度末の授業アンケートにも「ジーンときた」などの感想が寄せられることからも，優れた読み物は生徒の心に感動を与え，翌年以降の英語学習の動機づけとしての効果を信じるからである。そこで本稿では，これらの読み物教材をもとに意見・考えを重視する授業を行うことでさらに感動を高め，学年の終わりを締めくくる重要な経験を得る機会としての活用を考えたい。

2. 実践に用いた読み物教材と扱いの工夫

　本稿では，*PRO-VISION ENGLISH COURSE I*（桐原書店）の巻末の読み物である The Portrait（pp.130-135）を用いた指導の流れを説明する。

(1) トピックの特徴と教材の扱われ方

　この物語は，息子の戦死にまつわるものであり，身近な人の死を受容し，自らの生き方と向き合うテーマが取り上げられている。しかし，「速読」を

主たる目的としているため，教科書には，パートごとの区切りにわずか1，2問の英語による問いしか設けられておらず，物語の主題や多様な価値観を考えるには不十分なように思われる。

例えば本教材では，物語文の概略理解をチェックするために，いわゆるdisplay questionによる以下の七つの問いが，ほぼパートごとに一つずつ与えられている。

1. What did the father and son get for their collection?
2. What happened to the son in the war?
3. What did the father find in the package?
4. How did the father spend Christmas?
5. What did the portrait of his son become to the father?
6. Why were the father's art works auctioned on Christmas Day?
7. Who got all of the father's collection?

上の1～7での問いに対する答えを日本語でまとめながら（一部内容を付加して）要約すると，

1. 父と息子が名画のコレクターをしていたが，
2. 息子が戦争に行って死んでしまった。
3. （クリスマスの朝に息子の戦友からもらった）包みの中に息子を描いた肖像画を見つけた父親は，
4. その肖像画を見ながらひとりクリスマスを過ごした。
5. そしてその肖像画は次第に絵画コレクターの父親にとって宝物になった。
6. （翌春の）父親の死後，収集した絵画はクリスマスの日にオークションにかけられ，
7. 値段のつかないような絵画の全てが（息子の肖像画を買ってくれた）父親の友人の一人のもとにとどまることになった。

という結末までを簡潔に示すことができる。

確かにこれらの問いに答えることができれば，ストーリーを理解し，内容の最小限度のエッセンスを把握している証しにはなる。しかしこのように物

語の筋をただ追うだけではせっかくの物語教材を読む意義が薄れてしまうのではないだろうか。換言すれば，読み手の価値観をゆさぶるような主人公の判断や行動の選択が書かれているにもかかわらず，読み手に自分のこれまでの人生観と対峙させたり，人間として大事にすべきものは何かを真剣に考えさせる機会を与え切れていない。つまり，登場人物たちのこころの交流や変化を通じて自らの生き方をも省察するという，最も人間的な活動に結び付ける機会への配慮が不足していると考えられるのである。

(2) より深く考えるための教材の扱いの工夫

そこで，時間的制限があり，最長でも3時間でストーリーの読みを終わらせねばならない条件であっても，スモールステップの発問を工夫すれば，最終的には作品そのものを深く味わう文学的経験につなげることができる活動がデザインできるのではと考えた。そして同時に，その経験をもとに各自が深く自身の価値観を内省し，級友の価値観も共有しながら，その後により深いコミュニケーション活動として意見交換を行えるように，授業展開にも配慮した。

活動の流れは以下のとおりである。英文そのものに注意を向けさせて，作品を英語で理解していく姿勢を阻害しないために，発問は読み手の第1印象的な「イメージ」を書き留める程度とした。

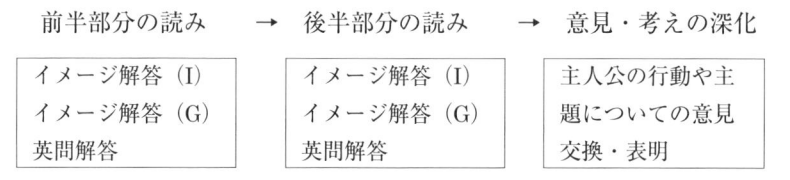

前半部分の読み	→	後半部分の読み	→	意見・考えの深化
イメージ解答（I） イメージ解答（G） 英問解答		イメージ解答（I） イメージ解答（G） 英問解答		主人公の行動や主題についての意見交換・表明

注) I は Individual 活動，G は Group 活動の略

物語に対する生徒一人ひとりの受け止め方には違いが出てくることは自然である。また，そうであるがゆえに，自己の感じ方や考え方を表明したり，時にはペアまたはグループで意見交換を行う活動を行わせたりすれば，有意義なコミュニケーション活動が実現する。生徒個人の読みの深さの違いや価値観の違いを尊重し，互いの解釈を押し付けることや共通の解釈に収束させ

ることは求めず，作品に書かれた内容から伝わってくる作者のメッセージを素直に受け止めることによって，積極的に主人公の生きかたを見つめ直し，今度は読みの主体である若き学習者自身の生き方へのヒントをつかむことは，高校1年レベルの締めくくりとして意義ある目標であると考える。

(3) 教材へのアプローチの工夫について

①六つのパートに区切られている物語を大きく二分割し，前半の四つ，後半を残りの二つのパートとすることで，2時間あるいは3時間弱で完結する構成とする。逐語訳で日本語に「きちんと」直してからようやく内容を考えるのでは意味がないので，新出語彙などのグロッサリーも活用しながら，文脈を追うヒントも与え，速読的要素も取り入れながらも，深く読み，考える素地づくりを行う。

②通常のPre-Reading活動にあたるテーマに関わるイントロダクションはあえて行わない。つまり，イントロダクションを行うとある意味予断を与えるので，読みの新鮮さが失われる恐れがある。新鮮さを感じさせるためには「感じる前に考える」ことは避ける。

③While-Reading活動として，「感じる」ことを促すために，ストーリーを読み進める中で，「イメージ」を呼び起こすような問いかけを多用する。問いは全て英語で行いたいが，英語力の低い学習者もいるため，母語で与える。与えられた問いにさっと目を通し，心の中の独り言（モノローグ）に近い形で答えながら，読み取った内容をイメージ化させる。

④各パートを読み終えた後には，英語による発問に答えさせる。一見負荷が高そうに思えるが，③の活動がヒントやリハーサルになるので，その分だけ答えやすくなる。ストーリーの解説を教師側から英語で行うのではなく，質問形式で英語の本文に向かわせることで，生徒の主体的な読みを促す。そしてその後に確認の意味で教師の質問をはさむ。

⑤Do you think…?の形式でのYes-No Questionは答えやすく，ストーリーの読みの展開を妨げないので必要に応じて用いる。逆に，生徒にチャレンジさせたいところにはWH-questionを取り入れるなど，メリハリと難

易度の調整を行いながら進めていく。
⑥イメージ化を促すことで，登場人物への感情移入を行わせ，特に押さえておきたい仮定法や推量の法助動詞などの文法項目を生きた表現として効果的に使用させる。
⑦後半へとストーリーを読み進める中では，前半の人間関係や主人公を取り巻く状況を重層的に理解させる問いを入れる。前半の流れの中のどの部分が関連しているのかを振り返りながら味わう経験を持たせる。
⑧ソロでのリーディング活動の後に少人数のグループワークを取り入れる。それによって，生徒の英語学力の多様性もある程度緩和され，かつ，意見や考えの差がある場合には，注意深く読むようになる。自己の解答やグループメンバーの解答をメモする際には，I（= Individual Work）とG（= Group Work）の記号で簡潔に区別させることによって，個人の意見・考えの表明と，またグループ内の意見交換やメッセージ授受の様子を書留めさせる。
⑨物語全体を読んだ後で，クラス内で意見交換や考えの共有を体験させる。言語の表層的な意味を超えた，真に人間的な感情の深みとは何かを感じさせ，自らの価値観を言葉にして発表し合うことによって他者の感じ方，優先順位の違いなども確認できる。

3．各パートの具体的な問い

テキストには適宜下線や太字，イタリック強調などを入れて，高校英語の1年間の既習事項へ意識付けしながら内容理解を行い，自己の英語力の進歩も確認しながら「読み」を進めていけるようにする。ただし既習事項の説明をくどくどすることは本末転倒になるので避ける。以下に，パートごとの物語の本文とイメージ，英問英答の具体例を示す。

(1) Part 1 の実践例
①本文
　Once there was a father and son. They were very close and enjoyed

adding valuable art pieces to their collection. Priceless works by Picasso, van Gogh, Monet and many others decorated the walls of their house.

The father looked on with satisfaction as his only child became an experienced art collector. The son's trained eye and sharp business mind made his father smile with pride when they talked with art collectors around the world.

②イメージ
イメージ1　a father and son から始まるが，奥さん（母親）は？
イメージ2　priceless な美術作品とはいくら位の価格だろうか？
　　　　　それがズラリ並ぶということから二人の住む家は？
イメージ3　息子に対する父親の評価は？
イメージ4　コレクター仲間とはどういうタイプの人間か？

③英語による発問例
1) What do you think happened to the man's wife?
2) How much do you think these paintings are?
3) What do you think about art collectors? Do you think they are rich and nice people?
4) Do you think the father was happy to have a good son?
5) Do you think the father and son make a lot of money? Were they nice people?

④ Part 1 指導上の留意点
　冒頭のイメージ1は突飛な質問に感じられるかもしれないが，二人で一つという不可分の父子関係をにおわせる意図を感じさせた。なお，教材の原文の中には「妻に死なれた」ということがサラリと書かれている。
　イメージ2では実際にいくらくらいと感じるかを，教科書イラストの中の絵画でゴッホのひまわりを想起させる絵をもとに，guessing を行わせる。

"Well, priceless means very expensive. So how much do you think these paintings are? Let's take this sunflower painting." などの問いかけで生徒に推測させることになるが，同時にここはオークションの雰囲気をやんわりと経験させることが後半の内容理解を助けることになる。つまり教師がauctioneer 的に発問し，生徒に "bidding" を行わせ，数百万，数千万，数億と金額を言わせて，オークションとはどういうものかを，この段階ですりこんでおくことが物語の結末のよりよい鑑賞に結び付くのである。かつて日本の会社が53億円で購入したことなど，口頭で数字を述べるにとどまらず，ゼロが8個並ぶ桁違いの高価さを視覚的にも印象付けることが効果的である。

イメージ3はテキストの中の "looked on with satisfaction" という記述からも窺い知れる内容であるが，父の期待の大きさもストーリーを読み進める上で重要な点である。

イメージ4では美術コレクターというとどのようなタイプの人間かを想像させる。今回の教材のイラストでは知識や教養がある富裕層のイメージが穏やかなタッチで描かれているが，後半部分に出てくるコレクターたちは，さながらハゲタカかハイエナのような貪欲で冷徹といった，それとは異なる印象を与えるイラストが好対照で描かれている。

(2) Part 2 の実践例
①本文

Winter approached. The nation was at war, and the son left to defend his country. After only a few short weeks, his father received a telegram. His beloved son was missing during the war.

The father waited for more news, fearing he would never see his son again. Within days, his fears were confirmed. His son had died while taking a fellow soldier to a doctor.

Shocked and lonely, the father faced the upcoming Christmas holidays with pain and sadness. The joy of the season, a season that he and his son had so looked forward to, would visit his house no longer.

②イメージ
イメージ１　祖国を"defend"しに出ていく息子はどのような気持ちの持ち主か？
イメージ２　すぐに電報が届くということは？
イメージ３　息子の戦場での死に方は？
イメージ４　Christmasの持つ雰囲気は，日本よりも？
イメージ５　周りが楽しいと父親の心は？

③英語による発問例
1) What do you think about defending your country? Do you think the son wanted to go to war?
2) Do you think it was good news when the father received a telegram after only a few weeks?
3) What happened to the son?
4) If you were the father, how would you be spending the Christmas holidays?

④ Part 2 指導上の留意点
　ここからは物語の展開は早く進む。生徒それぞれの，読み手としての常識を活用しながら，ストーリーに彩りを自ら与えることも意識させる。
　戦争という運命に飲み込まれていく親子の様子から，特に残された父親の気持ちを推し量り，仮定法による表現も疑似的ではあるが，実感を持って使用する経験を持たせることができる。

(3) Part 3 の実践例
①本文
　On Christmas morning, a knock on the door woke up the depressed father. As he walked to the door, the masterpieces of art on the walls only reminded him that his son was not coming home.

As he opened the door, he saw a soldier with a large package in his hands. He introduced himself to the father by saying, "I was a friend of your son. I was the one he was rescuing when he died. May I come in for a few moments? I have something to show you." When they began to talk, the soldier talked about how the father's son had told everyone about his, not to mention his father's, love of art. "I'm an artist," said the soldier, "and I want to give you this."

As the father unwrapped the package, a portrait of his son appeared. Though most people would never think it the work of a genius, the painting showed his son's face in great detail. The father was so moved that he thanked the soldier and promised to hang the picture above the fireplace.

A few hours later, after the soldier had left, the father started his task. As he promised, he hung the painting above the fireplace, pushing aside well-known great works of art. And then, the man sat in his chair and spent Christmas gazing at the gift he had been given.

②イメージ

イメージ１　クリスマスの朝って，子供の時には何を期待したか？

イメージ２　壁いっぱいに掛けられた名画の数々は，普通は見ているとうれしいはずが，なぜ悲しい？

イメージ３　兵士が戦場での救出の相手だったと話すのを聞いた瞬間の父の気持ちは？…息子の戦友である兵士の May I come in? という問いに対する父親の答えは？

イメージ４　戦場での息子の芸術愛好の気持ちを聞いた父親の気持ちは？

イメージ５　「私は芸術家のひとりです。」と自分で名乗った兵士の肖像画の出来は？…

イメージ６　息子の顔の details をきちんと描いてあった絵を見た父親の気持ちは？…

イメージ7　息子の肖像画を飾る場所探しをしている時の父親の気持ちは？
…

イメージ8　一人で過ごしたクリスマスの父親の気持ちは？…嬉しい？悲しい？

③英語による発問例
1) When you were a child, did you get something on Christmas morning?
2) How did the father feel when he saw a lot of works by great painters on the walls?
3) Do you think the father was very surprised to hear about his son's story?
4) How was the son's portrait that the soldier brought to the father? Was it good?
5) How did the father feel when he looked at the details of his son's face in the portrait?
6) Do you think the father was happy to receive the portrait?
7) How did the father feel while he was looking at the portrait he was given?

④ Part 3 指導上の留意点
　クリスマスの朝という「特別な日」であるからこそ一層感じる寂しさ，冷やかさから一転して，予想外のギフトを受け取る父親の気持ちの変化を考えさせる。

(4) Part 4 の実践例
① 本文
　During the following days and weeks, he realized that even though his son was no longer with him, his son's life would live on because of all the people he had met. He would soon learn that his son had rescued dozens

of wounded soldiers before he was shot.

As the stories of his son's courage continued to reach him, he became proud of his son and he did not feel so sad any more. The painting of his son soon became his most precious treasure. He loved this painting much more than any other painting in the world. He told his neighbors it was the greatest gift he had ever received.

②イメージ
イメージ１　息子の「生き方」を知ってからの父親の気持ちは？
イメージ２　息子の勇気ある話はその後どうなったか？
イメージ３　息子に対する父親の気持ちはどうなったか？
イメージ４　息子の肖像画に対する父親の評価は？

③英語による発問例
1) Did the father change after he learned that his son had helped his fellow soldiers?
2) What happened to the son's story?
3) How did the father feel about his son later on?
4) Did the father come to like the portrait more after he heard stories about his son?
5) Do you think the father's life would change for the better when he heard how his son had rescued his fellow soldiers?

④ Part 4 指導上の留意点
　Part 3 の最後で受け取った息子の肖像画を，絵画コレクターの父親が初めて芸術性とは別の価値観で見ていることを理解することは容易である。ここまででも，ある種の救いと慰めの気持ちとともに，物語の前半は終了する。

(5) Part 5 の実践例
① 本文

The next spring, the father became ill and passed away. Art collectors waited for the auction. They didn't know about the story of the man's only son. According to the will of the father, all of the art works would be auctioned on Christmas. It was on that day that he had received his greatest gift.

The day soon arrived and art collectors from around the world gathered to bid on some of the world's most spectacular paintings.

Their dreams would come true this day. After they bought their new paintings, many would say, "I have the greatest collection."

② イメージ

イメージ1　父親は死ぬ時にどういう思いだっただろうか？
イメージ2　オークションで名画を狙っているコレクターたちは父親の死を知ってうれしく思ってはいないか？
イメージ3　オークションがクリスマスの日に行われるのはなぜ？
　（クリスマスの日が持つ特別な重みとは何か？読者は知っているけれど登場人物たちは知らない事実とは？）

③ 英語による発問例

1) How did the father feel about his son when he was about to pass away?
2) Do you think the art collectors felt sad when they heard about the father's death?
3) Do you think Christmas Day was the best time for the auction?

④ Part 5 指導上の留意点

　父親の思いまで想像することは実際には困難である。このパラグラフでは父親はほどなく他界とあっさりと1行で片づけているところから，前のパ

ートで父親は息子の死をある程度受容できてよかったと感じる程度であろう。一方で，絵画コレクターたちの「本性」が露骨に描写されているくだりになると，読み手はやや不愉快な気持ちを抱くであろう。続きはカネと物欲のイメージが強調される。

　このパートで指摘しておきたいのは，物語の登場人物たちが知らない事実を読み手は握っているという点である。すなわち「なぜクリスマスにオークションを開催するのか？」それがどういう記念日だったかは世界中からハゲタカのように集まるコレクターたちは全く意に介しない事柄である。According to the will of the father, というフレーズが記憶に残るように耳と口になじませる仕掛けも結末の味わいをより強く印象付けるために重要になる。

(6) Part 6 の実践例
① 本文

　The auction began with a painting that was not on any museum's list. It was the painting of the father's son. The auctioneer asked for an opening bid. The room was silent. "Who will open the bidding with 100 dollars?" he asked. Minutes passed. No one spoke. From the back of the room somebody said, "Who cares about that painting? It's just a picture of his son. Let's forget it and go on to the other paintings."

　Other people also agreed. "No, we have to sell this one first," replied the auctioneer. "Now, who will take the son?" Finally, a friend of the father spoke. "Will you take ten dollars for the painting? That's all I have. I knew the boy, so I'd like to have it. I have ten dollars."

　"Will anyone go higher?" called the auctioneer.

　After more silence, the auctioneer said, "Going ... going ... gone!"

　The auctioneer hit the hammer on the table. Cheers filled the room and someone exclaimed, "Now we can get on with it and we can bid on these treasures!"

The auctioneer looked at the audience and announced the auction was over. No one could believe it. Someone asked, "What do you mean it's over? We didn't come here for a picture of the old man's son. What about all the other paintings? There are millions of dollars of art here! Explain what's going on here!"

The auctioneer replied, "It's very simple. According to the will of the father, whoever takes the son ... gets them all."

②イメージ

イメージ１　出品第１番目のオークションの間のコレクターたちの気持ちは？…

イメージ２　父親の遺言は賢明なものであっただろうか？

イメージ３　父親にとって priceless なものとは何であったか？…

③英語による発問例

1) What did the collectors feel when they first saw the son's portrait?

2) Did they know anything about the son's death?

3) Do you think what the father did was the best way to protect his paintings?

④ Part 6 指導上の留意点

　これまでの物語の流れからのすべての緊張と，オークションの結末から感じ取れる主人公である父親の思いが集約される。勘のよい読み手には作者の用意する結末の想像がつく場合もあるが，多くの者は最後のどんでん返しに一瞬驚く。そこである種の納得や疑問を持ちながらもひとりの父親の判断や作者のメッセージを反芻し，味わえるようにする。

4．Post-Reading 活動における意見・考えの表現活動
(1) 発問

　自己の価値観と照らし合わせながら想像力を総動員することによってストーリーの中の様々な登場人物の「こころ」を感じさせる。一部には強く共感するところがあり，また逆に違和感を強く感じる場合も出てくるかもしれない。そこで最後にはペアやグループでの意見交換，ディスカッションを通じて，ストーリーで見落としていたところはないか，あるいはなぜ価値判断に違いが生じたのかを検証させる。

　問うべき一番の内容は，"According to the will of the father,…"すなわち父親の遺言をめぐることになるが，英語による問いの場合は絵画のお金にまつわる「平易な問い」も含めてウォームアップしたほうが意見や考えが出やすいと思われる。以下に発問の例を挙げる。

1) Do you think the father made a wise decision?
2) Why do you think the father made a decision like that?
3) If you had been the father, what would you have done to keep the son's portrait?
4) If the collectors at the auction had known the story of the son, would they have acted differently? How much would they have paid for his portrait?
5) If one of the collectors had opened a bid and got all the "priceless" paintings, what would have happened to them, and what would have happened to the son's portrait?
6) Why did the father know that those collectors would never take his son's portrait?
7) What does "priceless" mean for the father?
8) What does "priceless" mean for you?

(2) Post-Reading 指導上の留意点

　前半のエピソードを肯定的，否定的双方の観点から考えてみることにより，後半の主人公の生き方が wise なものか foolish なものかをより深く考えさせることができる。また人生のドラマとは，えてしてあっけないもののようで，ある一瞬にすべてが凝縮されていたり，あるいは機会を捉えることも逃すこともあったりするという面白さの一面を感じさせる。

　今回の物語の鑑賞においては，どれくらい臨場感を持って最後のオークションの場に「参加」できるかがすべてである。パート１で行った競売の競りの雰囲気のようにトントン拍子で値段がつり上がっていくシーンを予期させることで，一層結末の展開が印象深くなるのと同時に，父親の思い，真の価値とは何かなど，生徒の心の中には短い言葉では簡単に言い切れない思いが一杯になってこの短編を読み終えることができれば，この後の意見の交換は興味深いものになるであろう。

5．まとめ

　筆者は初めてこの物語を読んだ時に簡単に言葉では表せない感動を覚えた。また読み返してみると，物語の構成や言葉の選択に作家の周到な意図を新たに発見することもある。最初は読み手の立場であったが，そこで何かを感じた後には，今度は誰かにそれを伝えたいと思うようになった。つまり受け身の立場から，考える主体・語る主体としての立場に変わったのである。

　ここで紹介した物語教材は，授業の中で教師の発問に対して自ら考えたり，他の学習者の意見・考えに触れたりすることで，より深い読みや新たな発見をし，充実感につながる重要な教材である。また作品の展開の中に，作家が言葉を選びながら計算した構成（プロット）を読み進めながらも味わい，またストーリーの振り返りにより改めて物語の面白さとメッセージの重層的な意味の広がりを味わえることから，何度か読み返しても新たな発見が生まれる。

　今回の取り組みでは，作品そのものを「どう感じますか？」という観点から題材にアプローチさせた。ただし当てずっぽうの「感じる」では困るの

で，しっかりと内容を把握し，それを基にイメージが膨らむように発問の内容や組み合わせを考えた。個人のレベルでの読みから入りながらも，次第に意見の交換や共有の機会を設けることで，主人公のこころへの思いやりを共感させることができたと考えている。そして最後には「ものの本当の価値とはどういうものか？どこにあるか？」という命題に一人ひとりが答えを見つけ，さらにそれを「英語で自己を表現できる機会」に結びつけることができたように思われる。物語を深く読み，そこから得られるメッセージを自分なりに解釈し，意見・考えを英語で述べるという生徒にとってかなり重い経験は，日常会話をするというような活動とは，ひと味もふた味も違った英語でのコミュニケーション体験となったのではないだろうか。１年間英語学習を続けて積み上げてきたのはこのためにあったのだと実感してくれたように思われる。

　以上のように，感情の軸というものを考慮し，エモーショナルなものの感じ方を時には奨励することによっても，単なる情報授受のリーディングから，より積極的なリーディングが実現し，意見・考えの表明も，広がりや深みを増すものと考えられる。

（吉田三郎）

7. 意見・考え授受活動におけるグループワークの効果

1. はじめに

　意見・考えを問う活動はさまざまな効果が挙げられている一方で，学習者にとっては認知的負荷の高い活動でもある。そこで本稿では，意見・考えを問う活動にグループワークを取り入れることで，認知的負荷を軽減させ，さらに学習者を意欲的に活動に取り組ませることができるかどうかを検証する。

2. 先行研究

　ここではグループワークを取り入れることの効果に関するこれまでの研究成果についてまとめておく。グループワークを取り入れることの効果としては，言語使用の確保，情意面への肯定的な影響，動機付けにつながるといった効果が先行研究から明らかになっている。

　Long & Porter (1985) は，文法説明や機械的なドリルが中心となるような伝統的な講義形式の授業では，ほとんどの時間を教師が支配し，学習者が目標言語を使用する機会を十分に確保することができないと述べている。しかし，グループワークを取り入れた授業では言語使用の機会を確保することができ，彼らの計算によれば，授業時間の半分をグループワークに割り振ると，学習者個々の練習量は従来の講義形式の授業の5倍に増えるとしている。

　ただ，学習者にとっては自分の意見・考えを述べることは認知的な負荷だけでなく，不安や心理的抵抗を感じる活動でもある。一斉授業でいきなり意見・考えを発表させることは，特に内気で英語に自信のない学習者にとっては，間違いを恐れたり正確さを過剰に意識するあまり，活動に参加することをためらったり，活動への困難度を過度に感じるという可能性がある。そこで，そのような問題は，グループワークを取り入れることで解決できるかもしれないと考えた。

　ペアワークやグループワークでは学習者の不安は軽減され，より自信を持って仲間と活動に取り組むとMcDonough (2004) は述べており，Brown

(2007)は一斉授業では控えめな学習者がグループワークでは積極的に活動を行う様子を何度も目撃し、マジックのようだと述べている。Dörnyei(2001)は協力的な状況は、一般的に肯定的な感情を強くし、その結果として不安や緊張を軽減すると述べている。

さらに、グループワークを授業に取り入れることは学習者の動機付けを高めることも報告されている。Littlejohn（1983）は一斉授業とグループワークを取り入れた授業を比較し、質問紙法を用いて学習者に動機付けの違いを尋ねた。すると、グループワークを取り入れた授業の方で学習者はより強く動機付けられたと答え、その理由としては、抑制感が少ないのでより発話しやすいことや間違いをおかしてもかまわないと感じていることが挙げられている。同様に森（2005）はグループワークを授業に取り入れ、授業開始から1ヶ月後にアンケート調査を行った。その結果、グループワークを用いた授業は被験者に好評で、「勉強しやすい」「授業の時間が短い」と感じる被験者が多く、8割の被験者が「やる気になる」と回答し、グループワークの効果が明らかにされた。

以上のように、グループワークを取り入れることで様々な効果が期待されるが、意見・考えを問う課題に取り組む際にグループワークを用いるとどのような影響、効果を学習者に与えるのかを調査した研究はほとんどない。

3. 研究

この研究では、意見・考えを問う課題にグループワークを取り入れることで被験者の情意面にどのような影響を与えるのかを検証する。

(1) 研究課題

以下の3点を本研究の研究課題とし、研究課題1と2についてはアンケート結果から、また研究課題3については事前に行ったクローズテストの点数とアンケート結果を組み合わせて考察する。

課題1　意見・考え授受活動に、グループワークを取り入れることで、学習者は意欲的に活動に取り組むか。

課題2　意見・考え授受活動に，グループワークを取り入れることで，学習者の認知的負荷は軽減するか。

課題3　意見・考え授受活動への印象度と学習者の習熟度には，相関関係があるか。

(2) 題材

本研究では，以下の二つのトピックを用いて，学習者に意見・考えを求めた。

① 'Many people use the Internet these days. Do you think it is really useful or not?'

② 'Twenty-four-hour convenience stores are everywhere in Japan. Is it good or bad for Japanese society?'

上記のトピックは，実験を行うクラスを担当している英語科教員と相談の上，授業の中で取り扱ったことのないもので，グループで討論する意義があり，学習者が賛成もしくは反対と考える理由を伝え合うことを通してそれぞれの意見・考えを深めることができるものを選んだ。また，実験のデザイン上，50分の授業中に二つのトピックを扱わなければならなかったため，比較的容易と考えられるものを採用した。

(3) 被験者

被験者は，福井県の県立高校普通科の1年生108名である。グループワークを行う際にそれぞれのグループ間で習熟度の差がないように事前にクローズテストを行い，その結果をもとにグループ分けを行った。グループは3人もしくは4人で構成された。

(4) 研究手順

本研究は，以下の手順で通常の授業時間（50分）に行われた。

実験の流れ：

・トピック①（②）を提示する → 個人で考える（12分間）→ 英作文を書く（8分間）

・トピック②（①）を提示する → 個人で考える（2分間）→ グループで意見交換（10分間）→ 個人で情報を整理し，再考する（2分間）→ 英作文を書く（8分間）
・アンケートに答える（4分間）

　グループ内では，日本語の使用を許可した。これは学習者の習熟度を考慮し，日本語で討論した方がより内容面に意識が向けられ，それぞれの意見がさらに深まると考えたためである。また，辞書の使用は禁止した。実験で使用する二つのトピックの違いによる影響を軽減するために，56人の被験者はトピック①→②の流れで，52人の被験者はトピック②→①の流れで実験を行った。

4．結果

　アンケートでは，問1から問11でそれぞれの活動形態の印象度を尋ねた。問1から問6までの質問項目は研究課題1について調べるもので，問7から問11までは研究課題2について調べるため作成した。下記の11項目については，「強くそう思った」= 5，「まあそう思った」= 4，「どちらともいえない」= 3，「あまりそう思わなかった」= 2，「全くそう思わなかった」= 1の5件法を用いて回答を求めた。また，質問項目以外で，グループで活動を行ってよかったと感じた点または問題点を自由記述してもらった。結果は表1，資料1のようになった。なお，問6，7，8の反転項目については，値を反転して表示してある。そのため，値が大きければ大きいほど，問1から問6では学習者はその活動形態を好意的に捉えていて，また問7から問11では認知的負荷が低いと感じている。

(1) 研究課題1の検証

　まず研究課題1：「意見・考え授受活動に，グループワークを取り入れることで，学習者は意欲的に活動に取り組むか」について検証する。調査の結果は，表1に示す通りであるが，課題研究1について明らかになった点を箇

表1 個人で行った場合と，グループワークを取り入れた場合の印象度

アンケート項目	個人 Mean	SD	グループ Mean	SD	有意差検定 t（両側）	p
1. 楽しかった	2.92	1.02	3.94	0.89	-10.95	.000**
2. やる気が出た	3.14	1.02	3.51	0.92	-3.99	.000**
3. 集中して取り組めた	4.19	0.89	3.57	1.02	5.77	.000**
4. 積極的に取り組めた	3.85	0.92	3.70	1.01	1.44	.152
5. 充実感があった	3.29	1.04	3.51	0.95	-2.06	.042*
6. 面倒に感じた	2.97	1.13	3.35	1.10	-4.52	.000**
7. 難しかった	2.88	1.21	3.21	1.17	-3.30	.001**
8. 苦労した	2.76	1.21	3.16	1.20	-4.01	.000**
9. 取り組みやすかった	3.12	0.93	3.52	0.98	-3.52	.001**
10. 自分の考えを表現できた	3.49	1.06	3.47	1.05	0.19	.854
11. 深く考えた	3.94	0.91	3.77	1.01	1.84	.069

$*p < .05$ $**p < .01$

条書きに示すと以下のようになる。
・グループワークを取り入れた場合，かなり楽しかったと感じている。
・グループワークを取り入れた場合，やややる気が出たと感じている。
・個人で行った場合，かなり集中して取り組めたと感じている。
・グループワークを取り入れた場合，やや充実感があったと感じている。
・グループワークを取り入れた場合，やや面倒に感じなかったと感じている。

　また，有意差を調べるためにt検定を用いて調べたところ，表1の右側に表示してあるように，問1，2，5，6でグループワークを取り入れた方が高い数値を表しており，それらの差には統計的有意差があった。問3では個人の値の方が高い結果を表しており，その差には統計的有意差があった。問4についてはわずかながら個人の値がグループの値を上回っているが，その差には統計的有意差は見られなかった。

(2) 研究課題2の検証

　次に研究課題2：「意見・考え授受活動に，グループワークを取り入れる

ことで,学習者の認知的負荷は軽減するか」について検証する。ここでも研究課題1と同じく,研究課題2について明らかになったことを以下に箇条書きで示す。

・グループワークを取り入れた場合,やや難しくなかったと感じている。
・グループワークを取り入れた場合,やや苦労しなかったと感じている。
・グループワークを取り入れた場合,やや取り組みやすかったと感じている。

　t検定を用いて有意差を調べたところ,表1の右側にあるように問7,8,9の3項目においてグループの値が個人の値を上回り,その差には統計的有意差があった。問10,11では個人の値がグループの値を上回っているが,その差に統計的有意差は見られなかった。

(3) 研究課題3の検証

　最後に研究課題3:「意見・考え授受活動への印象度と学習者の習熟度には,相関関係があるか」を検証していく。学習者の習熟度と活動を個人で行ったときの印象度との相関関係の結果を表2に,また,グループワークを取り入れた場合との相関関係については表3に示す。

　まず表2の結果を見ると,問3,7,8,10において,弱い相関関係があることがわかる。次に,表3では問4,7,10で弱い相関関係が見られる。しかし,どちらの結果を見てもほとんどの項目において相関関係が見られなかった。

表2　習熟度と個人で行った場合の印象度の相関関係

質問項目	1	2	3	4	5	6	7	8	9	10	11
習熟度	.05	.11	.22	.18	.16	.13	.30	.23	.10	.30	.09
有意確率（両側）	.61	.25	.02	.07	.10	.19	.00	.02	.28	.00	.35
N	108	108	108	108	108	108	108	108	108	108	108

表3　習熟度とグループワークを取り入れた場合の印象度の相関関係

質問項目	1	2	3	4	5	6	7	8	9	10	11
習熟度	.13	.15	.09	.21	.14	.13	.20	.14	.18	.21	.06
有意確率（両側）	.18	.13	.34	.03	.16	.18	.04	.15	.07	.03	.95
N	108	108	108	108	108	108	108	108	108	108	108

5．考察

　本研究では三つの研究課題を設けた。ここでは，実験結果をもとにそれぞれの研究課題について検証する。

(1) 研究課題1について

　研究課題1では，意見・考え授受活動に，グループワークを取り入れることで，学習者は意欲的に活動に取り組むか，について調査した。問1，2，5，6の4項目でグループワークを取り入れた方が高い数値を示し，それらの差には統計的有意差があった。つまり被験者はグループワークを取り入れた活動形態を好み，やる気が出たと感じ，充実感があり，面倒に感じなかったと好意的に捉えていた。グループワークを好むという傾向は先行研究でも報告されているが（森，2005），本アンケートの自由記述（資料1参照）からもこれらの傾向は支持される。自由記述では，アンケート項目以外にグループで行ってよかったと感じた点と問題点を尋ね，項目ごとに分類した。するとよかったと感じた点の総数が問題点の総数よりも圧倒的に多かった。これは被験者がグループワークを取り入れた活動を好意的に捉えているということの表れであろう。

　問3「集中して取り組めた」では個人で行った方が高い数値を記録したが，これはグループワークを取り入れたことで相手の意見・考えにも注意を向けなければならず，自由記述でも「個人で考える時間が少し短かった」という意見があったように，自分の意見・考えを深める時間が不十分だったことが

影響していると考えられる。グループで討論を終えた後に得られた情報を整理する時間をしっかりと設けることが必要だった。これに対して個人で行った場合は，構想を練る12分間と英作文を書く8分間でじっくりと自分の意見・考えに向き合うことができたように思われる。

アンケートから得られた数値は問3を除けばどの項目も3.5以上4.0未満であったことを考慮すると，グループワークを取り入れたことで被験者に非常に大きな影響を与えたとは言い難いが，意見・考え授受活動にグループワークを取り入れることで学習者は意欲的に活動に取り組む傾向があるように思われる。

(2) 研究課題2について

研究課題2では，認知的負荷が大きいとされる意見・考え授受活動に，グループワークを取り入れることでその認知的負荷を軽減することができるのか，について調査した。問7，8，9の3項目においてグループの値が個人の値を上回り，その差には統計的有意差があった。これらの結果も自由記述によって裏付けられる。グループで行ってよかった点としては「意見交換が書くことにつながった」という記述が16件見られた。また「単語や文法といった英語知識に関することを聞くことができた」という記述も12件見られた。このことから，被験者はグループワークを取り入れたことで，意見・考え授受活動が難しいとは感じなくなり，苦労せずに行え，また活動に取り組みやすかったと感じていたと考えられる。

しかし自由記述のような効果を得られていたとすれば，問10「自分の考えを表現できた」の数値はもう少し高い値でもよいはずである。たぶんこの矛盾する結果は，被験者の英語力と質問項目の曖昧さが原因となっているのではないかと推測される。本実験の被験者は高校1年生で，彼らの実験時の英語力では分からない単語や表現があり，本当に伝えたいことを表現できないまま英作文に移った可能性がある。辞書の使用を禁止したことも少なからず影響を与えていただろう。また，筆者の意図としては個人で行った場合とグループワークを取り入れた場合の印象度を尋ねたつもりだったが，被験者

はグループ討論の場面を強く意識してアンケートに答えた可能性がある。

　また本実験ではクローズテストの結果をもとにグループ分けを行ったため，普段の生活班等とは異なるものだった。そのためあまり話したことのない被験者同士で構成されたグループもあり，被験者同士の人間関係が出来上がっていない場合は，自分の考えを自由に表現できなかったのかもしれない。グループ討論で自分の考えをあまり表現，発言できなかったと感じた被験者がいたのはこのせいかもしれない。

　研究課題1と同様にそれぞれの項目の数値を見るとどの項目も4.0未満であり，グループワークを取り入れたことで活動への印象度に大きな変化があったとは言い難い。しかし，グループ討論が意見・考えを書く際に役立ったという自由記述もあることから，意見・考え授受活動にグループワークを取り入れることで学習者の認知的負荷は軽減される可能性があると考えられる。

(3) 研究課題3について

　研究課題3では，意見・考え授受活動への印象度とクローズテストをもとにした被験者の習熟度には相関関係が見られるのか，について調査した。個人で活動を行った場合でも，グループワークを取り入れた場合でも，いくつかの質問項目では相関関係が見られたが，それらは非常に低い値であり，ほとんどの質問項目では相関関係が見られなかった。したがって，研究課題3については，意見・考えを問う活動への印象度と学習者の習熟度には，相関関係がないと結論づけられる。これは，意見・考えを問う活動は習熟度の低い学習者にとっては非常に認知的負荷が高く，困難なものであるがため，個人で行う場合には活動への印象度が悪くなるのではないか，という予想に反するものであった。しかしこの結果には被験者のトピックへの経験が影響を与えたと推測される。本研究で使用した二つのトピックは，前述したように，高校での授業で扱っていないもの，グループで討論する意義があるものとの理由で決定したのだが，実験を行ってみると，「中学校でこのトピックについて何度か書いたことがある。」と話している生徒が何人かいた。実験で使用したトピックについて自分の意見・考えをすでに書いたことがあるという

経験が，習熟度と活動への印象度の相関関係を弱めた可能性がある。またトピックのレベルも比較的容易で，認知的負荷をあまり感じなかったとも考えられる。

　その一方で，グループワークを取り入れた場合でも習熟度と活動への印象度の相関関係が弱いということは，習熟度に関係なく，被験者は同じような印象をもったという可能性を示している。もしそうであれば，意見・考えを問う活動の際にグループワークを取り入れることは，自由記述で挙げられた「様々な意見・考えが聞ける」「意見交換が書くことにつながった」という利点を習熟度が低い学習者でも得られるという可能性を示唆している。

6．おわりに

　本実験をまとめると，意見・考え授受活動にグループワークを取り入れることで，被験者は活動を好意的に捉えて意欲的に取り組む傾向があり，認知的負荷も軽減される可能性が示唆された。また，活動形態に関係なく，被験者の習熟度と活動への印象度には相関関係は見られなかった。本実験の制約としては，アンケートを用いた情意面での調査だったため，英作文の内容の分析は行わなかった。また，長期的な視点に立った調査も必要であるとともに，50分という時間の制約上，実験デザインにも少しばかり問題があったように思う。今回得られた示唆及び反省を今後の研究に活かしていきたい。

　　　　　　　　　　　　　　　　　　　　　　　　　（百田　忠嗣）

```
                    アンケート
                         氏名_____

    今回2つの課題を個人とグループに分かれて取り組んでもらいました。それぞれの
  活動に取り組んだ感想をお聞きします。以下の項目に対する感想を選択肢から選び，
  (　　)の中にその番号を記入してください。
    なお，アンケート結果は，研究のためだけに使われ，個人のプライバシーが表に出
  ることもありません。また，成績にも関係しませんから，正直に答えてください。

  ┌─────────────────────────────────────────┐
  │ 選択肢                                                 │
  │ 5: 強くそう思った      4: まあそう思った      3: どちらともいえない │
  │ 2: あまりそう思わなかった   1: 全くそう思わなかった           │
  └─────────────────────────────────────────┘
```

個人で行った場合	グループで行った場合
(1) 楽しかった　　　　　　　　(　)	(1) 楽しかった　　　　　　　　(　)
(2) やる気がでた　　　　　　　(　)	(2) やる気がでた　　　　　　　(　)
(3) 集中して取り組めた　　　　(　)	(3) 集中して取り組めた　　　　(　)
(4) 積極的に取り組めた　　　　(　)	(4) 積極的に取り組めた　　　　(　)
(5) 充実感があった　　　　　　(　)	(5) 充実感があった　　　　　　(　)
(6) 面倒に感じた　　　　　　　(　)	(6) 面倒に感じた　　　　　　　(　)
(7) 難しかった　　　　　　　　(　)	(7) 難しかった　　　　　　　　(　)
(8) 苦労した　　　　　　　　　(　)	(8) 苦労した　　　　　　　　　(　)
(9) 取り組みやすかった　　　　(　)	(9) 取り組みやすかった　　　　(　)
(10) 自分の考えを表現できた　 (　)	(10) 自分の考えを表現できた　 (　)
(11) 深く考えた　　　　　　　 (　)	(11) 深く考えた　　　　　　　 (　)

　次に，上記の質問以外で，グループで行って感じた良かった点または問題点を書い
て下さい。

　　　　　　　　　　　　　　　　　　ご協力ありがとうございました。

《資料1》自由記述の結果

　ここでは，自由記述で挙げられた意見の一部を紹介する。文章で書かれたものは一つひとつの意見に分類し，箇条書きに直した。括弧内の数字はそれぞれの意見の数を表す。

《良かった点》
「英語知識に関すること」(12)
・分からない単語とかをグループ内で聞けたので良かった。
・英語の表現をお互いに教え合える。
・よりよい表現をみんなで考え出せた。
「様々な意見が出て，考えが深まった」(6)

・いろいろな意見を聞くことができてなるほどなと思ったことが多かった。個人で考えるよりもちゃんと考えることができた。
・様々な視点から物事を考えることができたので，課題に対して考えが深まった。
・みんなと考えを共有することで，自分の考えが広がり深まったように思う。
「様々な意見・考えが聞ける」（46）
・グループで行うと，いろいろな考えが出てくるので，「あっ，そういう考え方もあるんだ！」という風に感じることができた。
・グループで行うと，自分が考えていなかった意外な視点からも考えられたのでよかった。
・自分では思いつかなかった意見を聞くことができた。
・いろんな人の意見を聞けて，自分の意見を見直せる。
「意見交換が書くことにつながった」（16）
・グループで話していると，話をしている内に他の意見もどんどん出てくるから，1人でしている時よりもいろいろな意見が出てくるから書きやすかったです。
・他の人のいろんな意見を聞くことが増えたため，書く内容も自然と増え，他に言い換えられる語もたくさん浮かんできたので，個人で考えるよりもグループで話し合ったものの方がたくさん書けることができた。
・自分の考えを英語で表現するのは難しいけど，グループで意見を出し合うと少しやりやすかった。
「グループ活動が楽しい，充実していた」（10）
・楽しくてやりやすい。
・自分の考えとは違う考えを他の人は持っていたので，すごく充実した時間を過ごせた。難しかったけど，おもしろかった。

《問題点》
「話題がそれる」（9）
・別の話題が出てしまう。話題がそれる。
・ついつい関係ないことを話してしまった。
・ちょいちょい話が脱線した。
・グループで行うと，後から，しゃべらなかったり，違う話題になったりすることが問題点だと感じた。
「集中できない」（4）
・グループでした方がお互いの意見を交換できて良かったけど，個人の方が自分の考えがよりしっかり出しやすくて，集中力も上がったと思う。
・あまり集中できない。
・グループでやるより，個人で行う方が集中して取り組めた。
・人が集まると，どうしても別の話になって集中できない。
「意見に関して」（6）

・意見が被るところがあった。
・人がいることで，自分の意見が薄くなったり，深く考えなくなった。
・自分の意見と周りの意見が大差なく，大した内容の変化は出せなかった。
「グループ内の人に頼る」(3)
・人に頼ってしまった。
・自分は特に何も考えなくても，他の人だけで話がまとまってしまった。

《その他》
「グループの構成員との関係について」(7)
・全員がしっかり考えて，自分の考えを言うことがで，グループで行うことの意味があるのではないかと思った。
・班員が良かったので取り組みやすかったが，誰か1人でもやる気がなかったら，グループで行ってもあまり良いものはできないだろうと感じた。
「実験のデザインの問題」(4)
・少し時間が長かったように思った。
・自分で考えた方が自分の意見を深めることができてよかった。個人でやるときはもう少し意見を書きたかったが，8分では少し足りなかった。グループでやると，いろいろな視点から考えられ，自分の考えに固執することがなかった
・個人で考える時間が少し短かったので，1人だけではあまり考えることができなかった。

8. 英語での成功体験が少ない生徒たちを対象にした「意見・考え重視のプロジェクト学習」とその実践

1. はじめに

　英語でのコミュニケーション活動を中心に置く授業を目指して，他校の先生方との研究会に参加して数年になる。研究会では，生徒の意見や考えを問うことが英語学習のモチベーションを高め英語の授業を活性化する原動力になるという事例に数多く接してきた。

　自分の話になるが，中学校時代の英語の授業で「買い物の会話」をした。実際にままごと用の野菜や果物を教卓の上に並べて英語で買い物をした。内容は簡単なものであったが，他の生徒たちの前で自分の好きな食べ物を注文して買うことができた。その「英語が使えた」という成功体験はとても印象深く，その後の英語学習への興味や意欲を大いに高めてくれたと感じている。

　本稿で報告する自分の意見や考えを伝え合うプロジェクト学習は，生徒たちにとって英語でのコミュニケーションを経験するよい機会である。そして，英語を使えたことの成就感を感じるよい機会になるのではないか。そのような思いから本実践を試みた。

2. 学校とクラスの紹介

　筆者の勤務している高等学校は，普通科だけでなく商業科，ファッションデザイン科，調理科がある。普通科の生徒はそれほどでもないが，それ以外の科の生徒たちは英語学習への動機が低い。そこで調理科の学生を対象として，彼らの学習意欲を高めることに挑戦してみようと担当教員の意見が一致した。

　グループ活動を用いた授業を考えていたので，生徒数が31名と多い，調理科3年生のクラスを授業実践の対象とした。調理科とは卒業と同時に調理師の免許が取れるコースで，調理実習を含めて専門的に調理を学ぶクラスである。

このクラスの生徒は，勉学への取り組みはマイペースで，授業に積極的に参加しようという意欲があまり感じられない。また，英語に対する苦手意識が強い生徒がかなり多くいる。全体的に反応が少なく，周囲と協力して何かをさせようとしてもまとまりにくい。このようなクラスに，積極的に英語を使ってコミュニケーションしようとする態度を養いたいという思いから，意見・考え重視のプロジェクトを実施した。

3．プロジェクトの目標と方針

　対象クラスには，調理に興味・関心があり，調理の知識や体験が豊富な生徒が集まっている。そこで彼らの調理への興味・関心を利用して，生徒が進んで取り組むようなプロジェクトとは何かと検討を重ね，以下のような目標と方針を立てた。

(1) 目標

　トピックは調理に関するものとし，生徒自身の意見や考えを引き出すことで，積極的に英語で話したり書いたりしようという意欲と態度を育てる。

(2) 方針

①このクラスの生徒たちが興味・関心を持っている「食・調理」を話題として取り上げる。
②生徒の心理的負担を軽くすると共に，授業の中でコミュニケーションの場を確保するために，グループ学習を中心とした授業を展開する。
③生徒の反応や質問にきめ細かく対応し，学習を実りあるものとするために，チームティーチング体制をとる。
④生徒自らが積極的に取り組めるような活動を工夫する。
⑤教員は，生徒の反応や意見を参考にしながら，授業展開を再考する柔軟な姿勢を保つよう心がける。

4. 生徒をその気にさせる工夫
(1) 最初の授業：「ずぼら飯」

　新しい形の授業をすることになるので，生徒たちがグループ活動にどのような反応を示すかを知りたいと思った。それで，1時間目は「ずぼら飯」（あり合せの材料で手早く作る食事）のアイディアをグループ別に意見交換させてみようということになった。

　授業は筆者ともう一人の英語教員，それに ALT の3人で行った。ALT との授業は1年生の時以来なので，彼がクラスに入ってきた時はワーッと歓声が上がった。英語の授業をするスイッチが入ったようである。

　英語で授業を進めることを宣言。そして「ずぼら飯」を考えてみようと提案する。英語でのやり取りに慣れていないせいか生徒たちは「えーっ。」「どういうこと。」「英語わからん。」と不安な様子。教員が

"I make breakfast for my family every morning. But I am very busy. I don't have enough time to go to a supermarket. I don't have enough time to cook in the morning. One day my son said to me, 'You always make the same menu. Why don't you make a new one?' I have no idea. I need your help. You are in the cooking course. I want you to give me an idea about a new '*Zubora Meshi*'."

と言った時だった。みんなの顔が一斉に上がった。料理に関して頼りにされたことでモチベーションが上がったようだった。

　生徒たちはグループに分かれて，まず各自が「オリジナルずぼら飯」を考え，材料や作り方を書き，料理の出来上がりを絵に描いた。それから日本語で書いたものを和英辞典を使って英語で表現した。この間教員3名で生徒の質問に対応した。日頃「英語はわからない。」を連発していた生徒が熱心に質問をする姿が見られた。

　その後，お互いのアイディアをもとにして，グループとして「ずぼら飯」のメニューをひとつ作り上げた。

　最後に ALT に The Best Recipe 一つを選んでもらい，そのグループがみ

んなの前で簡単ながら「オリジナルずぼら飯」を発表した。
　結果的に1時間目の授業はこれから数時間かけて準備をしてプレゼンテーションするためのオリエンテーションとなった。

(2) プロジェクトの決定
　最初の授業での生徒の変化とその理由を考察すると，生徒の興味・関心がある「食・調理」を扱ったこと，さらに彼らの得意とする調理に関して「生徒自身の意見や考え」を求めたことが動機付けにつながったのではないかと考えられる。そこで，同じような方向でプロジェクトを行うことにし，さらに生徒が英語を使う必然性をより強く感じるようにするために，ALTに協力を依頼して以下のようなプロジェクトを決定した。

《プロジェクト》：「Tom（ALTの名）の友人がカナダで日本料理の店を開きたいと思っているので，どのような店を持ったらよいかをアドバイスしてあげて欲しい。」と生徒に「意見・考え」を求め，「どんなレストランを開きたいか」をグループで考えさせて，Tomの前で英語でプレゼンテーションする。

　2時間目に筆者が，"Tom's friend lives in Canada. He wants to open a Japanese restaurant in Canada. You are students of the cooking course, so Tom wants you to give him some advice. What type of Japanese restaurant would you like to open in Canada? Make a group and talk about it."と生徒に課題を伝えた。

5．授業の流れ（計10時間）
　英語Ⅱの2単位の中の1単位を，2学期のみこのプロジェクトに当てることとし，次のように時間を配当した。

1時間目：導入として「ずぼら飯」（あり合せの材料で夕食を作る）のアイディアを意見交換する。

2時間目：カナダで日本料理のレストランを開業したいと思っている Tom の友人に，どのような店を出したらよいかをアドバイスして欲しい旨を伝える。グループで話し合わせて，各グループが提案する店を黒板に掲示する。生徒たちは改めて希望する店を選び直し，3〜4人のグループ分けをする。

3時間目：Tom が直接生徒たちに依頼する。

"I have a friend in Canada. He wants to open a Japanese restaurant in Canada. I need your help. Give him some advice, please."

　グループで話し合い，カナダでどのような店（レストラン）を持ったらよいかを絞り込む。項目（グループ名や店の名前，お薦めレシピなど）ごとに自分たちのイメージを固めて，辞書を活用しながら英語で表現していく。

4時間目：項目ごとに担当を決め，必要があれば，グループの再編をして活動を続行し，英語で表現できるようにする。

5時間目：イメージする店の外観・内装やインテリアなどを具体的に考える。

6時間目：プレゼンテーションの手順と担当を決めて，分担して発表の準備を進める（自作の絵などでも表現可能）。英語での説明文を仕上げて，ALT のチェックを受ける。

7時間目：プレゼンテーションは1グループ5分以内（出入りの時間は含めず）として準備を進める。

8時間目：プレゼンテーションの準備を完了し，グループ内で手順と担当を決めてリハーサルをする。
（必要があれば放課後残って準備を整える）

9時間目：プレゼンテーション①　4グループが発表する。生徒だけでなく先生がたにも見ていただき評価をお願いする。

10時間目：プレゼンテーション②　残りの4グループが発表する。　生徒だけでなく先生がたにも見ていただき評価をお願いする。（プレゼンテーション時は Tom も必ず参加）

6. プレゼンテーション準備の様子

"The restaurants we would like to open" ということで，次の九つの項目について，英語でプレゼンテーションできるよう準備を進めることにした。

① Group Name　　　　　② Members
③ Restaurant's Name　　④ Type
⑤ Menu　　　　　　　　⑥ Recommendation
⑦ Exterior Decoration　　⑧ Interior Decoration
⑨ Concept

　グループのメンバーが確定すると，まず店の種類とメニューを決めることから始めた。次に二つのグループの様子を報告する。
①《寿司屋台 Maki Maki グループの場合》
　最初はファストフードをイメージして「おにぎり」の案が出たが，話し合っていくうちに「お寿司」になり，「手巻き寿司」になった。福井は越前カニが有名なのでカニの身を入れた Crab Dayo という名前の手巻き寿司をお薦め料理とした。その後，それまであまり積極的でなかった T さんが，車を改造したスタンド式のお店の外観を絵に描いた（絵1）。とても可愛い絵なのでグループみんなのテンションが上がり，英語で説明しようと T さんを含めて全員が一つになって課題に取り組み始めた。

絵1（上）と絵2

2時間目：カナダで日本料理のレストランを開業したいと思っているTomの友人に，どのような店を出したらよいかをアドバイスして欲しい旨を伝える。グループで話し合わせて，各グループが提案する店を黒板に掲示する。生徒たちは改めて希望する店を選び直し，3〜4人のグループ分けをする。
3時間目：Tomが直接生徒たちに依頼する。
"I have a friend in Canada. He wants to open a Japanese restaurant in Canada. I need your help. Give him some advice, please."
　グループで話し合い，カナダでどのような店（レストラン）を持ったらよいかを絞り込む。項目（グループ名や店の名前，お薦めレシピなど）ごとに自分たちのイメージを固めて，辞書を活用しながら英語で表現していく。
4時間目：項目ごとに担当を決め，必要があれば，グループの再編をして活動を続行し，英語で表現できるようにする。
5時間目：イメージする店の外観・内装やインテリアなどを具体的に考える。
6時間目：プレゼンテーションの手順と担当を決めて，分担して発表の準備を進める（自作の絵などでも表現可能）。英語での説明文を仕上げて，ALTのチェックを受ける。
7時間目：プレゼンテーションは1グループ5分以内（出入りの時間は含めず）として準備を進める。
8時間目：プレゼンテーションの準備を完了し，グループ内で手順と担当を決めてリハーサルをする。
（必要があれば放課後残って準備を整える）
9時間目：プレゼンテーション①　4グループが発表する。生徒だけでなく先生がたにも見ていただき評価をお願いする。
10時間目：プレゼンテーション②　残りの4グループが発表する。　生徒だけでなく先生がたにも見ていただき評価をお願いする。（プレゼンテーション時はTomも必ず参加）

6. プレゼンテーション準備の様子

"The restaurants we would like to open" ということで，次の九つの項目について，英語でプレゼンテーションできるよう準備を進めることにした。

① Group Name　　　　② Members
③ Restaurant's Name　④ Type
⑤ Menu　　　　　　　⑥ Recommendation
⑦ Exterior Decoration　⑧ Interior Decoration
⑨ Concept

グループのメンバーが確定すると，まず店の種類とメニューを決めることから始めた。次に二つのグループの様子を報告する。
①《寿司屋台 Maki Maki グループの場合》
　最初はファストフードをイメージして「おにぎり」の案が出たが，話し合っていくうちに「お寿司」になり，「手巻き寿司」になった。福井は越前カニが有名なのでカニの身を入れた Crab Dayo という名前の手巻き寿司をお薦め料理とした。その後，それまであまり積極的でなかったTさんが，車を改造したスタンド式のお店の外観を絵に描いた（絵1）。とても可愛い絵なのでグループみんなのテンションが上がり，英語で説明しようとTさんを含めて全員が一つになって課題に取り組み始めた。

絵1（上）と絵2

②《和菓子 Green Tea グループの場合》

「英語が苦手だ」と言っていた M さんが，和英辞典を使って日本語を英語に直す役割を引き受け，主導的な立場でグループのみんなをまとめていた。また，「英語はさっぱりわからない。」と言っていた I さんは，独創的な外観を描き上げて周囲をびっくりさせた（絵2）。英語で表現したものをチェックして欲しいなど質問の回数が1番多いグループになった。

7．プレゼンテーション内容の記録から

いよいよプレゼンテーションの当日となった。初めての英語でのプレゼンテーションなので，あらかじめ配った「プレゼンテーションの手順と分担表」の流れにしたがって発表した。準備したポスターを黒板に貼って，他のグループや先生方，そして Tom の前でのプレゼンテーションである。

プレゼンテーションの様子を次に紹介したい。これはプレゼンテーション直後に記入した生徒たちと教員の評価で最高点を獲得したグループの発表記録である。

《和定食「松竹梅」グループの記録》

ここに紹介するのは，日本の和食の店を提案し，お薦め料理として福井で人気のあるソースカツ丼を紹介したグループのプレゼンテーションの記録である。プレゼンテーション後に全グループの記録（日本語訳付）として後日生徒に配布したプリントから抜粋したものである。

【Cherry Blossoms】ABCD の4人グループ

A:　Hello, everyone. My name is A. We are students at Keishin Senior High School. We are in the cooking course.

B: The name of our group is 'Cherry Blossoms,' because cherry blossoms are the flower of Japan.
C: Our group members are A,B,C and D.
D: The name of our restaurant is '*Sho-chiku-bai*' (a pine, a bamboo and an apricot tree), because '*Sho-chiku-bai*' is a lucky word in Japan.
B: It is a Japanese-food restaurant.
C: Please look at this menu. (pointing to the menu on the poster) Our recommendation is '*Sauce-katsudon*':deep-fried breaded pork cutlet in Worcester sauce on rice in a bowl. Because we would like Canadian people to know Fukui's famous taste.
A: Please look at this picture. This is our restaurant's exterior and interior decoration.
D: The space is separated into small rooms by shoji. Tatami is used in our restaurant. The approach to the room is '*jyari*' gravel.
A: Have you ever seen two big golden fish ornaments on top of Nagoya Castle? They are called 'Syachihoko'. A lot of water comes out from *Syachihoko*'s mouth on the roof when the building is on fire.
C: Our concept is, we want our customers to enjoy a Japanese atmosphere in our restaurant.
C: Thank you for your attention.

プレゼンテーションが終わると，Tomから"Will you use *tatami* in your restaurant? Most Canadians don't like sitting on *tatami*."と質問が出た。「掘りごたつなので」と答えたいのだが英語が出て来ない。教員の助けもあってAが，"You can stretch your legs under the table."と答えると，Tomはにっこり笑って"I can understand."納得した様子だった。

8. プレゼンテーションの評価とフィードバック

各グループのプレゼンテーションが終わると，まずTomが発表内容に関

して質問をした。その後，生徒全員と授業参観をした教員に「評価カード」を記入してもらった。

　4グループ全部の発表が終わると，記入済みの「評価カード」をそれぞれのグループが受け取り，グループの全員がすべてのカードに目を通した。それから「一番印象に残ったコメント」を一人ひとつずつ選んで読みあげて，教室内の全員にお互いの評価をフィードバックした。

Item	評価のポイント	5poins	4points	3points	2points	1point	Points
Voice Fluency EyeContact	声の大きさ　声の明瞭さ 自然な英語で 情報が伝わっているか みんなを見ているか	Yes, very much.	Yes	Soso	Not, so much.	I'm afraid not.	
Teamwork	各自が自分の役割を 積極的に果たし、チームとしてまとまっているか 流れがスムーズか	Yes, very much.	Yes	Soso	Not, so much.	I'm afraid not.	
Recommendation	お勧め料理を 食べたくなるか	Yes, very much.	Yes	Soso	Not, so much.	I'm afraid not.	
Exterior Interior Decorations	外装と内装について 独創性・機能性など その店に行きたくなるか	Yes, very much.	Yes	Soso	Not, so much.	I'm afraid not.	
Poster	レイアウトは見やすく わかりやすく 工夫されているか	Yes, very much.	Yes	Soso	Not, so much.	I'm afraid not.	

Evaluation For Presentation
Your Name: ＿＿＿＿＿＿＿＿＿＿
評価対象のGroup name(　　　　　　　　　　)

プレゼンテーションが終わったら、項目ごとにどれか1つを○で囲み、右の空欄にポイントを書き入れ、最後に総合点を書いてください→　total

☆特に良かった点や印象に残った点を自由にコメントしてください！☆彡日本語OK
☆必ず書いてください

　各グループのプレゼンテーションが終わるごとに，自然に大きな拍手が起きた。また，"Your presentation is very good.""Your poster is very good. The layout is beautiful."などのコメントが生徒から出るたびに大きな拍手が送られた。発表した生徒たちは達成感を味わったことだろう。

《評価カードのコメント欄からの生徒たちのことば》
　プレゼンテーション直後の評価カードのコメント欄より発表順に抜粋した。英文はTomからのコメントである。
・Good menu selection. Some members were too quiet.
・みんなのチームワークがとてもよかったと思います。
・声が小さくて聞きとれない時がありました。

241

- レイアウトが見やすいです。
- 和なエクステリアが落ち着きそうです。
- 内装が平面図っていうのがおもしろい。
- もう少し聞きとりやすく発表できたらよかったのかなと思います。
（発表したグループのリーダーからのコメント）
- 店名の「極」（ki wa mi）がとてもかっこいい名前でした。
- 日本のよさがたくさん出ていたと思います。
- I could not hear some members. The poster was very good.
- メニュー表がとても見やすかった。絵が付いていて分かりやすいので外国の方にも分かりやすいのではと思った。
- Mさんの声がとてもはっきりしていて聞き取りやすかったです。
- 和菓子が一つひとつおいしそうでたべたくなりました。
- 外装のお城が和風を表していてとても良かった。
- おすすめメニューがしっかり英語で書いてあってよかったです。
- 今回の発表をして声をもっと大きくすればよかったと思いました。
- Very good poster and presentation. The concept is interesting, too.
- ポスターの絵や色がとてもこっていて見ていてあきないなと思いました。声がみんな大きくて聞き取りやすかったです。すごく楽しい発表でした。
- 外見が今までにない斬新なデザインなのですばらしいと思った。色使いもよくとてもかわいらしいポスターだと思いました。作り方も英語で書いてありました。見習わないとと思いました。
- Poster's layout is beautiful.（生徒）
- 発音がなめらかでした。
- Good volume. Interesting restaurant set up.
- 全員の声がとてもはきはきしていたので聞きとりやすかった。
- １人が話している時に，分かりやすいようにペンでさし示していたので，とても分かりやすかったです。
- メニューは一つひとつ紹介し，（英語で）簡単な作り方も言っていたのですごいと思いました。

- （日本の）家庭の味（肉じゃが）を外国に知らせるのはすごいと思いました。
- たまにでもいいので前を向いてほしかったです。
- 外装・内装がすごく立体的で分かりやすかったです。
- Spoke a little too quietly. Very interesting idea. Do they understand the meaning of vegetarian?
- 慣れない英語を頑張って言っていて Good!
- お茶漬けを出すのはいいアイディアだと思いました。
- 精進料理とベジタリアンをつなげる発想がとてもユニークでおもしろいと思います。
- 声が小さかったのが残念でした。ポスターは遠くからでは見えなかったのですが，近くで見ると内装や外装がすばらしかったです。
- Couldn't hear girls speaking and they were speaking about important things. Boys spoke with a loud voice and very fluently.
- 屋根にえび天がのっていてよい外装だと思う。
- 聞きとりやすくておすすめの料理がわかった。ゲソ天。
- とても聞いていて楽しいグループだなあと思いました。
- 努力の成果が出ました。（発表したメンバーのコメント）
- 発表後の質疑応答が積極的で好感が持てます。（教員のコメント）
- Spoke very fluently and with a loud voice, so I could understand. Poster was easy to understand.
- 発表の流れがスムーズで聞きやすかったです。
- カツ丼。絵も上手だし，声も聞きやすい。
- 外装は日本らしさが強調されていて good!
- menu に有名な日本食が沢山あるので食べてみたいです。
- 難しい英文を言っていたのでよかったです。
- A little quiet, but I could understood and the concept is a good idea.
- スープたこ焼きなど見たことのないものがあって興味があります。
- カナダには日本みたいな B 級グルメがないと思うので，他国に伝わるとすごいと思うので，いい提案だなと思いました。

・たこ焼きのキャラクターがかわいかった。

9. 生徒間での大きな学び合い

　実際に大勢の前でプレゼンテーションし他のグループの発表を見ることで，生徒間での大きな学び合いがあった。

　「プレゼンテーション１日目」の発表では，声が小さく聞き取りにくい場合が比較的多かった。一方，声も大きく，ポスターを指さしながらわかりやすく説明したグループもあった。生徒の評価カードのコメントにも，実際プレゼンテーションを見たり聞いたりしたことによる気づきが数多く書き込まれていた。

　「プレゼンテーション２日目」の４グループは積極的に「英語の読み方を教えて欲しい。」と頼んできた。１日目の発表の時，何人かの生徒の声が小さくて聞こえづらかった経験から，「しっかり発表するためには事前に声を出して読む練習が必要だ」ということを学んだからであろう。また，プレゼンテーション時には，前を向いて話す，間合いを取る，指でさし示すなど，伝わる工夫をしながら発表しようとする姿が見られた。教員がことばで説明するより，実際に他のグループのプレゼンテーションを見て生徒は多くのことを学んだのだと思う。

　グループ学習も含めて，生徒間での学び合いの「ちから」に，教員側も改めて気づくことができた。

10. 生徒の感想からわかること

(1) アンケートに見られた生徒の感想

　では次に今回のプロジェクトの取り組みに対する生徒の感想はどうだったのだろうか。後日のアンケートから生徒のことばをそのままいくつか紹介したい。

・始めのうちは気乗りがしませんでしたが，班のみんなと意見を出し合ったり，久しぶりに辞書をひいて調べたり，英文を作ったりといろんな作業をしていくうちに楽しくなってきました。先生方に発音の仕方や細かい部分

も指示してもらい大変勉強になった機会でした。英語は今もやはり苦手な分野ですが，いつか得意な分野へと変えていきたいです。
- トム先生の友達のために，お店を考えました。最初は軽い気持ちで考えていましたが，あとからは熱心に取り組みました。他の班の（発表）は，ユニークなものがたくさんあって面白かったです。人前で英語を話すことがあまりなかったので，本番はすごく緊張しました。でも，お店の内容を考えることは楽しかったです。少しでも（トムの友達の）参考になればいいなと思いました。
- トム先生の友人のために，日本の料理について考えて英語にして，カナダで店を出して欲しいと思い，グループに分かれて話し合い，しっかり発表することができました。トム先生の友人がカナダで，とてもりっぱな店を出せることを心から願っています。
- 今学期は，トム先生の友人のために日本料理を軸にしてお店を考えました。何を出すか，何をメインにするか，どんなコンセプトのお店にするかを考えて，最後に発表しました。たくさんの人の前で緊張したけれど，とても楽しく英語に取り組めて，とてもよい経験になりました。英語が好きになり，もっと英語を知りたいと思います。
- 昔の私は英語の必要性を全く感じませんでしたが，今ではトムと少しでも話ができたらいいなと思うようになりました。少しずつ英語の楽しさを学べてきているのでこれからも頑張りたいです。

(2) 生徒のことばからわかること

「トムの友人にカナダでの日本料理の店をアドバイスする」という課題そのものが，「英語を使って自分の意見や考えを伝えること」であり，自分の意見や考えを伝えようとする気持ちが，英語を使おうというモチベーションに直接つながっていることがわかる。

実際，「このプロジェクトは楽しかった。」とする生徒が多かった。また，他のグループがプレゼンテーションをしている時は本当に真剣に聞いていた。評価カードのコメント欄を見ても，生徒がプレゼンテーション活動によって

多くのことに気づき学んだことがわかる。

　この活動はすべて生徒自身が自分で考え，グループ内で意見をやりとりしながら「自分たちのレストラン」のイメージを共有し，「自分たちの意見・考え」として英語で表現して伝え合う活動であった。英語力の十分でない生徒たちであっても，「自分たちの意見・考え」を伝えたいという強い思いがあれば，英語で書いたり話したりしようという意欲が引き出され，英語学習への大きな動機付けになることが改めて分かった活動であった。

11. プロジェクト成功の秘訣

　この取り組みを進めていく過程で生徒たちによい変化があり，最終的にすべてのグループがプレゼンテーションを終えることができた。この成功に結びついたと思われる理由を考えてみた。

①興味や関心があり，さらに知識や経験があるようなことについての意見や考えを重視したこと。

②生徒の意見や考えを英語で伝える必然性がある状況設定にして，英語へのモチベーションを高めたこと。

③私学ならではの柔軟性を利用して，ALTを含め複数の教員で授業をしたこと。(今回ALTは10回の授業のうち5回参加)

④グループ活動をするに当たって，希望する店の種類にしたがって，生徒自身にグループのメンバーを決めさせたこと。

⑤グループの人数を3～4名の少人数にしたこと。(1時間目の「ずぼら飯」の時，6人のグループではまとまらなかった経験から)

⑥すべての生徒が役割をもって活動できるように，タスクを設定したこと。

⑦ランチメニューの紹介など，調理科の活動でポスターを作ったりしていたので，ポスター製作が抵抗なくできたこと。

⑧教員は日本語を英語に直すなど，生徒から質問がある場合のみ支援を行い，生徒の発想の自由度を高くしたこと。

12. 考察と今後の課題

　授業を見学に来た教員（このクラスの担任と国語担当教員）が、グループ活動の様子を見て、「このクラスでグループ活動ができるとは思わなかった。驚いた。」と話してくれた。生徒が辞書を引き教師に積極的に質問する姿は、私たちにとっても嬉しい驚きであった。

　この変化をもたらしたものは、「生徒の意見・考えを重視する」活動そのものであり、「自分たちが考えたこと」を英語で発表するという目標に向けてグループで取り組んだ結果である。お互いの意見や考えをやり取りし、プレゼンテーションの準備をしていくうちに、それぞれの役割分担が決まり自発的に活動を始めた。生徒の活動が授業の中心となり、英語で表現しようと努力したり周囲に質問したりするようになった。英語に苦手意識を持っていた生徒の変化は特に大きかった。「生徒の意見や考えを重視する活動」が「生徒の自発性を引き出すこと」につながり、そのことにより英語の授業も楽しくなりプレゼンテーションに向けてグループで協力する意欲が高まったと言えよう。

　生徒のことばの中に、「英語は伝えようとした時が1番覚えやすく楽しいんだと思いました。」「教科書の例文をそのまま読むより、みんなで考えた英文は意味があるし、気持も入りました。」など、肯定的な意見がある中、「英語で物事を言う難しさを改めて感じた。」「何を言っているのかさっぱりわからなかった。」「普通に文法とかをただ覚えても、英語の会話でとっさに使うことが難しいなと思った。だから、英語を使えるように、日常生活でも英語を身近に感じられるようにしたいです。」という意見もあった。

　簡単な英語でも実際に使う力がまだまだ不足しているのが現状である。その力をつけるために、英語の授業をダイナミックに変えていく必要性があると実感している。また、プレゼンテーションの事後指導などの課題も見えてきた。この授業実践を契機に「英語の授業は英語で行う」を目標に前進していきたい。

（山田 佐代子・稲木 穣）

9. 意見や考えを表現するために必要な援助とそのあり方
　―ワークシートの活用―

1. はじめに
　意見や考えを述べるのに必要な援助はどのようなものか，授業中に何度も悩むことである。英語が得意な生徒，習熟度の高い生徒は意見や考えの表現は比較的容易だと感じる。しかし，英語が得意ではない生徒や習熟度の低い生徒たちは，意見や考えを求めると不安そうな顔をする。そこで意見や考えを問う授業を実践しながら，生徒たちにとって効果的な援助とはどのようなものかを探ろうとした。

2. 実践について
(1) 実践のねらい
　高校1年生の英語Ⅰの授業を実践の対象にした。実践を始めたばかりの1学期は，生徒が意見や考えを表現できないのは「文の作り方がわからないのだろう」，「必要な語彙が選べないのだろう」と，言わば勝手に推測し，生徒が意見や考えを表現するのに参考になるであろうと思われる資料を配布して，生徒の意見や考えを尋ねた。しかし，その資料はあまり使われることなく，1学期を終えた。
　そこで2学期，3学期は1学期の反省を踏まえ，ワークシートを使って意見や考えを表現させ，支援のあり方を探った。本稿では，1年にわたる筆者の試行錯誤の過程を報告し，支援がどの程度効果があったのかを生徒たちへのアンケートで調査する。

(2) 対象生徒
　進学コースの1年生，32人学級2クラスの合計64人を実践の対象とした。明るく，賑やかな生徒たちではあるが，習熟度が高く現状では物足りないと感じている生徒から，be動詞と一般動詞の区別ができないなど中学1年生

の学習内容が定着していない生徒まで，習熟度に差がある生徒が混在している。英検3級取得率は約2割である。

(3) 使用教科書

英語Ⅰ *World Trek 1*（桐原書店）

Lesson 1 ～ 8（各3 part），Lesson 9 ～ 11（各4 part）から構成されている。

(4) 意見や考えを表現する活動と具体的援助

意見・考えを表現させる活動としては，パートが終わるごとに，意見や考えを問う発問を行った。

①意見や考えを問う発問をする際の留意事項
・レッスンの導入時に背景知識を増やし，視覚教材を提示し，興味や関心を持たせる。
・意見や考えを表現し易くなるように，質問を吟味する。
・出来るだけ教科書の表現を使う。
・下記のように，Part 1 から 3 へと進むにつれて，自己関連度が高く答え易いと思われる問から，少しずつ教材への理解が深まり，考えなくてはならないような発問をする。

（例）Lesson 8　Color Associations

Part 1　What is your favorite color? Why do you like it? What do you associate it with?

（色について漠然とイメージを持たせる。好きな色，その色を好きな理由を考えさせる。その色から連想するものを答えさせる。）

Part 2　About your hair, eyes, nose, and lips. What color and shape do you want to have?

（物に対する個人による色のイメージや好みの違い，感じ方の違いを理解させる。）

Part 3　If you don't have any colors around you, what do you think of it?

（この世界から色が無くなったらどう思うかを問い，色の果たす役割を考え

させる。）

②意見や考えを表現する際の援助
・まず日本語で表現させてみる。その後で，英語に直させる。
・生徒の発言の中から共通している内容の発言を取り上げ，正しながら板書する。生徒の発言はすべて，意見や考えの表出と考え，なるべく教室全体で共有する。
・不安感を減らすために，ペアやグループでの活動を行う。
・表現し易くなるように，ワークシートを使用する。

③ワークシート使用の目的と方法
　意見・考えの表現活動ではワークシート（次ページ）を積極的に用い，ワークシートに記入させることで，意見や考えの書き方のパターン化を図った。ワークシートの流れは次のようになっている。

> ①問を確認する
> ②日本語で意見や考えを表現する
> ③ペア活動やグループ活動において出てきた意見や考えを書きとめる
> ④自身の意見や考えを改めて英語で書く
> ⑤最後に①から④をつなげて書き，流れのある文章を書く
> ⑥時間に余裕がある時は，その日の授業の感想を書く

　①から④を繰り返すことで，意見や考えを表現する際の書き方が生徒の中で自動化し，生徒自身の力で少しでも表現し易くなることを目指した。その際，発言は流暢さを優先し，その後正確さを求めた。また，③と④の段階で，日本語で書いた生徒たちが伝えたいと思う意見や考えを，生徒が持っている英語の語彙から表現し易く簡単なものを選び，なるべく教材中にある表現に結び付けるように援助した。

3. アンケート調査

　本実践では，意見・考えを述べたり書いたりする活動を主として行った。また試行錯誤の中から，支援の方法としてワークシートを使用した。そこで意見や考えの表現は生徒たちにどのように捉えられていたのか，支援に用いたワークシートは効果があったのかどうかを明らかにするためにアンケート

調査（資料1）を実施した。以下はその結果である。

①アンケート項目1：意見や考えをたずねられる事をどう思いましたか。（回答は5件法，5に近いほど肯定的評価，1に近いほど否定的な評価である。）
 ①簡単－難しい　　　　　　　　　2.85
 ②楽しい－つまらない　　　　　　3.25
 ③やる気が出る－やる気が出ない　3.23

②アンケート項目2：意見や考えを聞かれたことはよかったと思いますか。
3.87
＊肯定的意見
 自分の考えを自信を持って言えるようになった／自分の気持ちを伝えるのが好き／学べるから／いろいろな意見が聞ける／すごく考える／自分で考える／自分の答えをしっかり考えられたから／自分で表現しようとする／自分で理解しようとする／考えを聞いて本当の事がたくさんわかる／楽しい／勉強になる／英語の力になる／間違いが（その場で）わかる／修正してもらえる／答え方を学べる／受け身の授業ではない／ボーっとする時間が減った
＊否定的意見
 緊張する／いいことだと思うけど，聞かれるのがいや／わからない時があった／質問によって変わる／難しい質問は大変だった

③アンケート項目3：意見や考えを表現することで，どのような英語の力が向上したと思いますか。一つ選んでください。
   読む力　　　31.3%
   書く力　　　29.7%
   話す力　　　23.4%
   聞く力　　　 9.4%
   いずれでもない　0%

④アンケート項目4：意見や考えを表現するとき，英語の使用量はいつもより増えたと思いますか。　3.03

⑤アンケート項目5：意見や考えを問われた時に，難しいと感じたことは何ですか。（数字は，それぞれの回答に以下のポイントを与え，その回答を平均したものである）

とても思う…5，やや思う…4，どちらでもない…3，思わない…2，全く思わない…1

項　目	
・何を言えばよいかわからなかった	3.30
・言いたいことがなかった	2.32
・みんなの前で表現することが恥ずかしかった	1.80
・自分の意見や考えが違っているかもしれないと不安になった	2.98
・「言いたいことはあったがそれを英語にするのが難しい」（英語の問題）	4.25

⑥アンケート項目6：わからない時にどのように解決をしましたか。

項　目	人数（％）
辞書で調べる	53（82.8％）
友達に聞く	47（73.4％）
教科書を見る（辞書・黒板・ノートを含む）	30（46.9％）
先生に聞く	27（41.9％）

（　）内の％は，64人の生徒の内，それぞれの項目を選んだものの割合を示している。

⑦アンケート項目7：意見や考えを述べる際，どの学習形態が意見や考えを述べやすいですか。

　　　ペア　　　59.4％
　　　グループ　29.7％
　　　個人　　　10.9％

	よいと思う理由	よくないと思う理由
ペア	一緒に考えられる／意見を言い易い／言い合える／一対一で話せる／意見をまとめ易い／個人は嫌だけど，グループでは考えがまとまらない／相手の意見を参考に出来る／意見を聞ける／気を使わなくてよい／どちらかが言わないといけないから／楽だから	
グループ	（いろいろな）人の意見が聞ける／みんなの意見をまとめて発表できる／みんなで考える／いろいろな意見から一番よいものを選べる／1人で発表している人の意見を聞くより，少人数の中で一人一人の意見を聞く方がよく聞ける	人数が多い／人任せになる／違う事を話してしまう／何もしなくてもいい時が多い／仲良くない子とは話したくない
個人	他の人と一緒に考えるのが面倒／自分の考えを思う通りに書ける／自分の意見を言える	

⑧アンケート項目8：英作文のワークシートについて
・ワークシートは表現するのに役立ちましたか。　4.35
・その理由
　〈役立った点〉
　　＊意見や考えの表現に関する回答
　　　自分で考えて書くから／考えようとすることが出来たから／自分で考えた事を表現できる／自分の意見を言えた／言いたいことをまとめ易くなった
　　＊英作文に関すること
　　　書くこつや書き方が分かる／（いろいろな）表現の仕方が分かる／書く力がついた／日本語から段々に英語に出来た／単語の並べ方が分かった／たくさん文を作れる／勉強した文法を使える／答え方が分かる／表で書いた文を裏で訂正できる
　〈役立たなかった点〉
　　＊意見や考えの表現に関する回答
　　　していても，意味が分からない／まだ使い方が分からない

＊英作文に関すること
　　パターンが決まり過ぎ
・ワークシートを何度も使うことであなたの意見・考えは表現しやすくなりましたか。　3.89

⑨アンケート項目９：以下は，授業で皆さんに尋ねた質問です。質問は答えやすかったですか，それとも答えにくかったですか。当てはまるものを選び，○で囲んで下さい。また，その理由もあれば答えてください。
　　L7 Part 3…3.08　　　L8 Part 1…4.39
　　L8 Part 2…3.69　　　L8 Part 3…2.95
　〈答えやすい理由〉
　　自分の意見が言えるから／物語の内容が分かったから／答えがはっきりしているから／教科書の単語を使えたから／英語の意味が分かるから
　〈答えにくい理由〉
　　考えが浮かばない／考えた事がなかった／（答えるのが）難しい／理由が難しい／教科書に書いてない／訳せない／単語の意味が分からない／文法の使い方が分からない

４．アンケート結果からの考察
(1) 意見や考えを問う実践についての検証
　本実践では，継続して意見・考えを尋ねてきたが，それに対する生徒たちの反応は，アンケート項目１の回答が示すように，①簡単－難しい（2.85），②楽しい－つまらない（3.25），③やる気が出る－やる気が出ない（3.23）であった。①では難しいと回答するのではないかと予想したが，ほんの少し難しいに傾いてはいるが，「どちらでもない」と感じているようである。後の②と③では多少肯定的な評価をしているが，「どちらでもない」と感じているようである。
　また，アンケート項目２では，意見・考えを聞かれたことがよかったかどうかを尋ねた。その結果，よかった（3.87）と評価している。またその理由

も否定的理由より肯定的理由が多く,「自分で考える」「自分で表現しようとする」「自分で理解しようとする」「受け身の授業ではない」「ボーッとする時間が減った」という理由からも分かるように,意見・考えを重視した授業では生徒が能動的,積極的に学習に取り組んでいる様子が分かる。

アンケート項目3では,「意見考えを表現することでどのような英語の力が向上したか」を尋ねた。その結果,読む力,書く力がついたと考えている生徒が3割ほどいた。このアンケートでは,英語の4技能の内どれか一つしか選べなかったため,ついた力をうまく見ることができなかったようにも思われるが,本実践で使用したワークシートでは意見や考えを書くことに重点が置かれていた。このことが影響し,書くことを選んだ生徒が比較的多かったのではないかと推測される。

アンケート項目5では,意見や考えを問われた場合,生徒たちは難しいと感じているのではないかと思い,難しいと感じる理由を予想して挙げ,生徒たちの意見を聞いた。その結果,「言いたいことはあったがそれを英語にするのが難しい」(4.25) と感じている生徒が多かった。自分の意見や考えがあってもそれを英語で表現するとなると,英語力の不十分さが障害になることが明らかになった。

アンケート項目6より,意見や考えの表現活動での拠り所が分かる。どのように表現してよいのか分からないときには,辞書を参考にしたり,友人に尋ねたりしている生徒が多く,教科書を見る,先生に聞くは半数以下だった。

アンケート項目7では,意見や考えの表現活動においてどの学習形態が意見や考えを述べやすいかを尋ねた。その結果ほぼ6割の生徒がペアでの活動が意見や考えを述べやすいと回答している。ペアでは相手の意見を参考にできること,意見をまとめやすいこと,負担が軽いことがその理由のようである。

アンケート項目9では,教科書を扱う中で用いた発問を取り上げ,意見・考えを問う発問の答えやすさを尋ねた。その結果,教科書を見れば答えのヒントが得られるものや自分にとって身近で,深く考えなくても答えることができる発問に対しては答えやすいと評価している。しかしながら問が抽象的で,深く考えなければならない発問になると,どちらでもないという評価に

なった。

(2) ワークシートによる支援の効果の検証

　アンケート項目8の①②③の結果から，ワークシートを用いたことは意見や考えを表出する活動において効果があったと評価されている。この点では，ワークシートによる教師の支援は成功だったように思われる。

　とくに，アンケート項目8の②より，まず日本語で自分の意見や考えを表現させることは，生徒に安心感を与えると共に，いきなり英文を作るよりハードルが低くなるようである。また，ワークシートに沿って作業をすることで，考えや意見の述べ方のコツをつかめるようになった生徒もいた。ただ，「使い方がわからない」，「パターンが決まりすぎている」という意見があることから，さらに改善が必要である。

5．今後の課題

　アンケート項目5の「意見や考えを問われた時に，難しいと感じたことは何ですか」の質問に対して，「言いたいことはあったがそれを英語にするのが難しい」という回答が最も多かった。これは，生徒の「表現したい」という意欲が増したためとも考えられるが，やはり生徒の英語力の不十分さによるものと考えられる。つまり，ある程度の英語力がなければ，意見や考えの表現は難しいのかもしれない。

　最後に，準備にも時間が必要だが，従来の教え方に加えて，意見や考えを問う授業をすると時間がかかる。他教員との進度を合わせる事や指導方法の違いにどう対応するかが難しい。指導教材の取捨選択や優先順位の検討，指導方法の工夫，指導方針の変更，他教員との協調や合意が必要だと感じている。

（米谷 由美子）

《資料1》

H24年度　1年進学　英語Ⅰ　3学期末　アンケート
　　　　　　　　　　　　　　　1-(　)No.(　)Name(　　　　　　　　)

　もうすぐ、高校1年生も終わりですね。皆さんの意見を英語で表現できるようになると良いと思い、様々な質問をしてきました。このアンケートで「意見や考えを答えること」について皆さんの気持ちを聞かせてください。

1　意見や考えをたずねられる事をどう思いましたか。当てはまるものを選び、○で囲んでください。
　　①　とても簡単　－　やや簡単　－　どちらでもない　－　難しい　－　とても難しい
　　②　とても楽しい－　やや楽しい－　どちらでもない　－つまらない－とてもつまらない
　　③　とてもやる気が出る－　やややる気が出る－　どちらでもない　－　やる気が出ない－とてもやる気が出ない
　　その他(　　　　　　　　　　　　　　　　　)

2　意見や考えを聞かれたことは良かったと思いますか。当てはまるものを選び丸で囲んでください。またその理由は何ですか。
　　とても良かった－やや良かった－どちらでもない－良くなかった－全く良くなかった
　　理由(　　　　　　　　　　　　　　　　　　　　　)

3　意見や考えを表現することで、どのような英語の力が向上したと思いますか。1つ選んでください。
　　聞く力、書く力、話す力、読む力、いずれでもない

4　意見や考えを表現するとき、英語の使用量はいつもより増えたと思いますか。
　　とても思う－やや思う－どちらでもない－思わない－全く思わない

5　意見や考えを問われた時に、難しいと感じたことは何ですか、思う順番に1～5を書いてください。また、それぞれに当てはまるところを○で囲んでください。
　　(　)何を言えば良いかわからなかった　とても思う－やや思う－どちらでもない－思わない－全く思わない
　　(　)言いたいことがなかった　　　　　とても思う－やや思う－どちらでもない－思わない－全く思わない
　　(　)みんなの前で表現することが恥ずかしかった　とても思う－やや思う－どちらでもない－思わない－全く思わない
　　(　)自分の意見や考えが違っているかもしれないと不安になった
　　　　　　　　　　　　　　　　　　　　とても思う－やや思う－どちらでもない－思わない－全く思わない
　　(　)「言いたいことはあったがそれを英語にするのが難しい」(英語の問題)
　　　　　　　　　　　　　　　　　　　　とても思う－やや思う－どちらでもない－思わない－全く思わない
　　(　)その他(　　　　　　　　　　　　　　　　　　　　　　　)

6　意見や考えを述べる際、どの学習形態が意見や考えを述べやすいですか。述べやすいと思うものを選び、○で囲んでください。またその理由は何ですか。

　　　　個人、ペア、グループ
　　　　理由(　　　　　　　　　　　　　　　　　　　　　　　　　　　　　)

7　わからない時にどのように解決をしましたか。当てはまるものに〇を打ってください。
　　　聞く(誰に？　　　　　　　)、調べる(どうやって？　　　　　　　)、見る(何を？　　　　　)
　　　その他(

8　英作文のワークシートについて(単語のワークシートではありません)
　　① ワークシートは表現するのに役立ちましたか。当てはまるものを選び、〇で囲んでください。
　　　　　とても思うーやや思うーどちらでもないー思わないー全く思わない
　　② 上記で答えた理由を書いてください。
　　　　(　　　　　　　　　　　　　　　　　　　　　　　　　)
　　③ 他にどのような資料があると良いと思いますか。
　　　　(　　　　　　　　　　　　　　　　　　　　　　　　　)
　　④ ワークシートを何度も使うことで、あなたの意見・考えは表現しやすくなりましたか。
　　　　当てはまるものを選び、〇で囲んでください。
　　　　　とても思うーやや思うーどちらでもないー思わないー全く思わない

9　以下は、授業で皆さんに尋ねた質問です。質問は、答えやすかったですか、それとも答えにくかったですか。
　　当てはまるものを選び、〇で囲んでください。また、その理由もあれば答えてください。

教科書	質問
L7 part3	The numbers of many wild animals are decreasing day by day. What do you think of it?
	とても答えやすいーやや答えやすいーどちらでもないー少し答えにくいーとても答えにくい　理由
L8 part1	What is your favorite color? Why do you like it? What do you associate it with?
	とても答えやすいーやや答えやすいーどちらでもないー少し答えにくいーとても答えにくい　理由
part2	About your hair, eyes, nose, lips. What color and shape do you want to have?
	とても答えやすいーやや答えやすいーどちらでもないー少し答えにくいーとても答えにくい　理由
part3	If you dont have any color around you, what do you think of it?
	とても答えやすいーやや答えやすいーどちらでもないー少し答えにくいーとても答えにくい　理由

10　授業についての感想などを書いてください。

　　　　　　　　　　　　　　　　　１年間＆アンケートへのご協力有難うございました

10. 意見・考えを問う活動を中心にした授業実践
―アクション・リサーチから見た学習者と教師の変化―

1. はじめに

　本稿では，意見・考えを中心とした授業実践を以下の2点に焦点を当てて報告する。1点目は，職業高校3年生を対象に行った，意見・考えを中心とした授業の展開過程を報告する。2点目は，意見・考えを中心とした授業を通して見られた，学習者の授業への取り組みの変化，および教師の意見・考えを中心とした授業についての考え方の変化について報告する。

2. 対象学習者

　本実践では，食品科3年生を対象とした。男子2名，女子20名のクラスであるが，英語の時間は少人数クラスを実施しているため，本実践には男子1名，女子11名が参加した。少人数クラスは習熟度別ではなく，単純に名簿順で分けられている。

　筆者が勤務している高等学校では，1年生時にオーラル・コミュニケーションIを2単位，2，3年生時に英語Iを2単位ずつ学習させている。2，3年時の教科書は *VISTA English Series New Edition I* を使用している。また，2週間に1回程度，ALTによる授業が行われている。

　学習者は専門教科を重視した教育課程の下で学習している。高校卒業後は就職する学習者が多く，英語を必要とする大学入試に臨む学習者はほとんど見られない。就職時にも，英語の能力を直接的に要求されるような仕事を選ぶ学習者はほとんど見られない。そのため，英語を学習する必然性に欠け，英語の学習に対して興味・関心をもつ学習者は，普通科高校の学習者に比べると少ない。むしろ，英語に対して苦手意識を持っている学習者が多く，中学校で学習した基本的な語彙や文法事項を覚えていない学習者がとても多い。

3. 研究の動機：4月〜5月前半

　筆者は本校に着任したばかりであり，対象クラスのみならず，本校の学習者の様子を全く把握していなかった。そこで，4月から5月前半は，筆者のこれまでの指導経験に基づいて授業を行った。具体的には，以下の二つをベースとして授業を組み立てた。一つ目は和訳先渡し方式（金谷, 2004）である。教科書本文を印刷したプリントに日本語訳をつけて，学習者に配布した上でワードハント（word hunt）や事実情報を確認するQ＆A，パッセージの要約などを行った。二つ目は，英語を使ったチャット活動である。学習者がペアになって身近なトピックについて話す活動を行った。いずれもこれまでの指導経験で筆者なりに手応えを感じている手法であった。単元はLesson 9 Pathwayを扱った。

　学習者はどのような反応をしたか。まず和訳先渡し方式による授業では，学習者から「難しい」「分からない」「もういやだ」といった声が多数聞かれた。中には課題に取り組むことをあきらめて私語を始めたり，居眠りを始めたりする学習者も見られた。教師の支援が足りないのかと思い，一人ひとり個別に解説をして回ったり，クラス全体に発表を求める時は，考える時間を十分にとることを心がけたりした。しかしながら，そうすることで今度は教師が対応している学習者以外の学習者が私語を始めたり，溜息をついて机に突っ伏したりする姿が見られるようになった。チャット活動では「よーいスタート」の合図で日本語での私語が始まることもあり，筆者にとっては衝撃的な光景であった。

　授業が終わるたびに，なぜ授業がうまくいかなかったかを考えた。授業が失敗した原因としては，筆者の工夫が十分でなかったことは言うまでも無いが，彼女たちの2年生までの学習スタイルを大幅に変えてしまったことや，教師は十分に支援をしているつもりでも，授業で扱った活動が学習者にとって負担が大きすぎたことなどが考えられた。筆者は本校に着任する前は，浅い経験ながらも，中学校，高等学校，工業高等専門学校，予備校，塾，特別支援学校等様々な場所で指導してきた経験があり，それなりの「引き出し」

は持っていたつもりであった。しかし当時は，どの「引き出し」を開けても彼女たちの授業に対する動機を高め，英語の力を伸ばすために有効な指導法が見当たらない気がしていた。

4．アクション・リサーチの開始
(1) アクション・リサーチとは

文字通り試行錯誤で授業を進めていたが，5月半ばに行われた1学期中間考査を機に，自分の授業を本格的に見直すためにアクション・リサーチを行うことにした。

アクション・リサーチとはどのような研究か。佐野（2005: 5）には「教師が教室での問題を克服し，授業改善を図る。それがアクション・リサーチなのです」と述べられている。横溝（2000: 17）はアクション・リサーチを「自分の教室内外の問題及び関心ごとについて，教師自身が理解を深め実践を改善する目的で実施される，システマティックな調査研究」だと述べている。また，草郷（2007: 252）では，アクション・リサーチは「当事者（実践者）による問題解決の『プロセス』を重視したリサーチであり，当事者自身が問題解決の進み具合を測りながら，その実践活動を向上させるためのさまざまな手法の集合体」とも表現できると述べられている。つまり，アクション・リサーチとは，教師が担当している学習者が教室内外で抱える問題点を的確に理解・把握し，その問題点を克服するために授業改善を行う研究であると言えるだろう。

アクション・リサーチの定義と同様，その進め方についても様々な手法が提案されている。例えば，前述の佐野（2005）は仮説検証型のアクション・リサーチを，横溝（2009）では課題探求型のアクション・リサーチを提案しており，一口にアクション・リサーチと言っても多様な手法が見られる。しかしながら共通点も多く見られ，どの手法も①問題点の把握，②プランの作成・実行，③データの収集・分析，④プランの評価，⑤プランの修正・実行といったプロセスを含んでいる（島田, 2008）。そこで，本実践では島田（2008）がまとめた上記の手法に沿って，アクション・リサーチを行った。

(2) データ収集方法

本研究で使用したデータは，教師による観察を基にした授業日誌である。毎回授業で可能な限り注意深く学習者を観察し，授業直後可能な限り早く授業日誌を書き記録をとった。授業記録の形式は三上（2010）を一部変更して使用し，日付，授業の目標，指導手順，内容，授業の感想，反省，気づいたことを記録した。改善のヒントが思い浮かんだときには随時記録した。

5．授業実践1：Lesson 10 Finding My Way

(1) 問題点の把握

まずは，学習者はどのような活動に取り組むことができて，どのような活動には取り組めないのかを把握することに焦点を当てることにした。

1学期前半の実践から，学習者が自ら英文を読んで内容を理解するためには，統語面・語彙面に関しての様々な支援が必要であることは間違いないと考えた。しかし，一度にたくさんの支援を行って様々な活動を行っても，学習者にとっては認知的な負担が大きくなる。その結果，活動をやり遂げようとする意欲が薄れ，途中で諦めてしまうのではないかと考えた。そこで一度にたくさんのことを学習させようとするのではなく，語彙のみに焦点を当ててアクション・プランを計画することにした。

また，もう一つの反省点として，授業に対する興味・関心を筆者が喚起できていないのではないかと考えた。そこで，教科書本文の内容に対する興味，関心を喚起するために，単元の1時間目の授業は内容面に焦点を当てて意見・考えを問う活動を主として授業を行うことにした。大下（2002）や森（2003）によると，学習者は事実情報を問う活動よりも，意見・考えを問う活動に取り組んだ時により充実感を得ることが報告されている。また，後述するが，本実践で扱った単元は，聾者の女優である忍足亜希子氏の生き方について書かれた，メッセージ性の高い教材であった。したがって，本教材に対して意見・考えを問う活動を取り入れることで，学習者の内発的な動機づけを刺激し，授業に積極的に取り組むよう促すことができるのではないかと考えた。

(2) 単元について

Lesson 10 Finding My Way は聾者の女優忍足亜希子氏が，幼少の頃どのように過ごしどのような経緯で女優という道を選んだかが書かれている。本文中では，自分自身の道を見つけることの重要性が説かれている。忍足氏の心情が随所に述べられており，メッセージ性の高い教材であると言える。

(3) アクション・プラン

表1にはLesson 10で行われた授業の大まかな流れが示されている。授業は5月後半から6月後半にかけて実施された。

表1 Lesson 10 Finding My Way における授業内容

第1時	Pre-Reading	忍足亜希子氏について簡単に紹介する
	While-Reading	教科書本文を読み，日本語訳の穴埋めを行う
	Post-Reading	意見・考えを問う発問に取り組む
第2時	Presentation	Lesson 10前半の目標語彙の発音の確認を行う
	Practice	目標語彙の意味をペア活動で確認する 語彙練習に取り組む
	Production	目標語彙の確認テストに取り組む
第3時	Presentation	Lesson 10後半の目標語彙の発音の確認を行う
	Practice	目標語彙の意味をペア活動で確認する 語彙練習に取り組む
	Production	目標語彙の確認テストに取り組む
第4時	Presentation	関係代名詞についての明示的説明を行う
	Practice	練習問題（日本語訳・並び替え）を行う
	Production	関係代名詞の確認テストに取り組む

第1時間目は内容面に焦点を当てた活動を行った。まず忍足亜希子氏について簡単に紹介した後，本文を読みながら日本語訳の穴埋めを行った。本文には学習者が覚えていないであろうと思われる語彙や表現に日本語訳をつけた。その後，意見・考えを問う活動を二つ行った。一つ目は「もし自分が耳が聞こえなかったら，忍足氏のような生き方ができるか」を考えさせた。二つ目の発問は，忍足氏が新しい挑戦が必要だったため，銀行勤務をやめて女優になったという記述を受けて，「なぜ新しい挑戦が必要だったのか」を考

えさせた。活動に当たっては，発問に対する自分自身の答えをワークシートに記入させた後，クラス全体で共有させた。共有する際には全員が答えるように指示した。

　第2,3時間目は語彙練習に焦点を当てた授業を行った。Lesson 10の語彙の発音をクラス全体で確認した後，語彙の意味をペア活動で確認させた。ペア活動は一方の学習者が「りんご」と日本語で問題を出し，もう一方の学習者が「apple」と答える，シンプルな活動である。語彙練習では，目標語彙を5回ずつ書く練習を行った後，教科書の穴埋め問題として以下のような問題を与え，括弧に適する語彙を書く問題に取り組ませた。

日本語：私は子どものころ，家族の中で耳が聞こえない唯一の人だと知った。
英語：　When I was a (　　), I knew that I was the only one who couldn't
　　　　(　　) in my family.

　第4時間目はLesson 10の目標言語材料の一つである関係代名詞に焦点を当てた授業を行った。授業はいわゆるPPP (presentation – practice – production) 形式で行われた。

(4) 授業の様子

　まず語彙を中心とした指導法について述べる。授業記録には以下のように記載されている。

・ペアで行う確認はけっこうchallengingだったようで，しかし口頭で行うために（学習者は）リラックスして行っていた。（中略）「分からない」がないので，みんなが取り組めるところがよかった。（第2時）

・「最近英語がわかる」，「今なら（テスト）いける」という声もあがる（S1, S2）。他の生徒も単語の確認や穴埋めはしっかり取り組むようになってきた。英語の学習に気持ちが少し向いてきた。ただ，(2) (Lesson 10後半の語彙練習) については，S1, S2はダウンしていた。（第3時）

語彙についてのペア活動は導入当初は戸惑っている様子が見られたが，すぐに全員が取り組み，時には笑顔で取り組む様子が見られた。第2時，第3時と繰り返し行ったためか，「最近英語が分かる」「今なら（期末テスト）いける」という声も数名から聞かれた。最後まで集中力がもたなかった学習者も見られたものの，1学期前半に比べると単語のペア活動，練習には集中して取り組んでいたように思われる。

　内容面に焦点を当てた活動には，形式面に焦点を当てた活動よりも明らかに集中して取り組んでいる様子が見られた。登場人物の忍足亜希子氏の生き方と自分自身を照らし合わせているように見えた。学習者に，「書いた意見を発表してもらいます」と言うと，ためらいの表情を見せた者も数名見られたが，「今日は全員に発表してもらいます」と伝え，順番に指名すると，全員が自分の意見を発表することができた。また，意見・考えをクラス全体の前で発表する前に書いたプリントには，発表したとき以上の内容を書いている学習者も多く，発問にきちんと向き合って活動に取り組んでいたことが窺えた。

(5) アクション・プランの評価

　本単元を振り返ると，学習者が自ら取り組むために，以下の2点が必要だと考えることができる。1点目は，学習者が負担を感じずに取り組むことができる活動，不安にさせない活動を取り入れることである。1学期前半の実践では，英文を読む際に学習者が知らない語彙や表現が2, 3見られると，負担が大きいと感じてしまい，途中で活動を投げ出してしまう様子がしばしば見られた。また，チャット活動のような自由度が高すぎる活動を行うと，学習者は活動をどのように行っていいか自信が持てず，結果的に活動に取り組むことをあきらめ，私語をしたり，不満を漏らしたりしていたように思われる。しかしながら，1学期後半の実践では語彙に焦点を当てて，言語項目や活動手法について曖昧な箇所を可能な限り作らないように意識した。たとえ分からない語彙があっても，自分で振り返りができるように配慮した。その結果，最後まで集中できない学習者は数名見られたものの，概ね集中して

参加する様子が見られるようになってきた。

　2点目は内容面，とりわけ意見・考えを問う活動を授業に取り入れることである。内容面に焦点を当てるには，事実情報に焦点を当てる方法と，教科書本文の内容について意見・考えのやりとりをする方法が考えられる。1学期前半にはQ＆Aや要約活動など，事実情報に関する活動を主として取り入れた結果，学習者の授業に対する意欲を刺激することができていなかった。一方，意見・考えを問う活動においては，こちらから指示したにせよ，全員が授業中に発表する様子が見られた。また，発問にきちんと向き合って，自分の意見・考えを学習者なりの言葉で書いている様子が見られた。事実情報を問う活動に比べ，意見・考えを問う活動を行った時の方が明らかに意欲的に授業に取り組んでいたように思われる。少なくとも，授業と全く関係のない私語を行ったり，居眠りをしたりする様子は見られなかった。

6．授業実践2：Lesson 11 Landmines

　Lesson 10の実践から，学習者が自ら取り組むことができる授業を展開するには，学習者が負担を感じずに取り組むことができる活動を取り入れること，意見・考えを問う活動を授業に取り入れることが示唆された。これらを踏まえて，Lesson 11では，語彙に焦点を当てた授業を継続しながら，意見・考えを問う活動を行う回数を増やすことにした。

(1) 単元について

　Lesson 11 Landminesは地雷問題について書かれた文章である。世界に存在する地雷の数，地雷を除去するための費用や時間，地雷の標的などの情報が書かれている。また，子どもたちを狙った地雷について，その形がアイスクリームのコーンやチョコレートエッグの形をしていること，ぬいぐるみやコーラ缶の中に入れられていることが記述されている。地雷の悲惨さ，残酷さについて具体的に書かれており，学習者の感情を揺さぶる教材であると思われる。

(2) アクション・プラン

表2 Lesson 11 Landmines における授業内容

第1時	Pre-Reading	地雷で手足を失った子どもたちの写真を見て，なぜ彼らに手足がないかを推測する
	While-Reading	教科書本文を読み，日本語訳の穴埋めを行う
	Post-Reading	教科書本文についてどう思うかを考える 日本語資料を読み，感想をクラスで共有する
第2時	Presentation	Lesson 11 前半の目標語彙の発音の確認を行う
	Practice	目標語彙の意味をペア活動で確認する 語彙練習に取り組む
	Production	目標語彙の確認テストに取り組む
第3時	Pre-Reading	前回までの教科書のお話の確認をする
	While-Reading	教科書を読んで事実情報を問う問題に答える
	Post-Reading	地雷についての the worst thing を選択肢から選び，その理由を書く 教科書の音読練習を行う
第4時	Presentation	Lesson 11 後半の目標語彙の発音の確認を行う
	Practice	目標語彙の意味をペア活動で確認する 語彙練習に取り組む
	Production	目標語彙の確認テストに取り組む

　表2は Lesson 11 で行われた授業の大まかな流れが示されている。Lesson 10 での実践を踏まえて，単元を二つに分割し，前半，後半共に意見・考えを中心とした授業を行った後に形式練習を主とした授業を行った。また，内容面に対する興味・関心を喚起するために，日本語による補助資料を準備した。資料は，地雷を実際に受けた被害者の写真と共に，その時の様子が書かれた文章を提示した。

(3) 授業の様子

　意見・考えを中心とした授業を行った第1時間目，第3時間目の授業について様子を述べる。まず，第1時のプレ・リーディング時に手足がない子どもたちの画像を見せ「この子達はなぜ手足がないと思う？」と尋ねた。すると，学習者はすぐに教科書を見てしまい，大半の学習者が「地雷！」と答えた。

教科書を見ないように事前に伝えなかったのは大きな反省点であった。しかしながら，新しい単元の導入としてはそれなりのインパクトはあったようで，写真を見せるとすぐに反応があり，驚きの声が聞かれた。

　本文に目を通す際には，日本語訳の穴埋めを行いながら読み進めた。時折語彙についての質問があったが，教師が語彙の日本語訳を口頭で与えると，ほとんどの学習者が自分自身で取り組むことができていた。日本語訳の穴埋めの過程で，「マジか」「最悪やな」という声がしばしば聞こえてきた。内容面に焦点を当てて読んでいる様子が窺えた。

　ポスト・リーディングでは，カンボジアで実際に地雷の被害に遭った子どもたちの写真と彼らのコメントをインターネットから引用し，学習者に提示した。日本語の資料を読んでいるときの学習者はとても真剣な表情になり，地雷の悲惨さについて様々な思いを巡らせている様子が窺えた。

　時間割やテスト等の都合上，第3時目の実施までにかなりの期間が空いてしまった。第1時間目と第2時間目の授業は1学期中に行うことができたが，第3時間目の授業は夏休みを終えた9月10日になってしまった。そのためか，第3時間目に行った事実情報を問う質問に答える活動，the worst thing を選択肢から選ぶ活動共に，積極的に取り組む学習者はとても少なかった。以下は第3時間目の授業記録である。

・まだ授業モードに入っていない子が多数。S3，S5，S4は全く取り組んでいなかった。1）(事実情報を問う活動)と2）(意見・考えを問う活動)に関してはS11やS2は真剣に考えて一生懸命取り組んでいる様子が見られて感心した。(中略) 今回は久しぶりということ，英文の支援が足りなかった（語彙だけでは不十分で，もっと文法構造にまで支援が必要）こともあってか，あまり盛り上がらなかったが，意見・考えを聞くことがだめというわけではなさそう。前述のように一部の生徒はきちんと考えて取り組んでいたし，意見・考え（the worst thing）を書かせたものを読んでいると，それなりに考えて取り組んでいる様子は見られている。ただ，授業の雰囲気的に意見・考えをシェアするようなことはできなかった。（第3時）

しかし，第3時の様子のみを踏まえて，意見・考えを問う活動が学習者の動機づけに効果がなかったと推測するのは早計である。上述のように，2学期最初の授業であったこと，英文の支援が足りなかった可能性があったことが学習者の取り組みの消極性に影響を与えた可能性もある。また，一部の学習者は一生懸命考えている様子も窺えた。

(4) アクション・プランの評価

第3時間目は諸々の理由で上手くいかなかった点も見られたが，第1時間目の授業では，学習者はプレ・リーディング時，リーディング時，ポスト・リーディング時すべての段階において熱心に取り組む様子が見られた。学習者の授業に対する積極的な態度を促進するという観点から考えると，意見・考えを中心とした授業は一定の効果があったと実感している。その一方で，内容に焦点を当てるあまり，英語学習との関連が薄くなってしまったことが反省点として挙げられる。例えば第1時間目の授業では，プレ・リーディング時，リーディング時，ポスト・リーディング時において学習者が英語に触れた機会は，リーディング時に一度英文に目を通すだけであった。第2時，第4時間目に教科書本文についての形式学習は行っているものの，意見・考えを中心とした授業でも英語学習とより関連させていく必要があると感じた。

7. 授業実践3：Lesson 12 The Bus Boycott

これまでの実践を通して，意見・考えを中心とした授業を行うことで，学習者が意欲的に取り組む様子が見られるようになってきていた。しかしながら上述のように，意見・考えや内容面に焦点を当てようとするあまり，英語学習という側面からやや離れてしまっているようにも感じられた。この点を踏まえて，Lesson 12 では意見・考えを中心とした授業を英語学習と結びつけることを目標にアクション・プランを作成し実行しようと試みた。

意見・考えを中心とした授業を英語学習とつなげるためには，どのような工夫が必要であろうか。先行研究を概観すると，英語で意見・考えを中心とした授業を行う際に注意すべきポイントが，大きく3点見られる。1点目は，

扱うトピックを慎重に選択することである。自己関与が高い話題や学習者が興味をもてる話題を選んだり（田中, 2009），教科書の話題に類似した話題について扱ったりする方法が考えられる（尾形, 2009）。2点目は，意見・考えを表出するための形式面の支援を行うことである。使用するべき表現を提示する方法，日本語で表出することを許可し，後に英語に直す方法が考えられる（尾形, 2009; 田中, 2009）。また，学習者の発話を正しく直して板書したり，YesまたはNoで答えられる質問から始めたりする方法も考えられる。3点目は，学習者が意見・考えを持つことができるための支援を行うことである。背景知識を増やす工夫，問題意識を高める工夫を考える必要がある（尾形, 2009）。

　先行研究によると，学習者の誤った発話を許容し，後で誤りを正しく直す手法が支援の方法の一つとして提案されており，意見・考えを何とかして英語で表出させることで，英語学習と関連づけることができるのではないかと考えた。その一方で，1学期前半の実践の反省から，英語で意見・考えの表出を求めると，学習者にとって負担が大きくなりすぎて，活動に取り組まなくなってしまうリスクも予想された。英語に触れる機会や使用する機会を少しでも増やしつつ，負担を大きくしないためにはどうすればよいかを考えた結果，以下に示す手法を用いることにした。

(1) 単元について

　Lesson 12 The Bus Boycottは米国の公民権運動を扱った文章である。黒人女性のローザ・パークス（Rosa Parks）氏が，バス内で白人に座席を譲らなかったために逮捕されてしまったこと，ローザ・パークス氏の逮捕がきっかけで黒人たちが団結し，バスボイコットを行ったということが書かれている。バスボイコットの際にどのように協力し合ったか，どのような思いでバスボイコットが行われていたかが具体的に書かれており，メッセージ性の高い教材である。

(2) アクション・プラン

　表3には Lesson 12 で行われた授業の大まかな流れが示されている。第1時間目には，内容を重視した授業を心がけた。Lesson 11 までの授業の反省と文献研究を踏まえて，意見・考えと英語学習をつなげるために以下の3点を試みた。1点目は自分の意見・考えを英単語1語で表現する活動である。学習者は，白人に席を譲らなかったために逮捕されてしまった黒人女性についてのテキストを読み，事実情報の確認を行った後，この話についてどう思うかを日本語で書くように求められた。その後，意見の共有をしながら自分の気持ちを英単語1語で表現するよう求められた。前述のように，意見・考

表3　Lesson 12 The Bus Boycott における授業内容

第1時	サイクル1	Pre Reading	女性専用車両制度について意見・考えを問う 米国のバスには白人専用席があったことを伝え，どう思うかを問う
		While Reading	教科書前半を読み，事実情報を確認する
		Post Reading	教科書本文についてどう思うかを問う この後の展開を予測する
	サイクル2	While Reading	教科書後半を読み，事実情報を確認する
		Post Reading 1	印象に残った文を本文中から一つ選ぶ 印象に残った理由を日本語で考える
		Post Reading 2	デモ参加者のコメントを日本語訳する デモ参加者がどのような思いかを考える
第2時	Pre-Reading		前回のお話の確認をする
	While-Reading		教科書を読んで，デモ参加者がボイコットを成功させるためにどのように協力し合ったかを答える
	Post-Reading		キング牧師の紹介を行う　キング牧師の演説を聴いて感想を書く
第3時	Practice 1		Lesson 12 前半の日本語訳を行う　教科書表現を基に和文英訳活動を行う
	Practice 2		Lesson 12 後半の日本語訳を行う　教科書表現を基に和文英訳活動を行う

えを英文で表現させることも考えたが，学習者の認知的負担を考慮し，活動に取り組もうとする気持ちを優先し，英単語1語で表現させることとした。2点目は，印象に残った文を本文から抜き出す活動である。学習者は，バスボイコットが行われた様子が具体的に記述された段落を読み，事実情報を確認した。その後，テキストの中から印象に残った英文を1文選ばせ，その理由を日本語で説明させた。3点目はバスボイコットに参加した人々のコメントが述べられている段落を読み，日本語訳した後に，デモに参加した人々の思いを日本語で尋ねた。

(3) 授業の様子

　まず，第1時の一つ目の活動である，自分の気持ちを英語1語で表す活動について述べる。日本語で意見・考えを述べるよう求めたときには「理不尽だ」「かわいそう」「差別だ」「おかしい」「だめだ」などという意見が出た。しかしながら，その後「これらを英語でどう言う？」と聞くと，ほとんどの学習者が「わからない」と答えた。中には bad, crazy という言葉を挙げる学習者も見られた。学習者が表現できなかった表現は教師が明示的に説明し，板書した。数名の学習者はワークシートに板書内容を書き込んでいる様子が見られた。また，上記の言葉を選んだ理由も数名に尋ねたが，クラス全体に意見を言うことをためらう学習者が何名も見られた。しかし，それは彼女たちが全く何も考えていないというわけではなく，ワークシートを観察してみると，様々な意見が書かれていた。

　単語1語で表現する活動はいくつか改善の余地が見られたように思われる。例えば，単に英語1語でどう表現するかを尋ねるのではなく，ヒントとして教師がパラフレーズすると学習者の方から適切な英語を引き出すことができたかもしれない。または，「理不尽だ」という意見が出たときに，「理不尽だ，not reasonable ってことだね」と速やかに教師が英語に直してインプットとして与えることも，学習者が自分の表現したい言葉を英語で知る機会を得るという点においては有効に機能したかもしれない。

　二つ目の展開を予測させる活動では，どのように取り組んでよいか分から

なさそうにしている学習者が見られた。そのため，ワークシートに話の展開を書かせる予定だったが，口頭で簡単に，気軽に尋ねる程度にとどめた。

　推測活動において，なぜ学習者は戸惑ってしまったのだろうか。考えられる一つの理由は，学習者に推測させるための十分な情報，ヒントを与えなかったためであると考えられる。学習者に与えた発問は「予測しましょう」だったが，その後のヒントになるような絵や写真，言語材料があったわけではなかったので，学習者は自分の想像だけで話を考える必要があった。そのため，どの程度の予測が求められているのかが曖昧だったように思われる。一つの解決策として，Willis（2007）が紹介する予測タスク（prediction task）が挙げられる。このタスクでは，本文で使用されている単語やフレーズをいくつか列挙し，それらの単語を参考に本文の内容を推測するように学習者を促す。Willis の予測タスクを用いれば，意見・考えと英語学習をよりスムーズにつなげることができたように思われる。

　次に，三つ目の印象に残った文を抜き出して理由を答える活動について述べる。この活動では，学習者は様々な箇所を抜き出すことができていた。以下に学習者が抜き出した文を挙げる。

- Mrs. Park's arrest made black people in Montgomery stand together
- Many black people chose to walk
- Some people drove their own cars and gave others rides
- They decided not to use city buses until the law was changed
- They wanted people to see them protesting
- The black community did not give up and started a car pool

　以上の英文から，学習者が抜き出した箇所は様々であることが窺える。学習者は印象に残った一文を抜き出す過程で，再度英文を読み直している様子が見られた。そのため，再度の読みを促したという点において，英語学習と関連させることができたと言える。学習者の中には，支援のために与えた日本語を読み直した者も見られた。しかし発問に答えるためには，たとえ日本

語を読み直していても，印象に残った日本語に対応する英語を抜き出さなければいけないため，ある意味では英文を処理するためのきっかけになっていたと思われる。残念ながら，時間の関係上印象に残った文のみをクラス全体で共有し，その理由まで共有する時間をとることができなかった。この点は大きな反省点である。

　最後に，四つ目のデモに参加した人のコメントを読んでどのような思いでデモに参加したかを考える活動について述べる。この活動では，教科書本文ではあるが，「デモを行った人が話している文がここに二つあります」と伝えて文を提示し，日本語訳を行った後に意見・考えを聞いた。ただの英文和訳活動と言われればそれまでだが，学習者は今まで以上に日本語訳に熱心に取り組む様子が見られた。これまでの言語形式の練習の授業とは異なり，とても集中して取り組んでいたように見えた。これは単に日本語訳という活動が取り組みやすいだけではなく，デモに参加した人たちがどのような思いでデモを行っていたのかを知りたいという気持ちがあったからであるように思われる。学習者の意見は様々なものが見られ，よく考えて文章を書いていることが窺えた。以下は学習者が書いた意見・考えである。

- 足や体が痛くてもデモをすることによって法律が改められればいいなと思います。
- 本当は歩くことなんてやめたいと思ったが，将来の子どもたちに平和な世界で生きてほしいから自分を犠牲にしてでも歩き続けたんだと思う。
- 今，自分たちで力を合わせて変えていこう，自分の子どもや未来の子どもたちのために安心していける先を作ろう，そのためならからだがつらかろうが苦ではない。やっていることに一つ一つ意味があるのだから。

　第2時間目，キング牧師の演説を視聴して意見・考えを書く活動では，学習者にスクリプトと日本語訳を配り演説を見せた。教科書の文章にキング牧師は登場しないが，教科書の内容と関連しているため，学習者は，感心して見ている様子が窺えた。学習者は演説の内容もさることながら，教科書本文で学習した知識を映像で確認しているようにも見えた。しかし，最初は関心

を持って見ていたのだが，演説が彼らにとっては長かったため，途中で飽きてしまっている様子が見られた。この日の授業は授業に参加できなかった学習者も数名いたこと，時間割の都合等で40分授業だったこともあり，あまり多くの活動に取り組むことはできなかったことも反省点であった。

(4) アクション・プランの評価

　Lesson 12では意見・考えを問う授業と英語学習をつなげることを試みた。読みを促す側面においては，学習者に印象に残った文を選ぶ活動や，ボイコットに参加した人々のコメントの日本語訳活動を行った。表出面においては，英単語1語で自分の意見・考えを表現する活動を取り入れた。

　意見・考えを中心とした授業を実践しながら，英語学習とつなげるという観点から授業を振り返ると一定の効果はあったように思われる。印象に残った文を選ぶ活動では，再度英文を読み返す学習者が多く見られた。教科書の本文の日本語訳活動でも，内容面に焦点が当たった中での活動だったため，ボイコットに参加した人々の気持ちを知りたいという気持ちを喚起し，その結果日本語訳活動にも意欲的に取り組んでいたように思われる。表出面についてもbadやcrazyなどの簡単な単語ではあるが学習者は意見・考えを表現できたし，教師の説明をメモする学習者も見られた。教師の説明をメモしたり，英単語1語で表現したりできるのは，高校生なら当たり前だと思われるかもしれないが，どのような活動を行ってもまるで取り組もうとしなかった1学期初期に比べると格段の進歩があったように思われた。

8. 総括的振り返り

　1学期，2学期を通してアクション・リサーチを行ってきて学習者はどのように変化しただろうか。1番大きな変化は，意見・考えを問う活動を通して以前よりも積極的に授業に関わるようになったことである。どの単元でも，教師の発問にきちんと向き合って考える様子，真剣な表情で教材のメッセージに思いを馳せている様子が見られるようになった。授業中居眠りをしたり，私語をしたりする学習者は減っていった。授業中の活動が難しくて，活動の

途中であきらめてしまっていた1学期初期の状態と比べると、進歩した様子が見られた。

　意見・考えを問う活動を通して積極的に授業に関わることができた理由はいくつか考えられる。1点目は、内容面への興味・関心を喚起することができたことが挙げられる。今回取り上げた単元は、聴覚障害を持つ女優の人生、地雷の悲惨さ、公民権運動について書かれており、学習者の知的レベルに合致した内容であったように思われる。メッセージ性の高い教材を基に、内容面に焦点を当てて色々なことを考える活動を取り入れたため、興味・関心をもって取り組んだと思われる。2点目は、英語面に対する負担を考慮し、確実に取り組める活動を意識して取り入れた点が挙げられる。言い換えれば、学習者が理解できないと思われること、何をどのように対処していいか分からないと思われることを、可能な限り排除しようと試みたことがよかったのかもしれない。また、最初は日本語のみで、意見・考えを中心とした授業を行い、徐々に英語学習とつなげていった点も、結果的に学習者の負担を考慮したことになったのかもしれない。

　しかしながら本実践では、意見・考えを気軽に言い合える雰囲気を作り出すまでには至らなかったように思われる。学習者は、意見・考えをもつことはできても、それをクラス全体に発表して、意見・考えを共有することにはためらうことが多かった。せっかく独創的で内容のある意見を書いていても、それをクラス全体で共有することが難しかった場面が多かった。リサーチを終えた今振り返ってみると、彼女たちのためらいの原因として、自分の意見に対する自信のなさがあったのではないかと思われる。学習者が自信を持って意見を言えるような手法を考える、という観点での授業作りはできていなかったように思われる。意見・考えを気軽に言い合える、間違いを許容できる、安心できる雰囲気作りが重要であることはしばしば主張されるが、実際に授業を行ってみると、そのような雰囲気を作り出すことは、クラスによってはそう簡単ではなく、雰囲気作りのコツや手だてという観点からの研究も必要であるように思われた。

　次に1年を通した教師の変化について述べる。まず筆者は意見・考えを中

心とした授業は，ある程度習熟度が高い学習者に対してのみ有効だと考えていた。しかしながら今回の実践を通して，意見・考えを中心とした授業実践は，英語の習熟度が高くない学習者も含め，皆が取り組むことができる授業であると感じるようになった。今回の三つの単元を通した実践は，いずれも学習者が学習した英語を駆使して流暢な英語で議論し合うような授業ではなかった。そのような授業のみを意見・考えを中心とした授業であると考えると，意見・考えを問う活動は一部の習熟度の高い学習者のための活動になってしまうだろうし，今回対象とした学習者にそのような授業を行うことは，学習者の認知的負担や習熟度を考慮すると明らかに不可能であった。今回行った実践では，意見・考えのやりとりのほとんどは日本語で行われたが，それでも学習者は英文を真剣に読み，教材のメッセージと向き合って，学習者なりに様々なことを考えている様子が見られた。本実践のような活動でも，学習者が積極的に授業に取り組むようになったという点では，一定の効果があったように思われるし，意見・考えを中心とした授業の一つの形態として捉えてよいと思われる。

　2点目に，「学習者に英語力をつけなければならない」という考え方から，「授業を有意義な時間にしよう」という考え方に変化していったことが挙げられる。言い換えれば，語彙や表現を身につけさせなければならない，定期テストで点数がとれる力を身につけさせなければならない，コミュニケーション能力を身につけさせなければならない，といった考え方をしなくなったということである。このような考え方のもと授業を行うと，どうしても「学習者に力がついたかどうか」という観点でのみ授業の成否を捉えがちであるし，そもそも彼女たちは近い進路選択において直接的に英語を必要としないため，どうしても動機づけることが難しかった。英語の知識や能力が身に付かないことを嘆いていては教師も学習者も辛いだけである。本実践では，メッセージに焦点を当てた授業を心がけることで，英語の力をつけることを直接的な目標とはせず，英語の授業中に障害を持った女優の生き方，地雷の悲惨さ，バスボイコットを行った黒人たちの思いを自分と照らし合わせて考えることを中心に活動してきた。その結果，どのような活動にも全く取り組ま

ず苦しい時間を過ごすよりも，はるかに英語の時間が有意義なものになったように思われる。もちろん，このような方針をどのような学習者にも当てはめてよいとは思わない。英語の時間である以上，コミュニケーション能力育成，英語知識の学習は当然目指す必要がある。しかし，英語に対する苦手意識が強く，英語の時間が苦痛でしかない学習者に対しては，無理に英語の力をつけることを目標とするよりも，メッセージに焦点を当てて様々なことを考える方が，英語の授業時間を充実したものにできるのではないかと考えるようになった。

　最後に，意見・考えを中心とした授業を行いながら，学習者の動機づけを行うためには，教師の様々な工夫や綿密な教材研究が必要不可欠であることを述べたい。感情を揺さぶるような，思わず意見・考えを言いたくなるような材料を準備しているか，発問やタスクは学習者の認知的な処理能力に合っているかどうか，意見・考えを気軽に言い合える雰囲気作りを心がけているか，学習者の自己効力感に配慮した活動を行えているかなど，教師は実に多くのことを考慮しないと，よい授業はできないことを実感した。そのためには意見・考えを中心とした授業に1,2回挑戦し，上手くできなかったからと言ってあきらめてしまうのでなく，上手に意見・考えを中心とした授業を行うためにはどのような工夫が必要かを，目の前の学習者に真摯に向き合って考えることが欠かせない。結果を早急に求めるのではなく，様々な工夫・省察（reflection）を行いながら実践を行っていく姿勢が求められる。

（藤田卓郎）

【第3章】
大学での指導の工夫と実践例

1. E-learning を利用した意見交換活動の勧め

1. はじめに

　山田（2009）は，E-learning を利用したダイアログ・ジャーナルで相互の意見・考えにコメントをし合う活動を紹介した。その後，"My Opinion Forum"として，毎週，インターネット上のニュースについて意見を交換するフォーラムとして発展させているので，その報告をしたい。

2. My Opinion Forum

　現在，英作文演習という科目の毎週の課題として"My Opinion Forum"というものを E-learning で課している。筆者と学生は，指定されたニュースサイトから興味のあるニュースを選び，それについて自分の意見・考えを投稿する。また，他の学生（と筆者）の投稿に対して，コメントをする（図1および図2参照）。

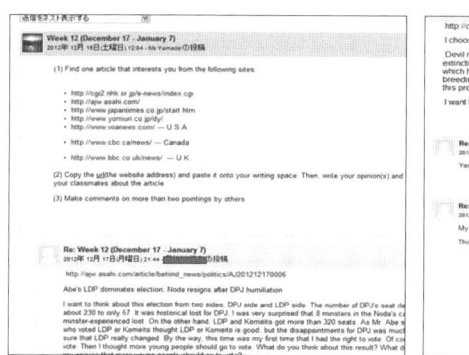

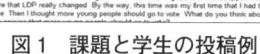

図1　課題と学生の投稿例　　　　図2　学生の意見の投稿とコメント例

　この課題の目的は，あくまで自分の意見・考えの表出を協働的継続的学習環境の中で行うことにあり，筆者も学生も言語面には全く言及することはない。図1の学生の投稿に見られるように，学生は，インターネット上のニュースの中から自分の興味のあるニュースについて意見・考えを述べるので，その話題について「自分」が必ず関わり，その話題を自分の問題として考える（personalize）ことが出来ている。また，投稿の際，投稿の最後にクラスメートに質問を投げかけることにしているのだが，ほとんどの学生が自分が書いた内容に対しての意見や考えをクラスメートに問う質問をしている。その結果，クラスメートの意見・考えに対して自分の意見・考えを述べ，そこからディスカッションが始まることもある。また，図2のように，話題に関わる自分が撮った写真を掲載する学生もいて，このことも自己関与を高めることに一役買っている。

3．学生の反応

　表1は，授業第12週に実施した"My Opinion Forum"に関するアンケート結果である。山田（2009）の，同じくE-learningを利用したジャーナル・ライティングに関するアンケートと質問項目が対応するものを並記した。前回のアンケート結果と比べて，「書くことの楽しさ」という面でaudience効果がやや下がっている（質問項目1, 2, 3, 4, 5参照）のは，前回の調査の時に比べ，ニュースに関して難易度をどんどん上げて来たことが原因の一つと

表1 "My Opinion Forum"に関するアンケート結果

No	質問内容	平均値 (N=14)	山田 (2009: 293) (N=18)
1	"My Opinion Forum"を書くのは，楽しいですか。	3.50	3.94
2	先生からコメントをもらってうれしいですか。	4.29	4.56
3	クラスメートからコメントをもらってうれしいですか。	4.43	4.50
4	人の意見や考えを読むのは楽しいですか。	4.14	4.61
5	いろいろな意見や考え方を知ることができますか。	4.36	4.50
6	"My Opinion Forum"がいろいろな問題を考えるきっかけになりますか。	3.86	4.39
7	人の意見や考えに対してコメントをするのは楽しいですか。	4.00	4.06
8	"My Opinion Forum"を書くのは，難しいですか。	3.21	3.78
9	人の意見や考えに対してコメントをするのは難しいですか。	2.57	3.67
10	みんなが読むので英語（文法・綴りなど）に気を使いますか。	4.29	4.22
11	みんなが読むので書く内容に気を使いますか。	3.86	4.17
12	"My Opinion Forum"を書くことで，英語を書くことが以前より楽しくなりましたか。	4.07	4.00
13	"My Opinion Forum"を書くことで，英語の力が伸びていると思いますか。	3.57	3.61
14	"My Opinion Forum"を書くことで，英語が書きやすくなりましたか。	4.14	3.83
15	"My Opinion Forum"を書くことで，語彙力が伸びていると思いますか。	3.36	3.17
16	"My Opinion Forum"の英語の間違いを直してほしいですか。	3.86	4.44
17	英語の間違いを直してもらったらもっと書くのがうまくなると思いますか。	3.86	4.17
18	"My Opinion Forum"を書くことが英語を使う良い機会になりますか。	4.21	4.67
19	"My Opinion Forum"をきっかけにもっと英語を勉強しようという気になりますか。	4.00	4.06
20	いつでも，どこでも書けるということは良いですか。	3.93	3.94
21	毎週書くことは大変ですか。	3.43	3.83
22	コンピューターを使うことで問題がありますか。	2.64	2.67

全くその通り＝5　　だいたいその通り＝4　　どちらとも言えない＝3
あまりそうではない＝2　　全く違う＝1

して考えられる。だが，一方で，人の意見や考えに対してコメントをすることに関しては，どちらかと言えば「難しくない」と感じる学生が増えている（質問項目9参照）。また，「みんなが読むので文法や綴りに気を使う」という audience 効果に関しては，前回同様，かなり高い一方で，教師に対して間違いを直してほしいという希望は少なくなっている（質問項目 16, 17 参照）。英語が書きやすくなった（質問項目 14）という半面，My Opinion Forum に参加することで語彙力が伸びている（質問項目 15）とか英語力が伸びている（質問項目 13）と感じている学生は前回同様多くない。

4．E-learning での意見交換活動の有効活用

　E-learning のフォーラムには，次のような利点がある。
・生徒・学生は，かける時間，参加する時間に関して自由に時間を使うことができる。
・Web 上には話題もジャンルも豊かな言語材料がある。
・書きたいだけ書くことができる。
・クラスメートのいろいろな考えを閲覧し，また，意見交換ができる。
・クラスメートおよび教師の使う表現などを参考にできる。
・よい audience 効果がある。
　一方，欠点としては，次のようなことがある：
・インターネットへのアクセスが容易ではない学生もいる。
・英文の難易度，ジャンルが様々である。
・盗作（plagiarism）が容易である。
・computer translation を容易に使うことのできる環境にある。
・習慣となるまでが難しい。
・投稿するのに緊張するという悪い audience 効果もあり得る。
　最近は家庭や i-phone などでインターネットへ容易にアクセスできる学習者が増えて来たが，アクセスが容易ではない学生のために，学校のコンピューターを自由に使える環境を整備することが望まれる。英文の難易度やジャンルについては，教師が自ら使ってみて分類することも必要である。また，

教師同士で情報を蓄積し交換して行けば，学習者にとってより多くのレベルにあった教材を提供できる。盗作という問題に関しては，自分の経験に基づいた意見や考えを述べなければならない課題では，この問題はかなり回避され得る。Computer translation については，活動を開始する前に，「現段階ではほとんど解読不可能の文にしかならず，学習の意味がないこと」を理解させることが肝要だと思う。習慣づけについては，繰り返し，この活動の意義を学習者に説き，また，お互いに高め合える温かい協働学習の場を作る働きかけを教師側からしていくとよい。

　E-learning のフォーラムで実現する協働的学習環境では，教室内・外を問わず，学習者は，英語を使って自分の意見・考えを表出し，それが相手に理解され，自分の意見・考えに対して相手の反応が返ってくるという経験を継続的に積むことができる。その特質を理解した上で，有効活用していきたいものである。

〈山田　晴美〉

2. Integrating Idea and Opinion Exchange into Project Work at College

1. Introduction

This section demonstrates ways in which opportunities for the exchange of ideas and opinions may be optimized within an assigned task.

In order to illustrate the importance of idea and opinion exchange activities, it is helpful to provide a brief description of a typical post secondary English course schedule. Most students have had between six to eight academic years of English study by the time they reach the post secondary level. Aside from English majors, most students will have one or two ninety-minute classes a week. This leaves a significant amount of time between lessons. This gap between lessons makes the introduction of new material all the more challenging. With this reality in mind, numerous instructors will argue that once students reach the university level the main goal in the classroom is actually not to *teach* English. Instead, the belief is that instructors should focus on helping students to more effectively, confidently and competently use the English covered in the previous six to eight years of study. This is not to say that no new material should be taught. Rather, it is more important at this stage to increase student competency with respect to his or her existing English knowledge. The challenge for the instructor is how to effectively draw out and then help refine that existing knowledge. For example, in a class that is communicatively focused, it is imperative, and somewhat obvious, that students have many opportunities to converse in class. Tasks that encourage students to express their own ideas and exchange opinions are an ideal way to accomplish the goal of increasing language production in the classroom.

In the academic community, there exist different interpretations of what constitutes a task. The task used in this class is aligned with the definition given by Skehan (1996), which states:

> A task is taken to be an activity in which meaning is primary; there is some sort of relationship to the real world; task completion has some priority; and the assessment of task performance is in terms of task outcome.

This particular task was carried out by second-year university students over the course of five forty-five minute classes[*1]. The task was arranged to provide students many chances to formulate and express their own ideas and opinions. In addition, the construction of the task allowed the students repeated opportunities to refine and re-express their ideas and opinions. In the classroom, it is important to have numerous opportunities for student-to-student interaction. Pica and Doughty (1985) showed that group and pair based interaction, where information exchange was required, provided more conversational modification than a teacher-fronted situation. It is easy for an instructor to spend a large amount of class time with 'teacher talk', especially in a traditional teacher fronted classroom. All too often, due to the rigidity of the class schedule or a strict timetable, instructors feel pressured to speed through the course material. Chances for speaking may be hurried or omitted entirely. This is detrimental to language development in a number of ways. For both the teacher and the students, it promotes the sense that making it to the end of the textbook is the paramount criterion of accomplishment. The

---

* 1　Each ninety-minute class was divided into two forty-five minute halves. Half of the class was for regular course work and the other half was for the task project.

result is often that students are left with very few chances for practice or review. For students, there are frequently too few opportunities to encode and deepen their understanding of the material. This usually leads to material being partially learned and students end up having, at best, a cursory understanding of the class contents. This is why researchers such as Samuda (2001) suggest that teachers, especially during task-based classes, adopt the practice of 'leading from behind'. In other words, the teacher observes and listens to his or her students and then uses language that more closely fits the students' present level.

Tasks are beneficial because, through the process of negotiating with each other, there are multiple opportunities for students to practice exchanging information. In this task, the information that was being exchanged was the students' own ideas and opinions concerning the contents and implementation of the various steps of the task. Throughout this task, students were required to negotiate both socially and linguistically. Socially, the students had to come to an agreement on the different contents of the task. This required the students to pay close attention to each other. If a student did not pay attention, then she or he ran the risk of negatively impacting their project. Linguistically, by way of brainstorming and planning, the students had to negotiate for meaning with their respective partners and classmates. The outcome of the task greatly depended on how well each student pair did at conveying the contents of their presentation to their classmates. Additionally, toward the end of each class, each pair had to provide a brief verbal and written summary of their progress to the instructor. This step in the process provided yet another opportunity for the students to reflect on their project and express their ideas and opinions while also receiving constructive feedback.

2. Participants, the Task and Presentation Format

Fifteen students in a second-year oral communication class were paired up, one group had three members, and assigned the task of deciding on a business venture and creating a workable business plan. Upon completion, the pairs then presented their plans to their classmates and instructor for evaluation. Each individual element of the task was designed to lead the students progressively and systematically toward the end goal, the presentation or 'pitch' to their classmates.

The presentation format for this task differed from the traditional single group format in which each group gives their presentation in front of the whole class one group at a time. For this project, a format that is often referred to as the carousel format was used. The reason for using the carousel format was two-fold. First, the carousel format allows the presenters multiple chances to present. Several studies, Gass et al. (1999) with video-based narrative retellings and Nemeth and Kormos (2001) with argumentation tasks, have demonstrated the beneficial effects of task repetition. Specific to the carousel format, Lynch and McLean (2001) reported that learners, especially more advanced learners, felt more confident after each consequent presentation. Second, the carousel format also requires the listeners or audience to move from group to group. This may help to reduce instances of disinterest and inattentiveness that can occur when one has to sit and listen passively over an extended period of time. In addition, as the audience size is reduced, there is less chance for a listener to utilize the anonymity that a larger crowd provides. Listeners cannot sit silently and wait for someone else to ask a question. Figure 1.1 illustrates how the carousel format works with eight groups.

The outer groups (A) are the presenters and the inner groups (B) are

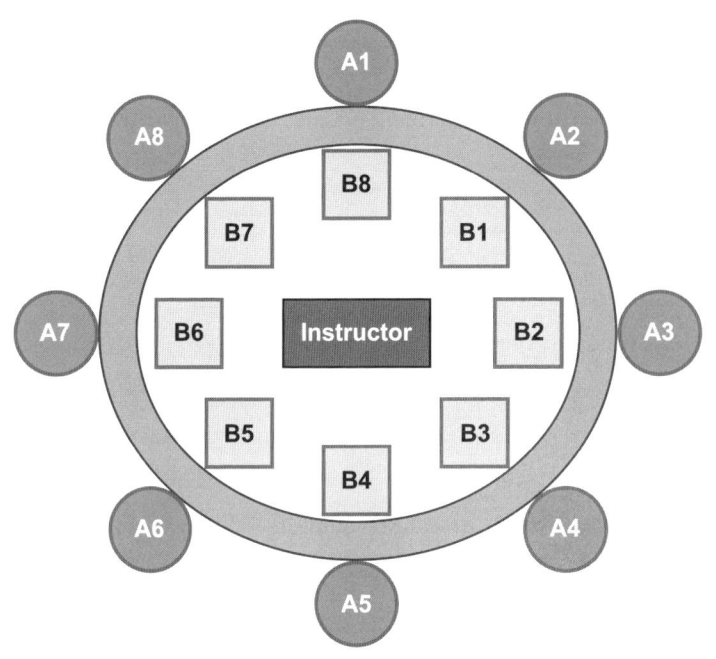

Fig. 1.1 Carousel Format Design

the listeners or interviewers. After each presentation and Q&A session, those in each audience group move clockwise to the next presenter group. The instructor may observe from the middle as shown or join any individual group.

3. The Selection of a Business Venture

During the first class, the initial step for the students was to decide on a type of business venture. The students were told to think individually of some businesses that they would like to start. Students were asked the question:

> If you could start your own business, what kind of business would you start? Why?

Students were provided with the following forms to help them formulate their answers.

I would open *a clothing store because I'm really interested in fashion*.

I would start a *pet washing* business because *I love animals*.

The addition of the question 'Why' of course requires the student to provide a reason, but asking 'Why' may have other corollary effects, too. There is the possibility that the mere requirement for a reason may spur the answerer to think more deeply about his or her response.

The students were instructed to come up with at least three ideas. Subsequently, the students were divided into smaller groups to discuss their ideas and choose the best one. The students were told to provide constructive feedback, i.e., feedback with an idea or opinion, regardless of whether they were in favor of an idea or not. The students were given this example of a business idea and feedback in favor of and against the idea:

I want to open a pet store because I really like animals.

Positive constructive feedback: I think that is a good idea because there isn't a pet store near here.

Negative constructive feedback: I don't think a pet store is a good idea because pets cost a lot of money.

The students were encouraged to use only English. However, as expressing one's opinions can be troublesome, especially in one's second language, the students were told to ask each other or their instructor for help with their English. The question of how much L1 use, if any is acceptable, in the classroom is a problematic issue. For example, in a monolingual and monocultural classroom such as those in Japan, students are already being required to manufacture a need for English. It is natural for students to speak in Japanese because that is what they would do naturally, even when in a foreign country amongst other Japanese. The instructor can encourage English use by fostering the students' imaginations. In this case, coming up with a plausible scenario where speaking English might be required. Thus, to help bolster the use of English during pair work the students were told to prepare each step as if they would be presenting to a group that included foreign English-speaking investors.

Finally, each group shared their business ideas. The five business ideas were: an amusement park, a restaurant, a toy store, a bakery and a tour company. Two groups actually had the same idea, so one group gave its second best idea instead. After discussing the pros and cons of each idea, the class settled on planning a restaurant. The students chose to plan a restaurant because they felt the idea was the most flexible and realistic for them to plan.

4. Examples and Extra Resources

In the second class, the students were asked the question: What makes a restaurant successful? Why? Students said things like:

S1[*2]: I think the food's taste is important. If food is not good taste, I don't go to there.

I: Yes, I agree. If the food doesn't taste good, I will not go there again.

---

*2　S=Student, I=Instructor

S2: The restaurant's place is important. You need many persons to come to the restaurant.

I: The restaurant's place? Do you mean the location?

S2: Location? (Confers with classmates) Yes, the location is important.

I: I agree. In fact, we often say, 'location, location, location,' when we talk about the success of a restaurant or business. A restaurant needs many people or customers to come, so they can make money.

S3: I want cheap price, because I'm a student.

I: Yes, cheap prices or good value is important, too.

The students were then shown a short video from a well-known western publication that featured two young restaurateurs discussing the success of their latest restaurant. Providing students with an exemplar helps them to access schemas or existing background knowledge that they have. Material such as this helps the learner to form more concrete ideas and opinions. Lastly, language from the video e.g., timeless décor, shareability, open kitchen, etc., was discussed to help the students form and describe their own ideas for their restaurants.

5. Project: Outline, Parameters and Rules

After watching the video and discussing the language, the students were then asked the question: What details do you think are important for a restaurant plan? Why? The students were asked to discuss and then list the main parts that were to be included in every team's plan. After discussing their ideas with their partners, the class got together and decided on a general design plan that each group would have to follow. Students decided that each team had to have a detailed floor plan and menu. Additionally, each team needed a rough outline for their staff, equipment and material needs.

The next step required the students to think of and then decide on more specific parameters of the restaurant and also the rules for evaluating the presentations. The students set the parameters for three categories: Budget, Restaurant size and Location. Questions were asked each time to elicit opinions. For example, the students were asked: What budget amount do you think is sufficient? Why? One student said that $250,000[*3] was sufficient because her team wanted a "small cute restaurant". Another student commented that such an amount was "too small" because he wanted to have "a gold bar", meaning "a gold-plated bar". In the end, the class decided on a nice round figure of one million dollars.

The rules concerned 'investment money' and creative license. The instructor set these rules. The investment money was in fact part of the evaluation. The students were asked to come up with the amount. It was decided that each student would have $50,000 to invest in any other restaurant or restaurants, excluding of course her or his own. The other rule concerned the notion of copying an existing restaurant. The students agreed that the planning and designing should be free and flexible as long as no group completely copied another well-known restaurant.

In the third class, the students received a handout outlining the general details and specific parameters for the project as well as the rules for evaluation that were agreed upon in the previous class (see Appendices A and B).

6. Final Planning

It is important to be clear, but not overly precise, about every detail of a task. The reason for this is to encourage students to think for themselves and be creative. Additionally, ambiguity leads some students to ask for

---

* 3   In class the students were given the rough yen equivalents (100 yen = 1 dollar)

clarification, which can spawn further discussion.

When there is an important point to the task, it is essential to confirm that every student understands the point. A good way to do this is to have a student re-explain the teacher's instructions. For this task, the instructor asked the students if they understood the investment money portion of the evaluation. All of the students stated that they did. This was not the case. Three students apparently thought that the instructions were to give $50,000 to each of their top three choices. This misunderstanding highlights the necessity to have students actually display their understanding of more difficult instructions.

Before commencing with the actual planning, there was one final organizational subtask that had to be decided, the presentation guidelines. We discussed three issues for the presentation: time, a full ninety-minute class was set aside for the presentation class, content and style. The class agreed to a maximum of five minutes for the presentation, excluding time for Q&A. As for content, one student asked, "Is it OK for us to use pictures from the Internet?" We discussed this question as a class.

I: What do you think?
S1: I don't know. Is download photo OK?
S2: I think it's OK because we don't ... real restaurant.
I: You're right. These are not real restaurants. We are not advertising anything, so I think downloading and using photos from the Internet is OK.
S3: And no other people will be... will see it.
I: That's right. Nobody else will see your presentations. If you're not sure if a picture or something is OK, please ask me.

Lastly, the students were told that they would not be allowed to simply read their presentations. The students were reminded that eye contact was one of the evaluative components and that reading from a piece of paper was not acceptable.

For the purpose of constructing their plans, each group was provided a laptop and a tablet to access the Internet for ideas and material. They were also given a list of restaurant related URLs to get them started on their presentations.

During the planning stage, students were instructed to ask questions about their presentations. The instructor purposely responded to most questions with the question: What do you think? The idea is that students will become more accustomed to thinking about what they want to do and why they want to do it before asking if they can do it. One group asked if they could use music with their presentation. After being asked to elaborate as to why they said, "Music is part of our restaurant's mood. So, we think it's OK." The group was permitted to use music. Next time, the hope is that the reason will precede the request.

7. Rehearsal

In the next to last class, the students had one final opportunity to retool their presentations. Then, while the other groups were doing other coursework, each group performed a final rehearsal for the instructor. The purpose of the rehearsal was for the instructor to provide advice on rough presentation skills only. The instructor did not want the students making any changes to the contents of their plan and design at this late stage in the task. Also, eye contact and audibility had been issues with previous presentations. It is difficult for listeners to be actively involved in a presentation if the presenter is avoiding eye contact or speaking inaudibly. In order for a presentation to be an active and lively exchange, the presenters must engage their audience from the start.

8. Presentation

In the last class each group gave their final presentation. Each pair was divided into two groups, group A and group B. There were two rounds of presentations. Students in group A would be the presenters during the first round, and the students in group B would be the listeners/interviewers. In the second round, the groups would switch roles. This meant that with ten groups each presenter would give their presentation five times. The idea is that with each presentation both groups would become more comfortable and competent. By increasing the number of interactions while maintaining the same topic, the belief is that the presenter should become more at ease with what she or he is saying. Those in the listening/interviewing group should also become more comfortable asking questions and offering the presenters their opinions. Each student was given an evaluation sheet (see Appendix C), and the presentations began.

After the presentations were finished the evaluation sheets were collected. In the notes, comments and questions section a number of students wrote comments about how they felt about the various presentations.

In response to an adults only restaurant:
- Adults only restaurant because adults can relax.
- This store is for adults, so I don't want to go there.

In response to a fine dining restaurant:
- This restaurant is high price for me, many dishes looks like delicious.

- Your price is very expensive
- This store is very rich! I think.

In response to a celebrity chef run restaurant
- I want to watch Mocomichi's cooking.

Although the comments and opinions are not all grammatically correct, for the most part the meaning is comprehensible.

After the project was completed, the students were asked about their impressions of the presentation process. One student commented that he liked being able to give his presentation multiple times because he said he was "very nervous" the first couple of times. He said he was "more relaxed" after each time. Other students in the class acknowledged this point. However, some students also commented that they were tired after giving the presentation six times and then listening to six presentations.

9. Reflection

As with any activity or project, hindsight often provides valuable clarity. I (the instructor) have made note of a few improvements that I feel will add to this or similar activities in the future. This was the first time doing this project, so I did not have a completed example to show the students. Although, I showed the students examples of certain parts of the project, I did not show them a finished project. I had thought of doing my own, but I decided against it. I felt that if I had prepared a complete example, some groups might have leaned too much toward my example. This might have prevented them from fully exploring their own creativity. My solution for next time will be to show examples of multiple presentations from previous years. However, I will not show a complete example of any one presentation. Rather, I will provide exemplars for each section of the presentation. In addition, I plan to show negative exemplars, i.e., what is not acceptable.

On the technical side of the project, I will take greater care to ensure that Internet connectivity is not an issue. Specifically, the Wi-Fi connection was bothersome on numerous occasions, and this caused some significant delays. For future projects, I will make sure that I have enough offline material prepared should an unforeseen online problem arise. In addition, I plan to make use of audio and video recording. If the students are able to see and hear themselves before they give their presentations, it may help them more easily recognize and rectify flaws in their presentations.

Some students mentioned that it was a bit taxing for them to present six times in a row and then listen six times in a row or vice versa. One possibility for next time will be to do half turns or as close to half as possible depending on the groups numbers. For example, group A would present three times. Then they would switch and be listeners while group B would become the presenters. This way may take slightly more class time, but it will hopefully somewhat alleviate the rigors of having to present or listen for six straight times.

The student-to-student exchange of ideas and opinions is an area of second language acquisition that warrants closer examination. Additionally, further research is needed to properly examine the influence that the repetitious carousel presentation style has on both the presenter and listener.

(Hauca Matthew)

《Appendices》

Appendix A. Student Handout: Restaurant Design, Project Parameters and Rules

Objective: Each group will plan and design a restaurant. Each group will present their plan and design to the rest of the class.

Your restaurant plan must include:

A detailed floor plan

- **You need to decide what you will have and where everything will be located. For example:**
    - Areas and rooms: Seating area, kitchen, WC, bar, etc.
    - How many seats will your restaurant have?
        - Chef's table, VIP seating, etc.
    - Smoking, Non-smoking areas or All Non-smoking
    - Wine room, cellar, etc.
    - Storage, maintenance closet, etc.

A Menu

- **You need to decide on a menu and its contents. You do not have to list all of the ingredients. However, each item on the menu should have a short description. For example:**
    - Breakfast, lunch or dinner
    - Appetizers (3 or more)
    - Main dishes (4 or more)
    - Desserts (3 or more)
    - Beverages / Drink List: Wine, Beer, Spirits, Cocktails, Non-Alcoholic
    - Children's Menu

○ Prices, specials, etc.

Staff, Equipment and Material
- **You have to decide how much staff you require. You need to decide what kind of interior you will have. You must also decide on equipment for the kitchen. For example**:
    ○ Front staff, kitchen and bar staff, etc.
    ○ Furniture: Chairs, Stools, Sofas, etc.
    ○ Dinnerware, Silverware and Glassware
    ○ Oven, microwave, warming rack, dishwasher, etc.
    ○ Stereo, televisions, etc.

*Planning and Designing
- You are free to plan as you like in class
    ○ You may use the Internet or any other media source
- You cannot get anyone else outside your group to help you with the actual design or plan
    ○ It is OK to use another restaurant for inspiration, but you need to have an original design

Parameters
- **Budget**: $1,000,000
    ○ Each group must provide a rough outline of their spending *You do not need to be exact on everything
        - You should include: Staff, equipment and material costs as well as any PR you want to do (internet, TV, radio, flyers, etc.)

- **Restaurant Size**: E-Lounge (8m X 8m) *The students actual class space

- ○ E-302 size for extra use (8m X 4.5m) *The room next to the E-lounge

- **Location**: Anywhere in Fukui-ken
    - ○ Each group has to decide on a general location
    - ○ Will not be part of the budget unless the restaurant is in a special location, e.g., on top of a hotel or something

Appendix B. Evaluation Outline

Rules for Evaluation

Every part will be judged on a four-point scale

(4) No mistakes
(3) 1 ～ 2 mistakes
(2) 3 ～ 4 mistakes
(1) 5 or more mistakes

Design and Materials: 3 parts (Max. 12 points)

A. All of the required components are included (floor plan, equipment, menu)
B. The design is logical (i.e., The restaurant does not have anything outrageous or impossible)
C. The overall appeal (*This is your own opinion)

Presentation: 3 parts (Max. 12 points)

A. Use of English (The presenter tries his or her best to use only English)

B. Use of appropriate gestures, eye contact, voice level
C. Attitude and Preparedness (The presentation is smooth without a lot of pausing or stopping.)

Amount of investment (Max. 12 points)
- You have $50,000 to invest in the other restaurants
- You can choose any amount for any restaurant, but you only have $50,000
- The total amount of money invested in each group will be calculated, and points will be awarded as follows:

   Top 2 groups = 12 points
   Middle 3 groups = 8 points
   Bottom 2 groups = 4 points
   Total Possible Points = 36

Appendix C. Evaluation Sheet and Instructions

Your name: _____

Group	Presentation A	B	C	Design & Menu A	B	C	Amount Invested $	Total /36
1. Toshi & Yusuke								
2. Haruna & Mina								
3. Kaori & Miyu								
4. Aya, Tomoya & Yuna								
5. Takahiro, Toshi								
6. Ai, Hiromi								
7. Misa & Rika								

Group	Notes, Comments and Questions
1	
2	
3	
4	
5	
6	
7	

*The original names have been changed

Evaluation Instructions

- First, on your evaluation sheet circle the name of the presenter for each group before she or he begins
- Listen to each presentation
- You can make notes, questions and comments during the presentation
- After each presentation you must ask at least one question
- You will have about 30 seconds to decide on the points for Presentation and Design & Menu

- After you have finished listening to all the presentations, decide on the amount you are going to invest in each restaurant
- Make any additional comments
- Please do not share your evaluations with others

Investment Money
- Each person will get $50,000 to invest in any other group's restaurant
- There is no minimum limit that you can invest in any one restaurant
- *The whole $50,000 may be given to one group
- All decisions will be made when all the presentations have finished
- All decisions are final and may not be changed after you hand in your sheet

3. 意見・考えを問う発問が読み手の心理に与える影響
―英語力との関係について―

1. はじめに

　英語の授業において，教師の発問が果たす役割は大きい。特に，リーディングの授業においては，発問のタイプによって，読み手のリーディングに対する印象や読みへの意欲が変化すると考えられる。そこで本稿では，異なるタイプの発問が読み手に与える影響を分析し，その結果が読み手の英語力とどう関わっているのかを検証する。

2. 先行研究

　発問とは，生徒が主体的に教材に向き合うように，授業目標の達成に向けて計画的に行う教師の働きかけと定義される（田中・田中, 2009）。田中・島田・紺渡（2011）は発問を以下の三つのタイプに分類している。
①事実発問（テキスト上に直接示された内容を読み取らせる）
②推論発問（テキスト上の情報をもとに，テキスト上には直接示されていない内容を推測させる）
③評価発問（テキスト上に書かれた内容に対する読み手の考えや態度を答えさせる）
　発問タイプと読みへの意欲の関連性について調べた紺渡（2009）の研究では，推論発問が事実発問より意欲を高めるという仮説は支持されなかった。その理由として，被験者が，研究で扱った物語文自体を面白い読み物であると捉えたため，発問が意欲に及ぼす効果が打ち消された可能性を指摘している。また，大下（2009b）の研究でも，学習者は意見・考えを尋ねる課題に対して充実感は感じるものの，学習者は現実的で，充実感よりも課題の取り組みやすさや負担感の少なさの方を取り，このことが事実課題の方が読む意欲を高める理由になっていると考察している。
　上記のような発問タイプの影響に関する研究はいくつかあるものの，異な

る発問タイプが読みの意欲にどのような影響を及ぼすのかについては，十分に研究がなされているとは言えず，引き続き検討する必要がある。また，学習者の英語力の差によって発問に対する感じ方が異なるのかどうかという点についても検証する。

3. 研究
(1) 研究課題
本研究では，発問を事実発問，推論発問，評価発問の三つに分類し，次の二つの課題について調査を行う。

課題1：物語の読解において，事実発問・推論発問・評価発問それぞれを与える場合，発問のタイプによって読み手の発問に対する印象や読む意欲に差は生じるかどうかを明らかにする。

課題2：課題1の結果は，読み手の英語力の差と関係があるかどうかを明らかにする。

(2) 被験者
被験者は，国立大学教育系学部の1年生から3年生までの33名であった。課題2を明らかにするため，TOEFLの点数を参考に，被験者を上位群16名と下位群17名の2グループに分けた。なお，上位群と下位群の英語力は，統計的に有意差があった。

(3) 題材
①教材

Sunrise English Readers の Cut を題材に取り上げた（資料1）。3種類の発問を作成することを考慮に入れて，読み物は物語文とした。発問はそれぞれ2問ずつ用意し，すべて日本語で回答させた（資料2）。なお，本研究では，発問の正答率は調査対象としていない。

②アンケート

本研究では2種類のアンケートを用意し，SD (Semantic differential)

法を用いて発問に対する読み手の印象を尋ねた。なお，アンケートはどちらも5段階評価で〇をつけるものとした。データの処理に当たっては，肯定的評価から否定的評価の順に5点，4点，3点，2点，1点と得点を与えた。

アンケート1では，物語文を読ませる前に，発問シートに目を通させ，3種類それぞれの発問（事実発問・推論発問・評価発問）に対する第一印象を聞いた（資料3）。アンケート2（資料4）は，発問への回答を終えてから実施し，それぞれの発問に対する意欲について尋ねた。なお，アンケート2には，どうして読む意欲を強く感じたのか，その理由を述べる記述欄も設けた。

(4) 結果

まず，発問のタイプによって読み手の発問に対する印象や読む意欲に差は生じるかどうかを明らかにするために課題1について結果を見てみる。アンケート1と2の結果から，事実発問（FQ）と推論発問（IQ）・評価発問（EQ）の間において，いくつかの項目において有意差が見られた（図1，2）。つまり被験者は，事実発問は，推論発問・評価発問に比べて「単純」「優しい」「軽い」「やりがいが少ない」「達成感が少ない」と感じていることがわかった。一方，推論発問・評価発問に対しては，事実発問に比べて「複雑」「難しい」「重い」「やりがいがある」「達成感がある」と感じていることが明らかになった。

次に，課題1で明らかにした読み手の発問に対する印象と読み手の英語力

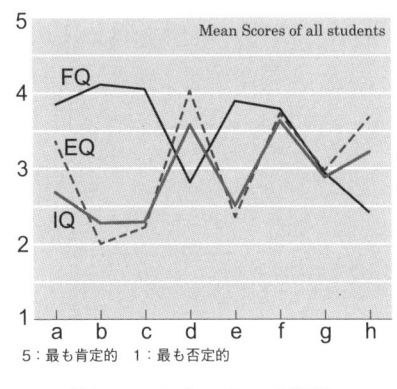

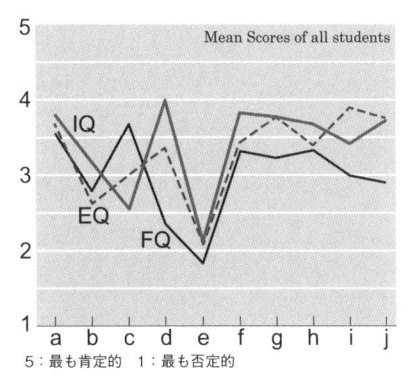

図1　アンケート1の結果　　図2　アンケート2（1）の結果

の差には関係があるかどうかを明らかにするために課題2の結果について見てみる。ほとんどの質問項目において読み手の英語力が異なっていても，発問への印象は大きく変わらないことがわかった。しかし，アンケート1では項目（a）「好き－嫌い」において，研究課題2に関して次の2点が明らかになった。まず一つめに，下位群では，事実発問（平均4.12点）と推論発問（平均2.18点）間において有意差が認められ，評価発問（平均3.29点）と推論発問間においても有意差が認められた。つまり下位群においては，事実発問が推論発問より，評価発問が推論発問より好まれていることが明らかになった。なお，このような有意差は，上位群内においては見られなかった。二つめに，推論発問に関して，アンケート1の項目（a）で上位群（平均3.19点）と下位群（平均2.18点）の間に有意差が認められた。つまり，上位群は下位群よりも推論発問を好むということが明らかになった。

アンケート2（1）においては，研究課題2に関わる次の点が明らかになった。まず，項目（c）の「苦労した－楽に読めた」において，上位群では，事実発問（平均4.19点）と推論発問（平均2.18点）の間に有意差が認められ，事実発問と評価発問（平均2.28点）の間においても有意差が認められた。上位群は，事実発問が推論発問や評価発問より楽だと感じていることが明らかになった。なお，下位群内においては有意差が見られなかった

最後に，アンケート2（2）の結果を以下にまとめる（表1参照）。ここでは，「質問A,B,Cを比較して，どの質問のときに読む意欲を最も強く感じましたか。強く感じたものに○をつけて下さい。また，その理由をできるだけ詳しく書いて下さい。」と尋ねた。その結果，上位群と下位群の両方において，事実発問よりも推論発問と評価発問で意欲を感じたとする回答が多かった。下位群では47％の被験者が，三つの発問の中で最も読む意欲を感じ

表1　アンケート2（2）結果

	事実発問	推論発問	評価発問
下位群（n=17）	5（29%）	4（24%）	8（47%）
上位群（n=16）	1（ 6%）	8（50%）	7（44%）
合計（n=33）	6（18%）	12（36%）	15（45%）

た発問として評価発問を選んだ。その大きな要因としては，「評価発問には，正解や間違いがないので，読む意欲を感じた」という回答から分かるように，回答に自由度があることが読む意欲を高めることにつながったのではないかと考えられる。とくにこの傾向は下位群において見られた。

4. 結論

　今回の調査を通して，英語力の高い低いに関わらず，学習者はほとんど共通した印象をそれぞれの発問に持っているということが明らかになった。特に，意見・考え重視の授業をする際に着目したいのは，推論発問と評価発問が読み手の心理に与える「やりがいがある」や「達成感がある」といった特徴である。大下（2009b）はこれらのやりがいや達成感は内発的自己関与から生まれると指摘しているが，本研究のアンケート結果からも，事実発問よりも，推論・評価発問に内発的自己関与を促すという特徴があることがわかった。

　推論発問と評価発問については，二つの発問が持つ類似性によって評価に違いは見られなかった。しかし，下位群では第一印象として評価発問を推論発問より「好き」と答える者が多かった。また，下位群の約半数が，最も読む意欲を感じた発問として評価発問を選んでいる。一般的に，評価発問は高次の発問と考えられ，英語力が十分でない学習者に評価発問をすることをためらう傾向があるのではないかと考えられる。しかし，調査結果からは評価発問の持つ別の可能性が見えてくる。すでに触れたように評価発問は学習者の内発的自己関与を高めることに加えて，必ずしも正しい答えや間違った答えが存在しないという自由度の高さがある。この自由度の高さが授業の中で意欲付けにつながる可能性もある。もし英語授業において英語力の上位の生徒だけでなく，下位の生徒の意欲も引き出せるとすれば，生徒の意見・考えを問う評価発問が持つ意義は大きい。

　最後に，本研究の限界をまとめておきたい。本研究のような情意面の調査には，方法論の未確立や調査方法の限界がある。また，今回はTOEFLのスコアを英語力とみなしたが，英語力の定義の違いで結果が変わってくるかも

しれない。被験者の人数や年齢，テキストの種類など異なる要因についても調査していく必要がある。今回の研究結果を単純に一般化することはできないが，発問の分析から得られた示唆をもとに，今後も意見・考えを重視した英語授業を考えていきたい。

(山本 由貴)

《資料1》読み物テキスト

　I remember vividly the last time I cried. I was twelve years old, in the seventh grade, and I had tried out for the junior high school basketball team. I walked into the gymnasium; there was a piece of paper tacked to the bulletin board.

　It was a cut list. The seventh-grade coach had put it up on the board. The boys whose names were on the list were still on the team; they were welcome to keep coming to practices. The boys whose names were not on the list had been cut; their presence was no longer desired. My name was not on the list.

　I had not known the cut was coming that day. I stood and I stared at the list. The coach had not composed it with a great deal of subtlety; the names of the very best athletes were at the top of the sheet of paper, and the other members of the squad were listed in what appeared to be a descending order of talent. I kept looking at the bottom of the list, hoping against hope that my name would miraculously appear there if I looked hard enough.

　I held myself together as I walked out of the gym and out of the school, but when I got home I began to sob. I couldn't stop. For the first time in my life, I had been told officially that I wasn't good enough. Athletics meant everything to boys that age; if you were on the team, even as a substitute, it put you in the desirable group. If you weren't on the team, you might as well not be alive.

　I had tried desperately in practice, but the coach never seemed to notice. It didn't matter how hard I was willing to work; he didn't want me there. I knew that when I went to school the next morning I would have to face the boys who had not been cut – the boys whose names were on the list, who were still on the team, who had been judged worthy while I had been judged unworthy.

All these years later, I remember it as if I were still standing right there in the gym. And a curious thing has happened: in traveling around the country, I have found that an inordinately large proportion of successful people share that same memory – the memory of being cut from a sports team as a boy.

I don't know how the mind works in matters like this; I don't know what went on in my head following that day when I was cut. But I know that (1) my ambition has been enormous ever since then; I know that for all of my life since that day, I have done more work than I had to be doing, taken more assignments than I had to be taking, put in more hours than I had to be spending. I don't know if all of that came from a determination never to allow myself to be cut again – never to allow someone to tell me that I'm not good enough again – but I know it's there. And apparently it's there in a lot of other people, too.

(from *Cheeseburgers* by Bob Greene)

《資料2》発問シート

質問A. 英文をよく読んで，次の問いに答えなさい。
　1）主人公は何のチームに入ろうとしていましたか？
　2）cut list 上の名前はどのような順で書かれていましたか？
質問B. 英文をよく読んで，次の問いに答えなさい。
　1）cut list を見た主人公は，どんな気持ちだったでしょう？
　2）学校を出て家に帰るまで平静を保っていたのはなぜでしょう？
質問C. 英文をよく読んで，次の問いに答えなさい。
　1）あなたは，コーチが cut list を貼り出したことをどう思いますか？
　2）もしあなたが主人公だったら，下線部（1）のような変化は起こると思いますか？

《資料3》アンケート1

名前 _____

このアンケートは、成績に関係することはありませんので、正直に答えて下さい。

（1） これから読んでもらう英文には、3種類の質問 A, B, C があります。質問 A, B, C それぞれに対して、あなたが感じる印象を教えて下さい。　例 |＿|＿|①|＿|＿|

<質問 A>　　　　　　　　どちらとも言えない
　　　　　　　　　　　　 5　4　3　2　1
　a. 好き　　　　　　　 |＿|＿|＿|＿|＿|　　嫌い
　b. 単純な　　　　　　 |＿|＿|＿|＿|＿|　　複雑な
　c. 易しい　　　　　　 |＿|＿|＿|＿|＿|　　難しい
　d. やりがいがある　　 |＿|＿|＿|＿|＿|　　つまらない
　e. 重い　　　　　　　 |＿|＿|＿|＿|＿|　　軽い
　f. 自然な　　　　　　 |＿|＿|＿|＿|＿|　　不自然な
　g. 楽しい　　　　　　 |＿|＿|＿|＿|＿|　　苦しい
　h. のびのびした　　　 |＿|＿|＿|＿|＿|　　窮屈な

<質問 B>　　　　　　　　どちらとも言えない
　　　　　　　　　　　　 5　4　3　2　1
　a. 好き　　　　　　　 |＿|＿|＿|＿|＿|　　嫌い
　b. 単純な　　　　　　 |＿|＿|＿|＿|＿|　　複雑な
　c. 易しい　　　　　　 |＿|＿|＿|＿|＿|　　難しい
　d. やりがいがある　　 |＿|＿|＿|＿|＿|　　つまらない
　e. 重い　　　　　　　 |＿|＿|＿|＿|＿|　　軽い
　f. 自然な　　　　　　 |＿|＿|＿|＿|＿|　　不自然な
　g. 楽しい　　　　　　 |＿|＿|＿|＿|＿|　　苦しい
　h. のびのびした　　　 |＿|＿|＿|＿|＿|　　窮屈な

<質問 C>　　　　　　　　どちらとも言えない
　　　　　　　　　　　　 5　4　3　2　1
　a. 好き　　　　　　　 |＿|＿|＿|＿|＿|　　嫌い
　b. 単純な　　　　　　 |＿|＿|＿|＿|＿|　　複雑な
　c. 易しい　　　　　　 |＿|＿|＿|＿|＿|　　難しい
　d. やりがいがある　　 |＿|＿|＿|＿|＿|　　つまらない
　e. 重い　　　　　　　 |＿|＿|＿|＿|＿|　　軽い
　f. 自然な　　　　　　 |＿|＿|＿|＿|＿|　　不自然な
　g. 楽しい　　　　　　 |＿|＿|＿|＿|＿|　　苦しい
　h. のびのびした　　　 |＿|＿|＿|＿|＿|　　窮屈な

《資料４》アンケート２

名前 ＿＿＿＿＿＿＿＿＿＿＿＿＿＿＿

このアンケートは、成績に関係することはありませんので、正直に答えて下さい。

（１）今読んでもらった英文には、３種類の質問 A, B, C がありました。質問 A, B, C それぞれを解いているときの、あなたの気持ちを教えて下さい。

＜質問 A＞

どちらとも言えない
5　4　3　2　1

a. 物語を読む気が起きた　　　　　　　読む気が起きなかった
b. 一字一句正確に読んだ　　　　　　　ザーッと読んだ
c. 苦労した　　　　　　　　　　　　　楽に読めた
d. 深く読んだ　　　　　　　　　　　　浅い読みで十分だった
e. 文法を強く意識した　　　　　　　　文法を意識しなかった
f. 意味を強く意識した　　　　　　　　意味を意識しなかった
g. 熱中できた　　　　　　　　　　　　熱中できなかった
h. 先を読みたくなった　　　　　　　　読み進めたくなくなった
i. 内容を身近に感じた　　　　　　　　内容を遠く感じた
j. 充実感があった　　　　　　　　　　充実感がなかった

＜質問 B＞

どちらとも言えない
5　4　3　2　1

a. 物語を読む気が起きた　　　　　　　読む気が起きなかった
b. 一字一句正確に読んだ　　　　　　　ザーッと読んだ
c. 苦労した　　　　　　　　　　　　　楽に読めた
d. 深く読んだ　　　　　　　　　　　　浅い読みで十分だった
e. 文法を強く意識した　　　　　　　　文法を意識しなかった
f. 意味を強く意識した　　　　　　　　意味を意識しなかった
g. 熱中できた　　　　　　　　　　　　熱中できなかった
h. 先を読みたくなった　　　　　　　　読み進めたくなくなった
i. 内容を身近に感じた　　　　　　　　内容を遠く感じた
j. 充実感があった　　　　　　　　　　充実感がなかった

＜質問 C＞

どちらとも言えない
5　4　3　2　1

a. 物語を読む気が起きた　　　　　　　読む気が起きなかった
b. 一字一句正確に読んだ　　　　　　　ザーッと読んだ
c. 苦労した　　　　　　　　　　　　　楽に読めた
d. 深く読んだ　　　　　　　　　　　　浅い読みで十分だった
e. 文法を強く意識した　　　　　　　　文法を意識しなかった
f. 意味を強く意識した　　　　　　　　意味を意識しなかった
g. 熱中できた　　　　　　　　　　　　熱中できなかった
h. 先を読みたくなった　　　　　　　　読み進めたくなくなった
i. 内容を身近に感じた　　　　　　　　内容を遠く感じた
j. 充実感があった　　　　　　　　　　充実感がなかった

（２）質問 A, B, C を比較して、どの質問のときに読む意欲を最も強く感じましたか？強く感じたものに○をつけて下さい。また、その理由をできるだけ詳しく書いて下さい。

　　質問 A　　　　質問 B　　　　質問 C

＜理由＞

ご協力ありがとうございました。

4. 意見・考えを重視した指導と言語形式の学習

1. 意見・考えを重視した指導の問題点

　意見・考えを重視した指導を行う際に生じる問題の一つは，生徒が意見・考えを持っていても，それを英語で適切に表現できないことである。意見・考えを述べる場合には，主張を明確にするとともに，それをサポートする理由づけが要求され，その内容はしばしば複雑で抽象的なものになる。それゆえ，ただでさえ指導する側は，つい意見・考えを英語の授業で扱うことにハードルの高さを感じてしまうのであるが，とりわけ大きな問題点は，生徒の持つ言語知識が限られており，意見・考えを表現する言語面に大きな制約があることである。この問題はどのように解決できるだろうか。以下では，まず学習者の書いた英作文をとりあげて，学習者が意見・考えを表現するために用いる言語形式（語彙・構文）の使用状況を把握した上で，この問題に対してどのようにアプローチすればよいか，具体的なデータを示しながら検討することにする。

2. 生徒の意見・考えに関する作文に見られる言語形式

　生徒の書いた英作文を読むと共通して感じるのは，語彙が限られていることと構文のバリエーションが少ないことである。同じ表現の繰り返しが多く，文章が退屈で平板になる傾向がある。自然なことながら，表現の制約は内容にも影響を及ぼし，ありきたりで概念的な内容になりがちで，日本語で意見を主張する場合と比較すると英文の場合は内容の成熟度が低いといった印象を受けることが多い。

　Hinkel (2003) は非母語話者 (non-native speaker: NNS) の学生と母語話者 (native speaker: NS) の学生の書いた英文テキストを比較分析して，NNSのテキストに共通するいくつかの特徴を見い出した。Hinkelによれば，NNSのテキストはNSのテキストに比べて単純な統語的特徴を持っており，NNSはNSよりもbe動詞構文を頻繁に使用し，主張の展開に静的な記述を

用いている。また，NSに比べてNNSはbe動詞あるいは繋辞＋叙述的形容詞構文を多用する。一方，NSは多くの作文で，activity動詞やcausative動詞を含むより多様な構文を用いる。

　HinkelはNNSテキストの単純な語彙的特徴も指摘している。NNSの方がNSに比べて話し言葉で多用される，vague nounsと呼ばれる名詞群およびQuirk（1985）の分類によるpublic verbs, private verbs, expecting/tentative/wanting verbsの3種類の動詞を多用していることを明らかにし，NNSテキストの単純さを示している。また，NNSのテキストでは，同じ動詞の繰り返しが見られ，非常に冗長であること，NSではNNSに比べて慣用的表現が多く見られることもあわせて指摘している。紺渡（2004）は，Hinkelが指摘しているNNSのL2テキストの特徴が，筆者自身の指導する大学生のテキストにもあてはまるかどうか調べるために分析を行った。語彙については，多様性（Lexical Variation）をtype-token ratioで調べ，洗練度（Lexical Sophistication）について，Hinkel（2003）で取り上げられたvague nounsと3種類の動詞，public verbs, private verbs, expecting/wanting/tentative verbsの出現頻度を調べた。さらに，語彙頻度プロフィール（Lexical Frequency Profile）を用いて，使用されている語彙の頻度レベルを測定した。また，構文について，複雑性（Structural Complexity）をT-unitの数およびwords/T-unitで確認し，多様性（Structural Variation）に関してはbe動詞構文，形容詞の叙述用法，there存在文に焦点をあてて調べた。その結果，使用されている語彙については，その多様性がかなり限られており，洗練度も低いことが明らかになった。さらに語彙頻度プロフィールによる測定では，使用されている語彙のほとんどが高頻度の基本的な語彙であることが確認された。また，テキストの統語的特徴については，単純な文が多く，be動詞構文，形容詞の叙述用法，there存在文の3種類の構文すべてにおいて高い使用率がみとめられた。

　ここで述べたような英作文の特徴が，一般的に日本人学習者の作文に共通するものだとすると，当然のことながら，意見・考えを表現する場合も使用される語彙・構文はかなり限定されたものになるはずである。以下では，意

見・考えを表現するために用いられる言語形式に焦点をあてて、それが実際どのように使用されているのかを調べ、母語話者の使用と比較することにより、意見・考えを効果的に表現させるための指導への示唆を得ることとする。

3. 研究
(1) 目的
　本研究の目的は意見・考えを述べる際に必要になる様々な表現について、それぞれの使用が母語話者と非母語話者でどのように異なるかについて調べることにより、意見・考えの表出を求める指導に有益な手がかりを得ることである。

(2) 方法
①調査対象

　非母語話者（NNS）である日本人大学生が書いた作文20編と英語の母語話者（NS）が書いた作文20編を比較した。NNSの作文は筆者のライティングの最初の授業で、レディネスを確かめる目的で書かせた作文である。一方NSの作文は石川他（2011）の英語学習者コーパスCEEAUS（Corpus of English Essays Written by Asian University Students）[*1]に含まれている作文である。このNS作文はCEEAUS中の成人英語母語話者による作文の下位コーパスCEENAS（Corpus of English Essays Written by Native Speakers）に含まれる146の作文中の20編であり、二つのトピックについて書かれた作文群からそれぞれ10編を無作為に抽出したものである。

②材料
ア．調査対象の言語形式
　調査対象の言語形式として、意見・考えを述べる際に、特に必要となると思われる以下の6項目の言語形式が選ばれた。
・意見を述べる動詞「思う・考える／賛成する・反対する」
・確信度の違いを表す表現

・助動詞
・理由を表す表現
・つなぎ言葉
・条件を表す表現（if 条件文）

イ．作文課題

　NNS の作文の課題は statement に対して賛成・反対を主張し，それを具体的な理由や例をあげてサポートすることを求めるもので，以下のようであった。

〈比較分析のための作文課題〉

> It is better for children to grow up in a provincial city like Fukui than in a big city like Tokyo. Do you agree or disagree? Use specific reasons and examples to support your opinion.

　課題はその場で初めて与えられ，75分間で書くように指示された。一方，比較する CEENAS の NS 作文の課題は以下の二つのトピックについて，同じように具体例や理由を挙げて賛否を述べるものであった。

トピック１：大学生のアルバイト
It is important for college students to have a part-time job.
トピック２：レストラン全面禁煙
Smoking should be completely banned at all the restaurants in the country.

ウ．比較分析

　NNS と NS の作文に含まれる６項目の言語形式の使用頻度を比較した。[*2]以下にその結果と使用の特徴についてまとめる。

(3) 結果と考察

　まず，６項目の言語形式の使用頻度の比較結果を示す前に，NNS と NS の作文の複雑さ・難易度に触れておく。図１は作文の複雑さを一文あたりの語数によって示したものである。また図２はそれぞれの作文の可読性を

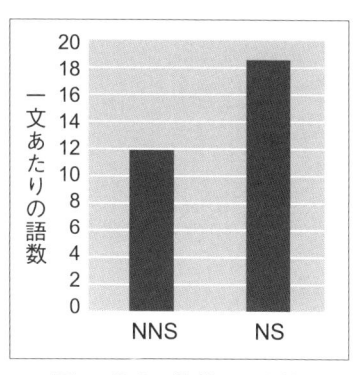

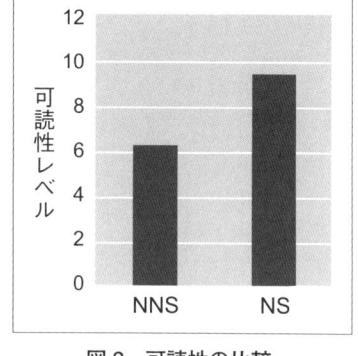

図1　作文の複雑さの比較　　　図2　可読性の比較

Flesch-Kincaid Grade Level[*3]で表したものである。これらのグラフから明らかなように，NS作文の方がNNS作文に比べて複雑さ・難易度が高い。

①意見を述べる動詞

　図3は，意見を述べる動詞"think"と"agree/disagree"の使用頻度を示している。NNSの作文では"think"は81例，"agree"22例，"disagree"1例が確認された。一方NSの作文においては"think"6例，"agree"6例"disagree"2例が使われているにすぎなかった。このことは，日本人学習者の場合，意見・考えを示す場合，ほとんど"think"という動詞に依存していることを意味している。一口に意見・考えといっても，少し突き詰めてみると，主張，判断，評価，提案，分析，推測，証明，説得，要求，願望などに下位分類される。したがって，中級レベルともなれば，"think"だけでなく insist, infer, estimate, suggest, expect, predict, prove といった多様な語彙を使うようにしむけると，より適切に内容を伝えることができるはずである。中学生でもすでに，"think"の他にも believe, feel, hate, hope, know, look, like, love, mean, need, seem, thank, want, wish, worry といった語彙が教科書に出てくる。意見・考えを述べさせる場合に，繰り返しこのような語彙を使わせるように仕向け，自然に使えるようになるように配慮すべきである。

　他方，NS作文において，動詞"think"の使用が大学生作文に比べて極

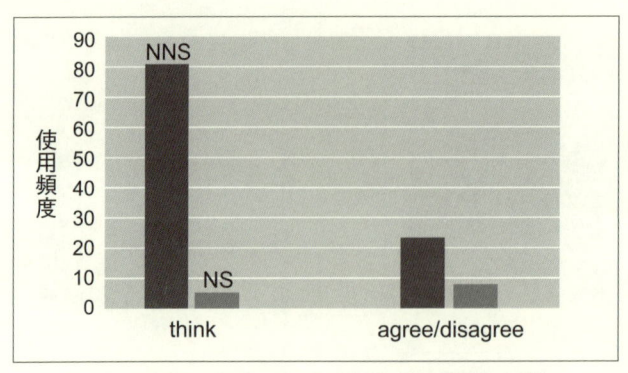

図3　意見を述べる動詞の使用頻度の比較

端に少なかったことには，内容をより直接的に示そうとする姿勢がうかがえる。日本人学習者の作文に多用されていた"I think～"という表現は，主観的で，主張を弱めてしまう可能性がある一方，NS作文では，証拠を示して，主張する内容をより客観的に述べており，力強さが感じられる。条件反射的に，I think～と意見・考えを述べるのではなく，場合によっては，main ideaを断定的に述べ，それをサポートする情報や具体例を提示して，強く主張するようにしむける指導も必要である。

②確信度の違いを表す表現

　中立的な意味合いを表す"think"の代わりに，より特定の意味を表す動詞を用いることに加えて，述べようとする内容についての話し手の確信度を意識させることも，より適切な表現の能力を高めるのに役立つ。例えば，確信度の違いを表すI'm convinced that～, I'm certain that～, I'm sure that～, It is probable that～, It is likely that～, It is possible that～, It seems that～といった表現を指導して，意見・考えを述べる際に使うようにさせてはどうだろうか。確信度の違いを表すために，副詞を用いることもできる。例えば小西（2006）は蓋然性の度合いの違いを表す副詞について，次のようにおよその目安を示している。

---

probably（80%）＞ likely（50%）＞ perhaps/maybe（20-30%）
＞ possibly（20%以下）　　　　　　　　　　　　　小西（2006:816）

NNSの作文では，これらの確信度の違いを表す表現としてはわずかにperhapsが1例見られたにすぎない。一方，NS作文では，I'm sure that〜1例，likely 1例，perhaps 9例，maybe 2例，possibly 1例，certainly 1例，definitely 2例が観察された。

NS作文ではこういった語彙や表現に加えて，助動詞を駆使して，モダリティー（心的態度）を表しているケースも多く観察された。助動詞が話し手の異なるレベルの確信度を伝える働きがあることは，周知の事実である。安藤（2005）は助動詞の確信の度合いの違いを次のようにまとめている。

Uncertain	That could be John.
	That might be John.
	That may be John.
	That should be John.
	That would be John.
	That ought to be John.
	That has to be John.
	That will be John.
	That must be John.
Certain	That is John.

安藤（2005：331）

③助動詞

図4は，助動詞の使用頻度を示している。助動詞の使用の分析から明らかになった大学生作文の特徴の一つとして，NS作文に比べて能力，状況的可能性を示す根源的用法（root use）のcanが多用されていることがあげられる。一方，NS作文では，認識的可能性を示すcanの使用が6例あったが，NNSの作文には見られなかった。また，will, may, must, shouldの助動詞の使用についても，NS作文に比べてNNSの作文では少なかった。mustの使用が少ない点については，強い言い切りの主張が避けられることと関係しているかもしれない。中級以上のレベルでは，助動詞でモダリティーを表すよう学習者に指導するとよい。特に助動詞の認識的用法を意識させるとよい

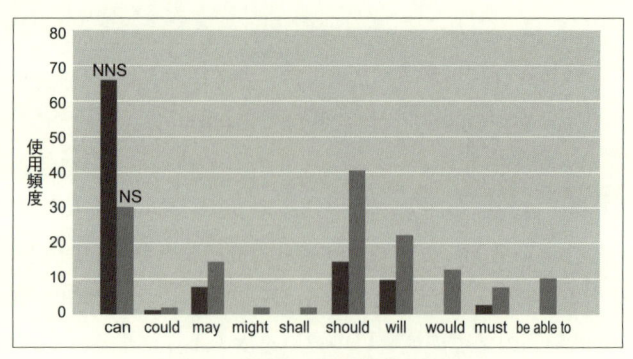

図4　助動詞の使用頻度の比較

と思われる。

④理由を表す表現

　意見・考えを述べる際に鍵となる表現の一つは，理由（原因・結果）を表す表現であるが，大学生作文では，so（40例）および because（22例）が多用されていた。他に therefore（4例），because of（1例），that's why（1例）の使用が見受けられた。一方，NS 作文では，because（7例），because of（5例），so（3例），therefore（2例），since（1例），for some reasons（1例）などが用いられていた。使用回数からわかるように，大学生作文に比べて，NS 作文の so, because などの理由を述べる表現の使用は限られている。このように使用頻度が低いのは，I think ～の場合と同様，because や so のような signal word に頼らずに，直接内容を述べて，因果関係を明確に説明しているためであると考えられる。

　日本人学習者の場合は，特に初級者の場合は，内容を述べて因果関係を説明するのは容易でないので，むしろ適切な因果関係を示す signal word を使わせることによって，意見・考えを明確にすることができる。英語力の伸長とともに，signal word に頼らずなるべく内容を論理的に述べることによって，因果関係を明確に示すように指導すればよい。

　原因・結果を示す signal word としては，so, because のような接続詞だけでなく，cause, produce, create, lead to, result in, bring about, give rise

表1　個別語彙の使用頻度差の検定

個別の語	χ^2値	p値	自由度(df)	個別の語の頻度の差の優位性判定	頻度が高いコーパス	5以下の実測値または期待値
think	73.68	0.0000	1	有意水準0.1%で有意差あり ($\chi^2 = 73.68$, $p = .000$)	Kondo	なし
agree	10.13	0.0015	1	有意水準1%で有意差あり ($\chi^2 = 10.13$, $p = .002$)	Kondo	なし
can	18.60	0.0000	1	有意水準0.1%で有意差あり ($\chi^2 = 18.60$, $p = .000$)	Kondo	なし
could	0.00	1.0000	1	有意差なし ($\chi^2 = 0.00$, $p = 1.000$)		
may	0.90	0.3426	1	有意差なし ($\chi^2 = 0.90$, $p = .343$)		
might	0.38	0.5363	1	有意差なし ($\chi^2 = 0.38$, $p = .536$)		
shall	0.38	0.5363	1	有意差なし ($\chi^2 = 0.38$, $p = .536$)		
should	8.29	0.0040	1	有意水準1%で有意差あり ($\chi^2 = 8.29$, $p = .004$)	CEENAS	なし
will	2.99	0.0836	1	有意差なし ($\chi^2 = 2.99$, $p = .084$)		
would	9.66	0.0019	1	有意水準1%で有意差あり ($\chi^2 = 9.66$, $p = .002$)	CEENAS	あり(要注意)
must	1.00	0.3184	1	有意差なし ($\chi^2 = 1.008$, $p = .319$)		
so	35.19	0.0000	1	有意水準0.1%で有意差あり ($\chi^2 = 35.19$, $p = .000$)	Kondo	あり(要注意)
because	13.68	0.0000	1	有意水準0.1%で有意差あり ($\chi^2 = 18.68$, $p = .000$)	Kondo	なし

to, come from, result from, be due to, be the result of といった表現もあわせて指導するとよいだろう。

　これらの語彙（言語形式）の使用については全体的に特徴的な傾向を見てきたが，少し微細に個々の語の使用について NNS と NS 間に有意差があるかどうか，カイ二乗検定で調べてみたところ，表1[*4]に示すように，NNS に think, agree の使用頻度が高く有意差が認められた。助動詞については NS に should, would の使用頻度が高く，有意差が認められた。また，理由を表す表現 so, because について NNS の使用頻度が高く有意差が認められた。

参考に他の母語話者の作文を集めたコーパスでも，取り上げた言語形式について調べた。USC および UM は Sylviane Granger により作成されたコーパス LOCNESS（LOUVAIN CORPUS OF NATIVE ENGLISH ESSAYS）[*5]に含まれている資料である。前者は University of South Carolina, 後者は University of Michigan で書かれた母語話者による作文で，この二つの下位コーパスは分析で用いた NNS 作文同様，年齢がほぼ同じ大学生によって，特別なリソースを参考にしないで書かれた argumentative essay である。[*6]

表2 コーパスの基本データ

Corpus	Kondo	CEENAS	USC	UM
The number of samples	20	20	17	43
Token	4453	5058	12730	16502
Token/sample	222.7	252.9	754.9	384.3
Type	809	1218	2454	2872
TTR	0.182	0.241	0.193	0.174

CEENAS の場合と同様に，USC および UM においても，意見を述べる動詞（think, agree, disagree）の使用頻度は NNS の作文に比べて，非常に低かった（図5）。[*7]

また，助動詞についても CEENAS の場合と同様に，NS の作文に比べて，NNS では使用頻度が概して非常に低かった（図6）。

⑤つなぎ言葉（transitions）

図7は，つなぎ言葉の使用頻度を示している。

NS 作文と比べて NNS の作文には，理由（原因・結果）のみならず，列挙・順序，比較・対比，例証のつなぎ言葉（transitions）が多用されていた。[*8]特に列挙・順序のつなぎ言葉は，これまで繰り返し指導されてきているものと思われる。また，例証のつなぎ言葉の多用は，抽象的な説明が困難であるため，例示に頼ることの反映なのかもしれない。理由を表す表現で述べたように，NS の作文に特徴的につなぎ言葉が少ないのは，論理的に明確に表現することにより文の内容によって談話の結束性が保たれるからであり，つな

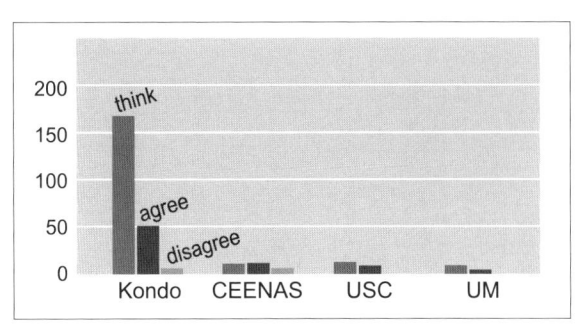

図5　意見を述べる動詞の使用頻度の比較2

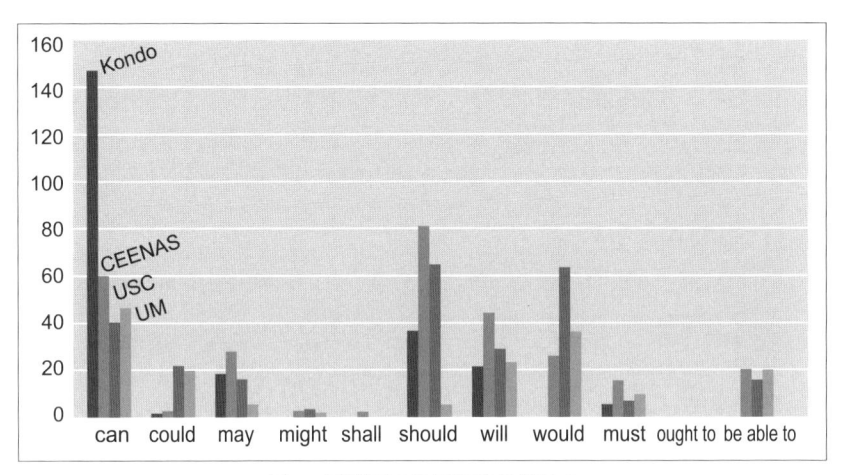

図6　助動詞の使用頻度の比較2

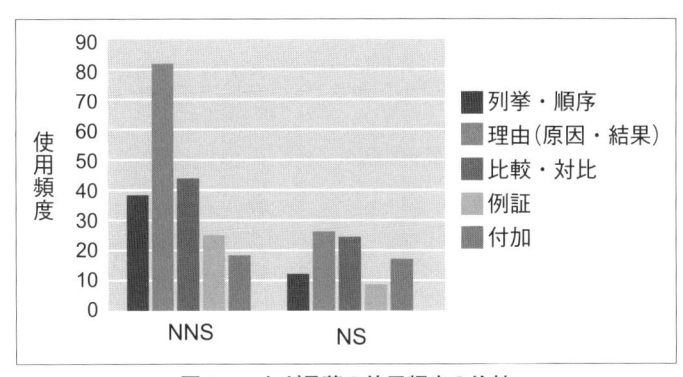

図7　つなぎ言葉の使用頻度の比較

ぎ言葉で文や段落間の関係を明示する必要がないからであると推測される。

⑥条件を表す表現

意見・考えを述べる表現に関して、大学生作文とNS作文におけるもう一つの特徴的な違いは、ifを用いた条件文がNS作文では多く使用されていたことである。if条件文を用いることによって、

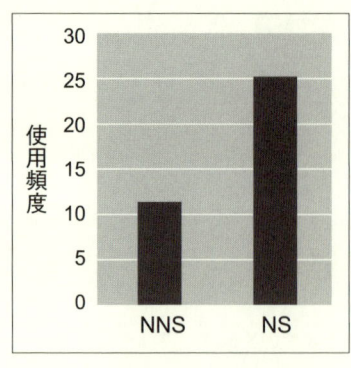

図8 if条件文の使用頻度の比較

様々な条件のもとで、どのような帰結が考えられるかを示すことにより、自分の主張をより効果的にサポートすることができる。if条件文の使用も、意見・考えを説明する上で必要な表現の一つとして、指導すべきであろう。

4. 言語形式指導の二つのポイント

以上の結果・考察から意見・考えを表現する際に使われる言語形式の指導について重要と思われる二つの点についてまとめておく。

一つは、「言語の発達的視点を指導に取り入れること」である。つなぎ言葉の指導を例に取ると、図9に示すように、談話の結束性を保持するために、習熟度の低い段階ではつなぎ言葉を使わせることにより、結束性を高める指導が有効であるが、習熟度の伸展とともに、つなぎ言葉への依存を少なくし、主張の内容を論理的に展開することによって結束性を高めるように指導すべきではないかということである。

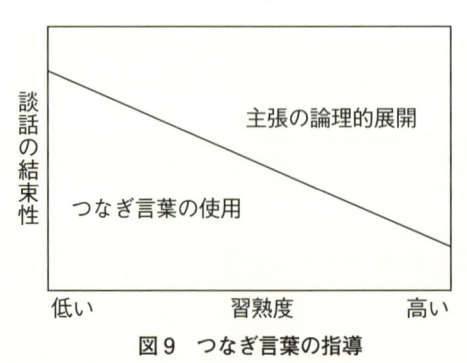

同様にここで取り上げたその他の言語形式、意見を述べる動詞、確信度の違いを表す表現、助動詞、理由を表す表現についても習熟度が高まるにつれて、より適切に意見・考えを表現できるようにその指導のしかたを

図9 つなぎ言葉の指導

工夫する必要があるということである。

本研究から得られる言語形式の指導に関するもう一つの重要な点は，「使える言語形式を拡大すること」である。

図10のfは言語形式（語彙・構文・文法）を示しているが，f1がf2に拡大するように，中学校・高等学校における従来の指導では，語彙・構文・文法事項を一つ一つ指導し，その累積によって言語形式のストックを拡大するという方式がとられており，このサイズの拡大が言語形式の発達と捉えられがちである。

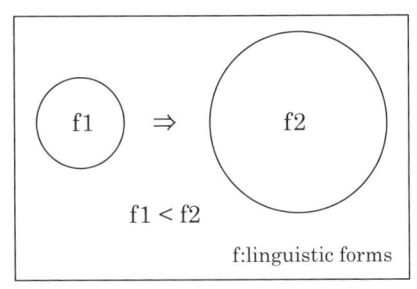

図10　言語形式の発達1

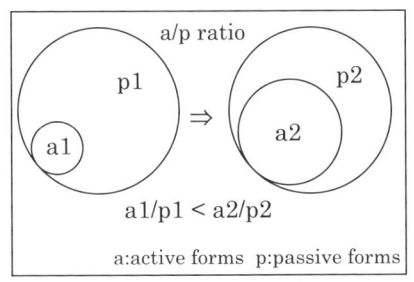

図11　言語形式の発達2

一方，もう一つの言語形式の発達のあり方は，使える形式の増加である。図11に示すように，passive forms（受容言語形式[*9]）のサイズが同じ（p1 = p2）であっても，active forms（発表言語形式）のサイズがa1からa2のように増加するという発達が考えられる。受容言語形式に対する発表言語形式の割合をa/p ratioと呼ぶことにすると，これが増大するような発達のとらえ方である。例えば，本研究で調べたNS作文では，clearly, completely, undoubtedlyといった副詞やabsurd, beneficial, contemplating, effective, fascinating, fragile, harmful, invaluable, necessary, obvious, oppressive, positive, productive, promising, serious, unfairといった形容詞が意見・考えの表現を豊かにしていた。NSとNNSでは語彙力に差があるのは当然だが，注目すべきはこれらのNNSの作文では使われていない多様な語彙はほとんど調査に参加したNNSにとっては既習の語彙であるということである。

327

5. おわりに

　第二言語習得研究は言語習得における input の重要性を裏付けているが，同時に output の必要性を示唆している。また，われわれの EFL の指導環境は，母語獲得や ESL の学習環境とは大きく異なっており，現実問題として自然な英語の習得を可能にするだけの十分な comprehensible input を保証することはきわめて困難である。このような状況においては，なるべく多量の comprehensible input を与える努力をしながら，同時に学習した言語形式を用いて情報やメッセージを表現させる output の機会を与えることが学習を促進する方法として理にかなっているように思われる。このようなコミュニケーションの経験を通して，学習した言語形式が理解できる状態から発表に使用できる状態へと変化することが期待できる。

　output させる場合，情報やメッセージを表現させるコミュニケーション活動を授業の中で行うことは，information gap 活動などによく見られるように，大がかりで準備に手間がかかることに加えて，人工的な活動になり，自然なコミュニケーションから隔たったものになってしまうことがある。その点，意見・考えを重視した指導では，容易に本当のコミュニケーションを行わせることができ，その際，既習の言語知識の再使用が促され，ひいては a/p ratio の向上につながる可能性がある。それゆえ，この意見・考えを重視した指導には「意見・考えをやりとりする」というコミュニケーション能力の中核的機能の習熟や動機づけといった観点のみならず，言語形式の学習の面から見ても重要な意味があるのではないかと考えられる。

（紺渡弘幸）

《注》

＊1　神戸大学の石川慎一郎教授によって構築された英語学習者コーパス。現在は同氏によりさらに拡張したコーパス The International Corpus Network of Asian Learners of English（ICNALE）が構築されている。

＊2　日本大学の塚本聡教授によって開発された KWIC Concordance for Windows Ver.5 を使用した。

＊3　以下の計算式で算出される読みやすさ（readability）の指標の一つで，米国の学年レベルを基準にしたもの。たとえば，スコアが 10.0 の場合は，10 年生で理解可能なレベルであること意味する。
$(0.39 \times ASL) + (11.8 \times ASW) - 15.59$：ASL＝1 文あたりの平均語数，ASW＝1 単語あたりの平均音節数

＊4　表1の結果は，石川他（2011）『言語研究のための統計入門』付属分析ソフトによるものである。

＊5　ベルギーのルーバンカトリック大学英語コーパス言語学センターの Sylviane Granger 教授により構築されたコーパス。

＊6　このコーパス間の比較では，書き手（大学生），リソース（不使用），作文の種類（argumentative essay）の他の作文課題，時間や長さなどの属性をすべて一致させることはできないので，厳密な比較はできないが，概ねの傾向を把握することは可能であると考えられる。

＊7　図5および図6の使用頻度は比較のために 10000 語レベルにおける頻度に換算したものである。

＊8　比較・対比の項目には，形容詞や副詞の比較級，最上級の表現も含まれている。

＊9　passive forms は筆者による passive vocabulary からの造語である。receptive forms と言い換えても良い。同様に active forms は productive forms と言い換えることができる。

　　　　　　　＊本研究は JSPS 科研費 24531159 の助成を受けた研究の一部である。

5. 意見・考えの表出を促す指導の工夫とその効果

1. はじめに

　意見・考えを英語で発表させることは非常にレベルの高い困難な活動であると受け取られがちである。確かに生徒に意見・考えの表出を求めても簡単には答えることができない。時間ばかりかかって授業が思うように進められないので，効率的な学習が期待できないと感じることがある。生徒がスムーズに意見・考えを英語で発表することができない理由は二つある。生徒が自分の意見・考えを英語で適切に表現できないことと，そもそも自分の意見・考えを持つことができないことである。限られた授業時間の中で，高い学習効果が得られるように意見・考えを英語で発表させるためには，この英語面（言語面）と内容面の両方を考慮することが不可欠である。本節では，この二つの課題を解決するための指導法を提案する。

2. Agree/Disagree Task

　ここで提案するのはある命題（proposition）に対して賛成か，反対か立場を決めて自分の意見・考えを主張する活動であり，Agree/Disagree Task（以下 AD Task）と呼ぶことにする。この活動の手順は以下の通りである。

(1) 手順
○準備（Preparation）
① Introductory talk（5分間）
　この活動は，授業の流れの中で，教科書本文の指導をした後にその内容に関して賛否を問う命題を設定して行うのが望ましい。内容についての情報や関連の語彙が教科書本文の指導の中ですでに共有されているので，無理なく行うことができる。その場合はこの Introductory talk のステップは不必要になる。適切な命題が設定できない場合は，本文の内容とは別に独立して行うこともできるが，その場合は命題に関する背景知識が十分にあるかどうか

が活動の成否を左右することになる。未知の内容や理解が十分でない内容をトピックとして取り上げる場合はこのステップであらかじめ基礎的な情報を提供し，判断する材料を与えておくことが必要である。

② Writing a speech memo（2分間）

スピーチの準備として以下のようなメモを書かせる。まず，生徒に議論すべき命題について賛成か反対か，いずれか一方の立場を必ず選択させる。次に自分の意見をサポートする理由や具体例を二つ考えさせ，キーワードやキーフレーズを用いてそれらをメモさせる。単文の箇条書き程度は認めるが，スピーチ原稿を書かせることはしない。最後に主張を異なる表現を用いて述べ，結論として締めくくるように考えさせる。

Consumption Tax Hike

1. PROPOSITION
Do you agree or disagree with the following statement? The consumption tax should be raised. Use reasons and specific details or examples to support your opinion.
2. YOUR OPINION
I (agree   disagree)
3. SUPPORTING IDEAS (REASONS OR EXAMPLES)
(1) (2)
4. CONCLUSION

③ Practice（1分間）

メモを書かせた後，実際に意見交換させる前に，それを見ながら自分一人でスピーチさせる。

○意見交換（Sharing ideas and opinions）

④ Speech in pairs 1（1分間×2）

リハーサルの後，ペアで意見交換させる。スピーチは教師が時間を計測し，一人1分間で話させる。

⑤ Reflection 1（1分間）

1回目の意見交換を終えた後で，スピーチする際につまずいた表現を辞書で確認させる。

⑥ Speech in pairs 2（1分間×2）

ペアを組み替えて，2回目の意見交換を行う。1回目と同様，時間を計測して行う。

⑦ Reflection 2（1分間）

1回目と同様に意見交換を終えた後で，スピーチする際につまずいた表現を辞書で確認させる。

⑧ Speech in front of the class（5分間）

時間に余裕があれば，2,3名の生徒にクラスの前でスピーチさせる。

○まとめ（Summary）

⑨ Writing an opinion paragraph（10分間）

最後に，10分間で opinion paragraph を書かせる。このパラグラフはスピーチ（メモ）の構成に対応し，賛否の主張を述べるトピック・センテンス，主張を支える二つの理由あるいは例を示すサポーティング・センテンス，そして主張を異なる表現で言い換えたコンクルーディング・センテンスを含んだものである。授業中に書かせる場合は時間的制約のため[*1]，10分間で書かせるが，時間の制約を求めず，家庭学習の課題として課すこともできる。

(2) 特長

この活動は一見ディベートに似ているが，重要な点で大きく異なっている。この活動には次のような特長がある。

①ある命題について賛成か反対か立場を決めて自分の意見・考えを主張するが，相手と異なる意見・考えの正当性を主張し，相手を言い負かそうとす

[*1] 本実践では，授業の時間的制約だけでなく，限られた時間の中でスピーディに意見をまとめる練習が意図されていたので，このような時間配分で実施した。

るディベートとは異なり，相手と同じ意見・考えを述べてもかまわない。自分の本当の意見・考えを述べるので，勝敗や相手へのチャレンジといったゲーム的要素にとらわれることなく，より自然なコミュニケーションが行われる。

②トピック（内容）についての学習と言語知識の学習（語彙や表現の学習）が同時に行われるので，教科書を用いた授業をコミュニカティブに展開することができ，言語知識の学習も効果的に行われる可能性がある。

③教科書本文の指導後に行えば，その内容に関連した語彙や表現などの言語形式も学習されているので，スムーズに意見・考えを発表でき，インプットからアウトプットへ自然な流れで学習できる。また，内容と関連する言語知識（語彙や表現）をクラス全体で共有できているので，コミュニケーションがより容易になる。

④活動はスピーキング（聞き手側からすればリスニング）とライティングを統合して行う。教科書本文の読みの後に行えば，リーディングも加えて4技能を有機的に統合した活動になる。

⑤スピーチ構成のフレームワークが意見を述べる際の認知的ガイドラインとして働き，意見の発表を容易にするとともに，主張内容の質的な側面をサポートしてくれる。これはまた，意見を述べる作文の基礎にもなる。

⑥内容についてさらに調査したり，調べたことをまとめたり，プレゼンテーションしたりする発展的な活動へと展開することもできる。

3．AD Task の実践例

以下にこの活動の実践例を報告する。

(1) 参加者

参加者は，筆者のライティングの授業を取っている日本人大学生（3年生）19名であった。

(2) 実施方法・手順

この実践は毎週1回，7週間（2012年11月28日〜2013年1月23日）に

わたって行われた。手順は上述のとおりであった。

(3) 材料（トピック）

賛否を論じる命題は以下の七つであった。

① The most important aspect of a job is the money a person earns.
② We should abolish all the nuclear power plants in Japan as soon as possible.
③ It is important for college students to have a part time job.
④ We should not allow elementary school children to use the Internet.
⑤ Young Japanese people should study abroad once at least.
⑥ Companies should hire employees for their entire lives.
⑦ Smoking should be banned at all the restaurants.

(4) AD Task の効果

この活動の効果を学生が書いた作文やアンケート調査によって検証した。
①作文の分析（前半の作文と後半の作文の比較）

まず，ライティングの fluency に変化があるか，学生の書いた作文に含まれる総語数を比較した。上記七つのトピックについて書いた作文のうち，第6回の作文については，流行性感冒等により欠席者が集中し，作文を提出したのは12名のみであったので，比較の対象から除外した。残りの6回の作文を前半3回と後半3回に分けて，fluency の変化を調べるデータとして用いた。

図1が示すように，10分間の作文に含まれる Token（総語数）を比較すると，前半3回に比べて後半3回の作文で，増加している者が19名中，12名であった。また，変化が無かった者（Token の増減が1作文につき2語以内）が4名，減少した者が3名（それぞれ5語，8.3語，6.7語の減少）であった。この結果から，実践回数が限られており，比較に使用できるデータは少なかったがおおむね Token は増加する傾向にあり，fluency の向上が期待できると思われる。[*2]

図1 作文に含まれる総語数の比較

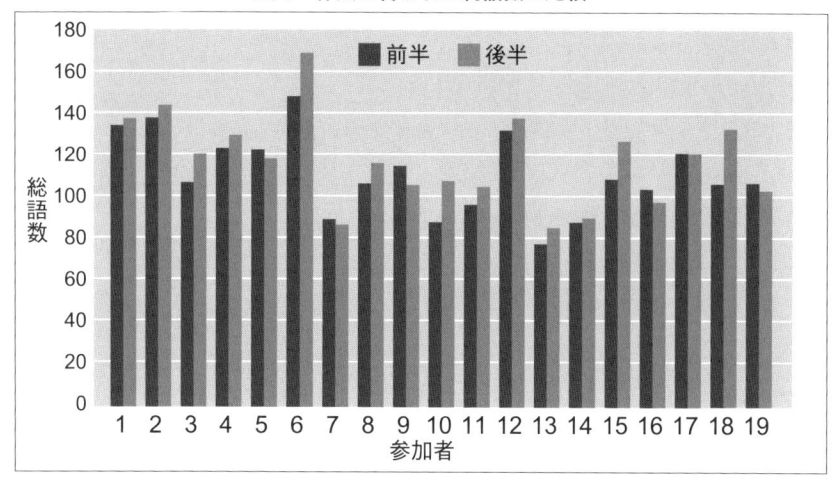

表1 作文に含まれる総語数の比較

	平均値	N	標準偏差
前半の作文の総語数	111.574	19	19.157
後半の作文の総語数	117.832	19	21.515

表2 対応サンプルの差

	平均値	標準偏差	t値	自由度	有意確率（両側）
前半の総語数 − 後半の総語数	-6.258	9.278	-2.940	18	.009

念のため，前半と後半の総語数の平均値の差を t 検定で調べたところ表1，表2に示すように1%水準で有意であった。なお，効果量 d=.673，検定力 $1-\beta$ =.79 であった。

②評価の比較

作文の評価は指導者である筆者による holistic な評価[3]で，A, B+, B, B-, C

---

*2 この活動は opinion paragraph を書く練習であるが，量的な側面に限れば，30分で5パラグラフのエッセイが容易に書くことのできるスピードであることに注意されたい。

*3 holistic な評価で，個別の観点ごとに測定して，その結果を合計して評価するというわけではないが，いちおう，内容，構成，言語（英語）の三つの観点を念頭に置いて総合的に評価した。

図2　作文の評価得点の比較　　　表3　作文の評価得点の比較

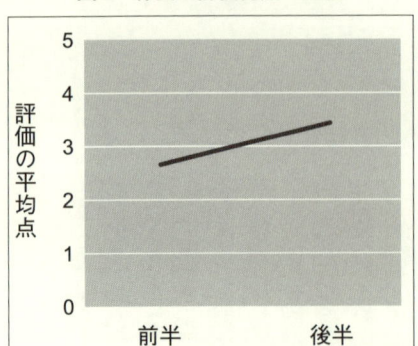

	平均値	N	標準偏差
前半の作文の評価得点	2.535	19	.673
後半の作文の評価得点	3.395	19	.660

表4　対応サンプルの差

	平均値	標準偏差	t 値	自由度	有意確率（両側）
前半の評価得点 － 後半の評価得点	－ .860	.562	－ 6.672	18	.000

の5段階で評価した。図2はA→5，B+→4，B→3，B-→2，C→1のように点数化した結果を示している。fluencyの調査と同様に前半3回の作文と後半3回の作文の評価の平均得点を比較すると，平均得点が向上した者は19名中16名であり，残り3名は前半と後半で平均得点で3分の1点の増減があるにすぎず，ほとんど変化がなかった。指導者である筆者による評価のみに基づく比較であるが，作文の質的向上の点からもこの指導法の有効性がうかがわれる。前半と後半の評価得点の平均値の差をt検定で調べたところ表3，表4に示すように有意であった。なお，効果量 d=1.531，検定力 1-ß =.99であった。

③質問紙による調査結果の分析

　活動の実践後にこの活動に関する簡単な質問紙による調査を行った。質問は以下に示す10項目で，5:たいへんよくあてはまる，4:ややあてはまる，3:どちらともいえない，2:あまりあてはまらない，1:まったくあてはまらない，の5件法で行った。図3はその結果を得点化したものである。

　1. おもしろかった。2. やりがいを感じた。3. 難しかった。4. 英語で意見・

図3 活動に関するアンケート調査の結果

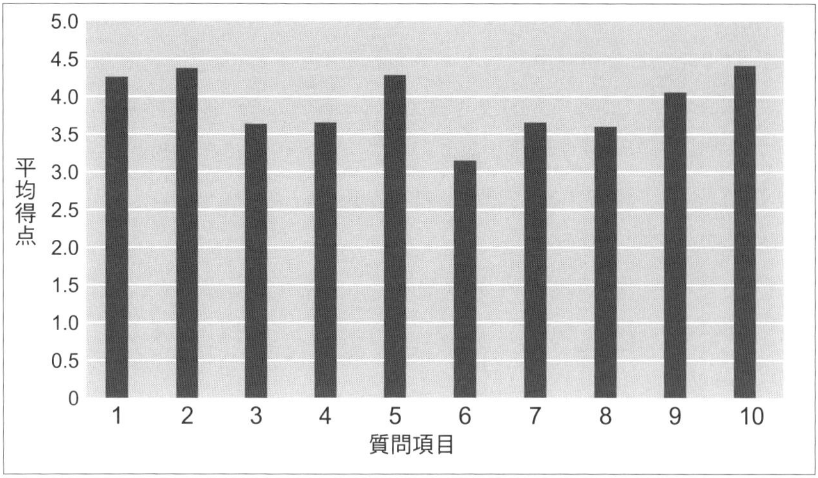

考えを述べることにしだいに慣れてきた。5. 英語で意見・考えを書くことにしだいに慣れてきた。6. スムーズに話せるようになってきた。7. スムーズに書けるようになってきた。8. 使える語彙や表現が増えた。9. Opinion Paragraph の構成 (Topic Sentence + Reasons or Examples + Concluding Sentence) に慣れた。10. この活動を継続して行うと，英語で意見・考えを表現する力が向上すると思う。

　この活動に対して，「おもしろかった」，「やりがいを感じた」と回答している学生が多く，評価の平均得点もそれぞれ 4.3，4.4 と高く，動機づけの効果が期待できる。
　また，実際の学習効果についても「英語で意見・考えを書くことに慣れてきた」，「Opinion Paragraph の構成に慣れた」と回答する学生が多く，いずれも平均得点は 4 点を超えていた。「英語で意見・考えを述べることに慣れてきた」，「スムーズに書けるようになってきた」についても肯定的な回答が多かった。「この活動を継続して行うと，英語で意見・考えを表現する力が向上すると思う」との回答も多く，平均得点は 4.4 と非常に高かった。
　一方，「スムーズに話せるようになってきた」についてはほぼどちらとも

言えないという回答に近く，本実践がライティングの科目であり，ライティングの学習のコンテクストで行われたこと，それゆえ音声面の練習がきわめて限られていたことが理由として考えられる。

　この調査結果について注意すべき点が二つある。一つは，「難しかった」と回答している者が少なからずおり，意見・考えの表出の認知的な負荷の大きさに加えて，時間的な制約を課したことがこのような回答につながっている可能性があることである。

　もう一つは，「使える語彙や表現が増えた」かどうかの問いに対しても肯定的な回答が得られたが，ここでは，自分が知ってはいるが使えない，いわゆる Passive vocabulary から使える Active vocabulary に変化したものではなく，新たに知った語彙や表現を念頭に回答している可能性があることである。

　いずれにせよ，この調査結果はこの活動の良好な学習効果を示していると言える。

④スピーチの分析（活動実施前と最後のスピーチの比較）

　最後に，参考資料として，この活動を実施する前に記録した参加学生の発話と活動実践後に記録した発話の一部を示す。この発話記録は，ICレコーダーを用いて活動に参加した学生に録音させたものであり，以下に示した例は3人の学生（S1, S2, S3）の活動前の発話（1）と活動後の発話（2）である。発話（1）では"The importance of jobs"というトピックについて時間を制限せず自由に考えを述べさせた。一方，発話（2）では"The consumption fax should be raised"という主張について1分間の時間制限を設けて意見を述べさせた。

S1（1）: We can contribute to the society when we get a job. I think we should think, we should do that because we were born to this earth. Then, we are young and we are university students, so we went to elementary school, junior high school, and high school and this university. So, we learned enough. So, it is time to contribute.

S1（2）: I disagree with this idea. I have two reasons. First, we cannot trust the government. For example, there are lots of corruption, "oshoku". So, they seems not to think about us. In addition, they don't give an example. You said something. So, I think it is unfair to pay tax more even if we don't know how it works. Second, it causes work problems. When the consumption tax is raised, it causes bankruptcy or restructing, "risutora". So, the number of people who don't have job, it causes depression seriously.

S2 (1) : I think the importance of job is a reason for living, and making, making a living. If we don't work, we cannot get money, and if we don't money, we can't don't enjoy. So, I think getting a job is important to enjoy my life.

S2 (2) : I agree with this opinion. I have three reasons. First, consumption tax is stable revenue, so some people say that if consumption tax is raised, people don't buy something because the prices higher. However, I think people have to consume something, for example they have to buy foods or daily products, so the government can get more tax. Second, if revenue is increased, for example we can use social security. In conclusion, I agree with this opinion.

S3 (1) : I think job is important for us because we have to live and we have to earn money and we have to independent from parents. And we we should new home, "Katei". So, I think job is important.

S3 (2) : I disagree this statement. There are two reasons. I will focus on recession. First, we have to learn from the past. When the consumtion tax was reaised from 3% to 5%, eeto, eeto recession began, begun, began. Second, it will be decreased consumption. If the price, we want something, but the price is high, we do not want to buy, and, nani, in conclusion, for these reasons, I don't agree that the consumption tax should be raised.

学生の活動実施前と後の発話を比較すると，共通して流暢さの向上が見られた。また，活動実施後の発話では，主張の構成が論理的で，その主張内容の成熟度においても向上がうかがえた。

4．おわりに

　意見・考えを表現する際の二つの障害である，意見・考えを持つことと意見・考えを英語で表現することを克服するために効果的な一つの活動を提案し，その実践例についていくつかの観点から調べた。厳密な検証は今後の課題であるが，その有効性には十分期待が持てる。

　この実践例では，学習者に賛否を問う命題を提示して，意見・考えの表出を求めたが，通常の授業では教科書本文の学習を行う中で，その内容に関して意見・考えを問えば，無理なく意見・考えを表出させることができる。内容についてのスキーマが提供され，あるいは活性化されることで，意見・考えを形成できる準備ができた状態に置かれることに加えて，意見・考えの表出に必要な語彙や表現の言語形式についてもすでに学習済みだからである。

　第二言語習得研究は言語習得におけるインプットのみならずアウトプットの重要性を示している。われわれの教授環境では，教室外での自然な英語によるコミュニケーションはほとんど望めない以上，教室内のコミュニケーションをいかに豊かなものにし，英語を使用する機会をいかに豊富に与えるかということが重要である。インプットだけでなく，アウトプットの経験を通して，既習の言語形式を繰り返し使用させることにより，理解のレベルにとどめるのではなく発表のレベルにまで引き上げる効果が期待できる。

　情報やメッセージの伝達を目的として繰り返し目標言語を使用することを可能にするタスクの反復使用についてはさまざまな研究があり，その効果も報告されているが，一つ留意すべき点は単純に反復するのではなく，繰り返すたびに新たな学習を保証するしくみを指導過程に組み込むことである。ささやかな工夫であるが，ここで取り上げた AD Task ではスピーチをさせる段階で，学習者がスピーチをする際につまずいた表現を辞書で確認させるステップを加えた。このステップを設けることにより，学習者は自分の意見・

考えを表現する際に気づいたギャップ (noticing a gap) を埋めること (filling the gap) ができる。

(紺渡 弘幸)

＊本稿は『中部地区英語教育学会紀要』(43 号) 所収の実践報告を転載したものである。なお，本研究は JSPS 科研費 24531159 の助成を受けたものである。

●参考文献

安藤貞雄 (2005)『現代英文法講義』東京:開拓社
Arnold, J., & Brown, H. D. (1999). A map of the terrain. In J. Arnold (Ed.), *Affect in language learning* (pp.1-24). Cambridge: Cambridge University Press.
Bachman, L. (1990). *Fundamental considerations in language testing*. Oxford: Oxford University Press.
Been, S. (1975). Reading in the Foreign Language Teaching Program. *TESOL Quarterly, 9*, 233-242.
Bloom, B. S. (1956). *Taxonomy of educational objectives*. New York: Longmans.
Brock, C. A. (1986). The effects of referential questions on ESL classroom discourse. *TESOL Quarterly, 20*, 47-59.
Brown, R. (1991). Group work, task difference, and second language acquisition. *Applied Linguistics, 12*, 1-12.
Brown, H.D. (2007). *Teaching by principles: An interactive approach to language pedagogy, 3rd edition*. New York: Pearson Longman.
Craik, F. I. M. & Lockhart, R. S. (1972). Levels of processing: A framework for memory research. *Journal of Verbal Learning and Verbal Behavior, 11*, 671-684.
Dewaele, J. (2005). Investigating the psychological and emotional dimensions in instructed language learning: Obstacles and possibilities. *The Modern Language Journal, 89*, 367-379.
Dörnyei, Z. (2001). *Motivational strategies in the language classroom. Cambridge*: Cambridge University Press.
Duran, G. & Ramaut, G. (2006). Tasks for absolute beginners and beyond: Developing and sequencing tasks at basic proficiency levels. In K. Branden (Ed.), *Task-based language education: From theory to practice* (pp. 46-75). Cambridge: Cambridge University Press.
Ellis, R. (2003). *Task-based language learning and teaching*. Oxford: Oxford University Press.
Ellis, R. & Barkhuizen, G. (2005). *Analysing learner language*. Oxford: Oxford University Press.
Freire, P. (1970). *Pedagogy of the oppressed*. Harmondsworth: Penguin.

藤田卓郎・河合創（2009）「意見・考えを求める授業の特徴―インタラクションの分析から―」大下邦幸（編著）『意見・考え重視の英語授業―コミュニケーション能力養成へのアプローチ―』（106-119頁）東京：高陵社書店

深澤清治（2008）「読解を促進する発問作りの重要性―高等学校英語リーディング教科書中の設問分析を通して―」『広島大学大学院教育学研究科紀要』57，169-176頁

深澤清治（2010）「高等学校英語リーディング教科書分析―推論および自己表現を促す発問を中心に―」『広島大学大学院教育学研究科紀要』59，195-202頁

Gass, S.M., Mackey, A., Alvarez, M., & Fernandez, M. (1999). The effects of task repetition on linguistic output. *Language Learning, 49* (4), 549-581.

Gatbonton, E. & Segalowitz, N. (2005). Rethinking communicative language teaching: A focus on access to fluency. *The Canadian Modern Language Review, 61*, 325-353.

Granger, S (Ed.). (1998). *Learner English on computer*. London and New York: Addison Wesley Longman.

Gurrey, P. (1955). *Teaching English as a foreign language*. London:Longman.

橋内 武（1995）「Learner-Centered Approach（学習者中心のアプローチ）」田崎清忠編『現代英語教授法総覧』（264-274頁）東京：大修館書店

Hinkel, E. (2003). Simplicity without elegance: Features of sentences in L1 and L2 academic texts. *TESOL Quarterly, 37*, 275-301.

Housen, A., Kuiken, F., & Vedder, I. (Eds.). (2012). *Dimensions of L2 performance and proficiency*. Amsterdam: John Benjamines Publishing Company.

石川慎一郎・前田忠彦・山城誠編（2011）『言語研究のための統計入門』東京：くろしお出版

市川伸一編（1996）『認知心理学4 思考』東京：東京大学出版会

池谷祐二（2004）『最新脳科学が教える高校生の勉強法』東京：東進ブックス

金谷 憲・高知県高校授業研究プロジェクトチーム（2004）『高校英語教育を変える和訳先渡し授業の試み』東京：三省堂

門田修平・野呂忠司（2001）『英語リーディングの認知メカニズム』東京：くろしお出版

Keller, J. M., & Kopp, T. W. (1987). An application of the ARCS model of motivational design. In C.M. Reigeluth (Ed.), *Instructional theories in action: Lessons illustrating selected theories and models* (pp.289-320). Hillsdale, NJ: Lawrence Erlbaum Associates.

ケラー , J. M. 著 鈴木克明監訳（2010）『学習意欲をデザインする：ARCSモデルによるインストラクショナルデザイン』京都：北大路書房

紺渡弘幸（2004）「学習者英文テキストの特徴」『福井大学教育実践研究』第28号，

69-76頁

紺渡弘幸（2009）「意見・考えを扱う発問が語彙使用に及ぼす影響」大下邦幸（編著）『意見・考え重視の英語授業―コミュニケーション能力養成へのアプローチ―』（120-135頁）東京：高陵社書店

小西友七編（2006）『現代英語語法辞典』東京：三省堂

Krashen, S. D. & Terrell, T. D. (1983). *The natural approach: Language acquisition in the classroom*. Oxford: Pergamon.

草郷孝好（2007）「アクション・リサーチ」小泉潤二＆志水宏吉（編）『実践研究のすすめ：人間科学のリアリティ』（251-266頁）東京：有斐閣

Lightbown, P. M. & Spada, N. (2007). *How languages are learned, 3rd edition*. Oxford: Oxford University Press.

Littlejohn, A, P. (1983). Increasing learner involvement in course management. *TESOL Quarterly, 17*, 595-608.

Long, M., & Porter, P. (1985). Group work, interlanguage talk, and second language acquisition. *TESOL Quarterly, 19*, 207-28.

Lynch, T., & MacLean, J. (2001). 'A case of exercising': Effects of immediate task repetition on learners' performance. In M. Bygate, P. Skehan, & M. Swain (Eds.), *Researching pedagogic tasks: Second language learning, teaching and testing* (pp.141-162). London: Longman.

Mackey, A. (2012). *Input, interaction, and corrective feedback in L2 learning*. Oxford: Oxford University Press.

松本茂（2008）「新課程を踏まえた指導の在り方～SELHi校の取り組みを参考にして～」『新学習指導要領で求められる英語指導を予想する―SELHi成功モデルの検証―』（1-3頁）東京：ベネッセコーポレーション

松村明（2006）『大辞林 第二版』東京：三省堂

McDonough, K. (2004). Learner-learner interaction during pair and small group activities in a Thai EFL context. *System, 32*, 207-224.

三上明洋（2010）『ワークシートを活用したアクション・リサーチ―理想的な英語授業を目指して』東京：大修館

水本篤・竹内理（2008）「研究論文における効果量の報告のために―基礎的概念と注意点―」『英語教育研究』第31号, 67-66頁

文部科学省（2003）「普通教育に関する各教科　第8節　外国語」『高等学校学習指導要領』　http://www.mext.go.jp/a_menu/shotou/cs/320334.htm
　　文部科学省（2010）『高等学校学習指導要領解説　外国語編・英語編』東京：開隆堂

文部科学省（2008）『中学校学習指導要領・外国語』　http://www.mext.go.jp/a_menu/shotou/new-cs/youryou/chu/gai.htm

文部科学省（2011）『高等学校用教科書目録』　http://www.mext.go.jp/a_menu/

shotou/kyoukasho/mokuroku/24/__icsFiles/afieldfile/2012/05/15/1320021_03.pdf
文部科学省（2010）『高等学校学習指導要領解説　外国語編・英語編』東京：開隆堂
文部科学省（2011）『高等学校用教科書目録』　http://www.mext.go.jp/a_menu/shotou/kyoukasho/mokuroku/24/__icsFiles/afieldfile/2012/05/15/1320021_03.pdf
森　一生（2003）「意見・考えを問う課題が動機付けの要因に及ぼす影響」『中部地区英語教育学会紀要』第33号，289-296頁
森　一生（2005）「協同的な学びを目指した英語授業のアクションリサーチ」『中部地区英語教育学会紀要』第35号，61-68頁
森　敏昭・井上　毅・松井孝雄（1995）．『グラフィック認知心理学』サイエンス社
Munoz, C (Ed.). (2012). *Intensive exposure experience in second language learning*. Bristol: Multilingual Matters.
Nakahama, Y., Tyler, A., & Van Lier, L. (2001). Negotiation of meaning in conversational and information gap activities: A comparative discourse analysis. *TESOL Quarterly, 35*, 377-405.
Németh, N. & Kormos, J. (2001). Pragmatic aspects of task-performance: The case of argumentation. *Language Teaching Research, 5*, 213-240.
Nunan, D. (1988). *The learner-centered curriculum: A study in second language teaching*. Cambridge: Cambridge University Press.
Nunan, D. (1989). *Designing tasks for the communicative classroom*. Cambridge: Cambridge University Press.
Nuttall, N. (1982, 1996). *Teaching reading skills in a foreign language*. London: Macmillan.
Oded, B. & Walters, J. (2001). Deeper processing for better EFL reading comprehension. *System, 29*, 357-370.
尾形俊弘（2009）「補助教材を用いた意見・考えを引き出す授業の工夫」大下邦幸（編著）『意見・考え重視の英語授業―コミュニケーション能力養成へのアプローチ―』（208-213頁）東京：高陵社書店
大下邦幸（2001）『コミュニカティブ・クラスの理論と実践』東京：東京書籍
大下邦幸（2002）「意見・考えを求める課題が学習者の読みの意欲に及ぼす影響」『福井大学教育実践研究』第27号，99-118頁
大下邦幸（2009a）『コミュニカティブクラスのすすめ―コミュニケーション能力養成の新たな展望―』東京：東京書籍
大下邦幸（2009b）『意見・考え重視の英語授業―コミュニケーション能力養成へのアプローチ―』東京：高陵社書店
Pica, T., & Doughty, C. (1985). Input and interaction in the communicative language classroom: A comparison of teacher-fronted and group activities. In S. M. Gass & C. G. Madden (Eds.), *Input and second language acquisition*

(pp.115-132). Rowley, MA: Newbury House.

Prabhu, N. S. (1987). *Second language pedagogy*. Oxford: Oxford University Press.

Quirk, R., Greenbaum, S., Leech, G., & Svartvik, J. (1985). *A comprehensive grammar of the English language*. New York: Longman.

Rinvolucri, M. (1999). The humanistic exercise. In J. Arnold (Ed.), *Affect in language learning* (pp.194-210). Cambridge: Cambridge University Press.

Rogers, T. B., Kuiper, N. A. & Kirker, W, S. (1977). Self-reference and the encoding of personal information. *Journal of Personality and Social Psychology, 35*, 677-688.

Samuda, V. (2001). Guiding relationships between form and meaning during task performance: The role of the teacher. In M. Bygate, P. Skehan & M. Swain (Eds.), *Researching pedagogic tasks: Second language learning, teaching and testing* (pp.119-140). London: Longman.

Sanders, N. M. (1966). *Classroom questions—What kinds?* New York: Harper and Row.

佐野正之編著（2005）『はじめてのアクション・リサーチ』東京：大修館書店

Savignon, S. J. (2002). Communicative language teaching: Linguistic Theory and classroom practice. In S. J. Svingnon (Ed.), *Interpreting communicative language teaching* (pp. 1-27). New Haven: Yale University Press.

島田　希（2008）「アクション・リサーチによる授業研究に関する方法論的考察：その意義と課題」『信州大学教育学部紀要』第121号，91-102頁

Sinclair, J. (1995). *Collins COBUILD English dictionary*. London: Harper-Collins Publishers.

白畑知彦・冨田祐一・村野井仁・若林茂則（1999）『英語教育用語辞典』東京：大修館書店

Skehan, P. (1996). A framework for the implementation of task-based instruction. *Applied Linguistics, 17*, 38-62.

Skehan, P. (1998). *A cognitive approach to language learning*. Oxford: Oxford University Press.

Stevick, E. W. (1980). *Teaching languages: A way and ways*. Rowley, MA: Newbury House.

田中武夫・田中知聡（2009）『英語教師のための発問テクニック：英語授業を活性化するリーディング指導』東京：大修館書店

田中武夫・島田勝正・紺渡弘幸（編著）（2011）『推論発問を取り入れた英語リーディング指導―深い読みを促す英語授業』東京：三省堂

田中佳之（2009）「意見・考えを重視する活動を支援する工夫」大下邦幸（編著）『意見・考え重視の英語授業―コミュニケーション能力養成へのアプローチ―』（200-207

頁）東京：高陵社書店

Thornbury, S. (1996). Teachers research teacher talk. *ELT Journal, 50*, 279-89.

Waters, A. (2006). Thinking and language learning. *ELT Journal, 60*, 319-27.

Willis, J. (1996). A framework for task-based learning. In J. Willis & W. Willis (Eds.), *Challenge and change in language teaching* (pp.52-62). London: Heinemann.

Willis. D., & Willis, J. (2007). *Doing task-based teaching*. Oxford: Oxford University Press.

山田晴美（2009）「意見・考えを求めるコミュニケーション活動が動機付けや発話内容に与える影響」大下邦幸（編著）『意見・考え重視の英語授業―コミュニケーション能力養成へのアプローチ―』(136-161 頁）東京：高陵社書店

横溝紳一郎（2000）『日本語教師のためのアクション・リサーチ』東京：凡人社

●索引

■あ

アクション・リサーチ………………… 262
意見……………………………………… 39
意見格差活動…………………………… 22
意見・考え重視の授業………………… 21
意見・考え授受の活動…………… 14, 21
意味理解のための読み………………… 35
インフォメーション・ギャップ活動… 14
応用……………………………………… 42

■か

解釈……………………………………… 42
解釈的活動……………………………… 13
拡散性…………………………………… 23
学習者重視……………………………… 30
学習者重視の授業……………………… 30
学習者の発達段階……………………… 29
考え……………………………………… 39
関連性…………………………………… 24
記憶……………………………………… 41
記憶保持………………………………… 32
教師中心………………………………… 30
議論拡散型タスク……………………… 25
言語依存型アプローチ………………… 65
言語学習のためのコミュニケーション
　活動………………………………… 35
言語学習のための読み………………… 35
高レベルの思考………………………… 42
コード・スイッチング………………… 65
個人化…………………………………… 25

■さ

思考………………………………… 29, 41
自己準拠………………………………… 32

事実発問…………………………… 108, 186
情動……………………………………… 28
情報格差活動…………………………… 22
情報授受の活動………………………… 14
情報処理的活動………………………… 13
情報内思考……………………………… 42
情報変換………………………………… 42
情報を越えた思考……………………… 42
推論格差活動…………………………… 22
推論発問…………………………… 108, 186
スカフォールディング…………… 50, 64
スキーマ…………………………… 55, 98
生活経験………………………………… 31
精緻化…………………………………… 32
総合……………………………………… 42
操作的活動……………………………… 12

■た

知性……………………………………… 28
提示質問………………………………… 97
低レベルの思考………………………… 42

■な

内発的なコミュニケーション意欲…… 24
人間的活動……………………………… 28
認知処理能力…………………………… 34
認知面での負荷………………………… 34

■は

背景知識………………………………… 32
場面状況依存型アプローチ…………… 65
バンガロー・プロジェクト…………… 22
評価……………………………………… 42
評価発問…………………………… 108, 186
ブレーンストーミング…………… 66, 126
Pre-reading 活動…………………… 55, 98
分析……………………………………… 42
没頭……………………………………… 25

ま〜ら

マインドマッピング·······················66
マインドマップ························· 141
リキャスト·······························76

● Index

a process-oriented approach···············67
analysis ·······························42
application ····························42

CLT ································11
communication activity for language ···35
Communicative Language Teaching ···11

display question ················ 33, 97
divergence······························23
divergent task ························25

E-learning·························· 280
emotion ······························28
evaluation ····························42
evaluative questions ············· 108, 186

fact-finding questions·············· 108, 186

Generative Learning Theory ············32

here-and-now translation ················47
higher-level thinking ···················42

idea ································39
inferential questions ············· 108, 186
information-gap activity ················22
Initiation-Response-Feedback ···········25
intellect ·····························28
interpretation ·························42
interpretive activity ···················13

involvement ·························25
IRF ································25

learner-centered ·····················30
lower-level thinking ····················42

manipulative activity····················12
memory ·······························41

opinion ······························39
opinion-gap activity ·····················22

peer reading ······················· 138
personalization ······················25
procedural activity ····················13

reading for language ···················35
reading for meaning ···················35
reasoning-gap activity ··················22
recast ································76
relevance ····························24

scaffolding·····························50
schema ·························· 55, 98
synthesis ····························42

Task-Based Language Teaching ········11
TBLT ································11
teacher-centered ·····················30
thinking······························41
translation ·························42

349

【監修者略歴】

大下 邦幸（おおした くにゆき）

　1948年福井県生まれ。福井大学教育学部卒業後，福井県公立学校教諭，福井大学教育学部附属中学校教諭，福井工業高等専門学校助教授等を経て，福井大学教育地域科学部教授。1987年6月～1988年3月アメリカ合衆国・ペンシルバニア州立大学 Center for ESL にて研究。

【主な著書】

　共編著『英語授業のコミュニケーション活動』東京書籍，編著『コミュニケーション能力を高める英語授業—理論と実践』東京書籍，編著『コミュニカティブクラスのすすめ—コミュニケーション能力養成の新たな展望』東京書籍，共編著『小学校英語と中学校英語を結ぶ—英語教育における小中連携—』高陵社書店

執筆者

稲木 穣	啓新高等学校	辻 智生	敦賀高等学校
遠藤 光彦	万葉中学校	中村 香織	武生第一中学校
大下 邦幸	福井大学（監修）	橋本 秀徳	金津中学校
大野木 亘	春江中学校	畑 真理子	仁愛高等学校非常勤
加藤 修	福井大学附属中学校	藤田 卓郎	坂井農業高等学校
窪田 乃里子	武生第一中学校	Matthew, Hauca	仁愛大学
小木 紀弘	足羽中学校	百田 忠嗣	敦賀高等学校非常勤
米谷 由美子	仁愛高等学校	山内 悟	高志高等学校
紺渡 弘幸	仁愛大学（編集）	山田 佐代子	啓新高等学校
笹嶋 健雄	仁愛高等学校	山田 晴美	仁愛大学
高木 裕代	成和中学校	山本 由貴	小浜中学校
田中 武夫	山梨大学（編集）	吉田 三郎	福井工業高等専門学校
田中 佳之	至民中学校		

カバーデザイン………金子 裕（東京書籍）
編集協力……………牧屋研一

意見・考え重視の視点からの英語授業改革

第 1 刷発行　2014 年 3 月 7 日

編 著 者	大下　邦幸
発 行 者	川畑　慈範
発 行 所	東京書籍株式会社
	東京都北区堀船 2-17-1　〒 114-8524
	電話 03-5390-7531（営業）　03-5390-7534（編集）
	http://www.tokyo-shoseki.co.jp
印刷・製本	図書印刷株式会社

ISBN978-4-487-80850-2 C0037
Copyright©2014 by Kuniyuki Ohshita
All rights reserved.
Printed in Japan

本書掲載の文章・図版を無断で転載することを禁じます。
落丁・乱丁の際はお取り替えいたします。
定価はカバーに表示してあります。